施保国

著

《道德经》智慧新探

中国社会科学出版社

图书在版编目(CIP)数据

《道德经》智慧新探/施保国著.—北京：中国社会科学出版社，2015.6

ISBN 978-7-5161-6588-1

Ⅰ.①道… Ⅱ.①施… Ⅲ.①道家②《道德经》-通俗读物 Ⅳ.①B223.1-49

中国版本图书馆CIP数据核字(2015)第160102号

出 版 人　赵剑英
责任编辑　宫京蕾
特约编辑　乔继堂
责任校对　周　昊
责任印制　何　艳

出　　版　中国社会科学出版社
社　　址　北京鼓楼西大街甲158号
邮　　编　100720
网　　址　http://www.csspw.cn
发 行 部　010-84083685
门 市 部　010-84029450
经　　销　新华书店及其他书店

印刷装订　北京市兴怀印刷厂
版　　次　2015年6月第1版
印　　次　2015年6月第1次印刷

开　　本　710×1000　1/16
印　　张　19
插　　页　2
字　　数　283千字
定　　价　64.00元

凡购买中国社会科学出版社图书，如有质量问题请与本社联系调换
电话：010-84083683

目　录

上编　《道德经》智慧探析

下编　《道德经》全文解读及“可道”的经典事例

导　论

一　《道德经》名称的由来

道家学派的由来。对道家哲学深有研究的熊铁基先生在论述道家的分派时说："战国以前没有以老子为宗主的道家。……老子实很难说有一个学派，他死后道家才逐渐形成。"① 秦汉以前，诸子百家各自谈论自家的学说。至汉初司马谈《论六家要旨》的观念倡导以后，道家、儒家等不同派别的概念才逐渐被接受。汉初时，整个社会自上而下推崇道家思想和学说，司马谈亦如此。他总结当时流行的道家、儒家、墨家、阴阳家、名家、法家等先秦各派学说，认为道家最能综合各派的特长，"立俗施事，无所不宜"，又称为道德家。后来班固在《汉书·艺文志》中称为道家，列为"九流"之一。据李霞教授的看法，整个道家的发展可分为四个阶段②：春秋末年老子开创道家理论之先河，至战国庄子对道家理论的建设和发展，称为老庄道家，为第一阶段；战国中后期到秦汉时期的黄老道家，融合了对黄帝无为思想的研究，为第二阶段；东汉时期向玄学和道教演变过程中的道家，与周易哲学和宗教哲学相结合，为第三阶段；魏晋时期的玄学新道家，奉《周易》《老子》《庄子》等"三玄"为经典，为第四阶段。由此可知，老子的《道德经》为道家理论的首部经典当之无愧。经历四个阶段的高潮之后，道家思想逐渐被人们所接受，历代解读和研究《道德经》者不计其数，道家思想以其独特的思维方式和包容情怀接纳了佛教思想，深刻地影响了自创始人孔子开始的各阶段儒家思想，形成

---

① 熊铁基：《秦汉新道家》，上海人民出版社2001年版，第10页。

② 李霞：《生死智慧——道家生命观研究》，人民出版社2004年版，第29页。

人们的思维方式和行为习惯，道家思想可谓中华民族精神的根柢。

《道德经》名称的由来。南怀瑾先生考证认为，《道德经》名称始自唐朝。他说："老子《道德经》，自唐代开始，加上由皇帝的提倡，因此更被重视，而流行，而风行，而盛行。"①《道德经》亦称为《老子》《老子道德经》，前面部分谈道（1—37 章）、后面部分论德（38—81 章），故远自汉代就有"经"的说法。在《弘明集》所载牟子《理惑论》中，有"所理正于三十七条，兼法老氏道经三十七篇"的话，而牟子是汉代人。可见，远在汉代，已有人将《老子》一书分作"道经"、"德经"了。不过以"道德经"三字统称《老子》一书的，可能沿用自唐代开始的习惯。那么为何唐代有此一改称呢？南怀瑾认为，从人性上可知这一点。世界上的任何民族，如果在人群社会中有了事功上的成就，一定要找根，且要使根光辉耀眼起来。唐太宗李世民当皇帝后，一直想要使"李"姓光辉起来，要攀附这么一个根。于是认为"李"姓的第一代始祖是学术成就非常了得的老子。为了让老子更辉煌一些，信奉道家思想的唐太宗，奉老子为教主，为"太上老君"，同时，依托《道德经》建立起来的本土宗教——道教也就成为唐朝的国教，唐朝历代帝王、皇后、嫔妃都要受道教符箓。其书名称由《德经》《道经》《老子》到最后改为尊称《道德经》。

二 "《道德经》智慧新探"的选题由来

首先，旨趣所在。鲁迅在《集外集拾遗补编·〈绛洞花主〉小引》中对《红楼梦》的有关评价是："单是命意，就因读者的眼光而有种种：经学家看见《易》，道学家看见淫，才子看见缠绵，革命家看见排满，流言家看见宫闱秘事……"与此类似，人们对于《道德经》的理解亦是角度各异，学术界对于《道德经》的研究亦是角度各异，如伦理、道德、政治、养生、军事、科技、文化、思维方式角度、智慧，等等，或者认为是迷信、是弄权术、是封建流毒、是玩世不恭、是消极怠工思想，等等。而智慧研究选题是其中之一。

---

① 南怀瑾：《老子他说·孟子旁通》，复旦大学出版社 2000 年版，第 13 页。

看看老子本人和他人如何评价其智慧旨趣的。一是老子称智慧应如“虚”、“愚”。他对前来请教的孔子说：“良贾深藏若虚，君子盛德容貌若愚。去子之骄气与多欲，态色与淫态，是皆无益于子之身。吾所以告子，若是而已。”① 二是孔子称老子的智慧如龙。“鸟，吾知其能飞；鱼，吾知其能游；兽，吾知其能走。走者可以为罔，游者可以为纶，飞者可以为曾。至于龙吾不能知，其乘风云而上天。吾今日见老子，其犹龙邪!”② 三是司马迁称其智慧为“自化”、“清净”。司马迁评价到：“老子修道德，其学以自隐无名为务。”“李耳无为自化，清净自正。”③ 四是学者称其智慧，在思想和学术史上具有极其独特的地位。如陈鼓应所言：“他说的‘天法道，道法自然’，人格神的观念在他哲学的园地上销声匿迹；他说‘土地不仁，以万物为刍狗’，他这种自然放任的思想，把人从古代宗教迷信的桎梏下彻底地解放出来。”④

近年来，关于《道德经》智慧的研究和探讨逐渐深入，更符合《道德经》作者老子真实意图的理解逐渐产生。从此角度言，《道德经》智慧研究是文本本身意义使然。

冯友兰先生在民国期间撰写的教材《人生哲学》中对于各家哲学进行概括，其中道家的概括为“浪漫派——道家”，他在开篇便说：“中国之道家哲学，老庄之流，以为纯粹天然境界之自身，即为最好，自现在世界减去人为，即为至善。”⑤ 冯氏所说的浪漫、纯天然、减法直至今日仍是人们青睐的对象，表达了生活的智慧。“道家之哲学，实亦代表人之一种欲望，表明人之一种幸福。所谓万物一体之幸福……今但说吾人若在天然境界，一切随本能而行，实有一种幸福，在别处所不能得者。”⑥ 其智慧就是追求天然境界、随本能而行，便得

① 《史记》卷三，中华书局 2011 年版，第 1898 页。

② 同上。

③ 同上书，第 1899—1900 页。

④ 陈鼓应：《老子注译及评介》，中华书局 1984 年版，第 44 页。

⑤ 冯友兰：《人生哲学》，中国国际广播出版社 2012 年版，第 12 页。

⑥ 同上书，第 24 页。

幸福。

王蒙先生在《逆向思维的方法论》里认为："以勇敢为例，春秋战国之时，战争、计谋、斗智斗勇，勇敢肯定是主流价值，例如司马迁《刺客列传》中的人物。偏偏老子提出一个'勇于不敢'的命题，其实是勇于退让，勇于躲避，勇于妥协，是勇敢的反面。这在当时和现在，颇有些惊世骇俗的味道。这是因为老子比一般人看得深远，他常常从反面看问题，从反面论述观点。他深明相反相成与物极必反的道理。一件好事，一个好词，就没有坏的方面吗？一件坏事，一个坏词，就没有好的方面吗？他的思路就是这样。"① 王氏肯定了《道德经》里的逆向思维方法，认为老子从反面看问题、从反面论述观点，因此比一般人看得远、想得开。

南怀瑾在《老子他说》中说："对这三家，我经常比喻：儒家像粮食店，绝不能打。否则，打倒了儒家，我们就没有饭吃——没有精神食粮；佛家是百货店，像大都市的百货公司，各式各样的日用品俱备，随时可以去逛逛，有钱就选购一些回来，没有钱则观光一番，无人阻拦，但里面所有，都是人生必需的东西，也是不可缺少的；道家则是药店，如果不生病，一生也可以不必去理会它，要是一生病，就非自动找上门去不可。"② 道家是药店，在经营着儒家思想、佛家思想以及其他思想的时候，如果一帆风顺固然是好，但一旦遇到困境，进入想不开的境地，陷入难以自拔的深处时，可立即服用道家的药物，准会药到病除，获得开启的智慧，一下子变得海阔天空、晴空万里。对于《道德经》的智慧，在人特定的时刻"非自动找上门去不可"。

宋志明先生在《光明日报》上发表的影响颇大的文章《儒释道：互补与心态和合》，在对道家、儒家、佛家进行比较分析后，认为道家的精神旨趣是"想得开"智慧。他说，儒家的精神旨趣③，可以概括成"拿得起"，用两个字来概括，即"有为"；用一个字来概括，即"张"，主张积极有为、"拿得起"。道家的精神旨趣是"想得开"，

① 王蒙：《老子的帮助》，华夏出版社2009年版，第287页。

② 南怀瑾：《老子他说·孟子旁通》，复旦大学出版社2000年版，第6—7页。

③ 宋志明：《儒释道：互补与心态和合》，《光明日报》2010年11月29日。

用两个字来说，叫作“无为”；用一个字来说，叫作“弛”，“宁静以致远，淡泊以明志”，体现出道家的旨趣。佛教精神旨趣是“放得下”，用两个字说为“解脱”，用一个字来说，那就是“空”。佛教要化解人生中的烦恼，达到精神上的解脱。拿得起，想得开，放得下，人的方方面面的精神需求，都可以在中国哲学中得到解决。儒家告诉人如何堂堂正正地度过一生，道家教人如何轻轻松松地度过一生，佛教为人设计了“终极关怀”之所，标示出超越的精神取向，告诉人们如何干干净净地辞别尘世。宋志明关于想得开智慧的论述是符合《道德经》主旨的，也是较为系统的论述，笔者以此为契机开展此角度的研究。

笔者非常赞同视《道德经》的精神旨趣为“想得开”智慧的理论。目前，学术界对于《道德经》智慧的研究主要集中在养生智慧、管理智慧等方面，但对于较为综合的多角度智慧探索尤其是现实关切方面还显得不足。所谓新探的“新”，笔者主要从这几个方面理解：一是，以思维方式上的“想得开”为视角，含政治管理智慧、社会管理智慧、生态养生智慧、道德理想智慧等；二是，在取材上切合现代需要进行分析探究，对于“不恃”“自然”“无身”“无私”等核心命题深入剖析；三是，在对全文解读中，“智慧点拨”与“‘可道’之经典事例”二者形神合一，将理论与实际结合起来。

其次，现实诉求和创新思维方式的需要。一切理论总是建立在现实诉求基础上的，离开现实土壤的理论如无源头的水会干涸，如见不到阳光的禾苗会枯萎。新世纪以来，国家更加重视从传统经典中汲取宝贵的资源，开启心智、助益腾飞。此外，随着社会的飞速发展，人们想不开的事情也越来越多，关于发展的意义问题、生命的脆弱、人情冷暖、危机意识加重、环境问题、伦理道德问题、公平问题，等等，已经日益构成人们心理负担的重要方面。方法论决定成败，方法论决定了我们在很多时候需转换思维、需要创新思维方式。根本而言，《道德经》智慧提供的是创新的思维方式，比如由“想不开”变为“想得开”。比如别人说顺的、说正的、说加法，《道德经》说“反”的、说负的、说减法，“反者，道之动”（第四十章）。

关于物质财富的思维。如别人说财富需积累，《道德经》说“不积”，“圣人不积，既以为人，己愈有；既以与人，己愈多。”（第八十一章）贫富差距问题的解决，需富人承担更多，富人不吝惜财富，施舍给穷人，从而获得好的尊重。对于穷人来说，不积的是劳动，为人的是劳动、与人的也是劳动，方可获得财富。

关于精神财富的思维。如别人追求大而多，《道德经》说“小”而“寡”，提倡“小国寡民”（第八十章）。人在欲望不满足、精神空虚时需价值观的改变。

关于人生寿命长短的“想不开”变为“想得开”。如别人说活怕死，《道德经》说要活但不惧死，在不可抗拒的死亡来临之时，要知“死而不亡者寿”（第三十三章）。当然在坦然面对生死的同时，更要注重养生、厚德。

关于思想的思维。“想得开”指想得远，能够比一般思想更深更远；如别人说“有”，《道德经》说“有生于无”（第四十章），“无”的范畴更高、更远。

关于空间上的“想不开”变为“想得开”。“想得开”指空间上更广、更宽，如别人说住在闹市、房子要大，《道德经》说住在善地、房子要舒适，“居善地”（第八章）、“安其居”（第八十章）。关于事业方面的“想不开”变为“想得开”。别人说“战天斗地”，“搏”，“天道酬勤”，拒绝失败；《道德经》说“自然”，“柔之胜刚，弱之胜强”（第七十八章），“无为而治”（第三章），“道法自然”（第二十五章），可以接受所谓的失败。

关于性格方面的“想不开”变为“想得开”。别人说要刚强、要雄壮；《道德经》说要柔弱、要雌慧，“柔弱胜刚强”（第七十八章）。

关于地位方面的思维。别人说追逐权力、要万人之上之“王”；《道德经》说接受污水脏物、灾难及身，方可为王，“受国之垢，是谓社稷主；受国不祥，是为天下王”（第七十八章）。

《道德经》给人们智慧，从多角度让人们“想得开”。也就是说，《道德经》智慧研究是时代使然。有智慧就能想得开，就能看得开、看得远；能看得远，就能做得开、做得周到；能做得周到，就能活得开、活得有意义；活得有意义，社会和谐、国泰民安的面貌就会出现；能想得开，中国梦就必然能够早日实现。

三 主要内容和研究方法

内容上主要从《道德经》智慧中探究想得开、看得远、究得深、拓得广、释得好的思维境界和方法，主要包括上编“《道德经》智慧探析”、下编“《道德经》全文解读及‘可道’的经典事例”及附录“解析《道德经》智慧的有关评介”等。

上编注重理论探析，分别从政治管理理想追求、社会治理理想的运用、生态养生理想追求和道德责任幸福理想追求等四章论述：第一章，《道德经》智慧的政治管理理想追求：“不恃”——《道德经》追求的政治管理理想，《道德经》政治管理理想实现的途径，《道德经》政治管理理想的现实意义；第二章，《道德经》社会治理理想的运用:《道德经》智慧对汉文帝的启示、《道德经》智慧对成吉思汗的影响；第三章，《道德经》智慧的生态养生理想追求：“道法自然”——《道德经》的生态核心思想，“无身”——身体上的养生之方；第四章，《道德经》智慧的道德责任、幸福理想追求：“无私”——《道德经》追求的道德责任理想，《道德经》的幸福观，《道德经》的和谐观等。

下编注重结合《道德经》原文按章节顺序详尽论述，分八十一章论述“《道德经》全文解读及‘可道’的经典事例”，按照原文、译文及相关的注、智慧点拨、“可道”的经典事例体例深化对《道德经》智慧的诠释，这是全书的主体部分。

附录部分“解析古今中外《道德经》智慧的有关评介”，列入古今中外一些思想家及政治精英对《道德经》智慧的论述，并简要分析，增添了说服力。

笔者将在切合现实基础上，结合多年来研究道家哲学的成果，尽力把“《道德经》智慧新探”选题做出“新”意。本选题在研究方法上，试图将哲学思辨与方法论结合起来；将文本资料置于现代历史背景下进行研究，以突出《道德经》智慧在“致用”方面的巨大作用；

并将《道德经》思辨特点与现代思维进行比较研究，以凸显其灵动深邃的特质，具体而言：

一是用跨学科的研究方法对问题进行综合研究。以唯物史观为指导，坚持历史与逻辑相一致原则，借鉴国内外《道德经》研究成果，采取哲学、政治学、生态学、养生学、社会学等多学科相结合的方法，观照问题，介入研究。

二是语义分析与哲学推理方法。根据目前国内和国际上的最新研究，进行通俗解读和语义分析，探讨无为、自然、柔弱、守静等核心概念的方式方法。基于历史分析、价值分析的特征，推理具体方法上其智慧对政治治理、社会管理、生态养生、道德幸福建设等方面的有效策略。

上　编

《道德经》智慧探析

第一章

《道德经》智慧的政治管理理想追求

第一节 “不恃”——《道德经》追求的政治管理理想

《道德经》被称为“君子南面之术”，对于历代的政治影响不可谓不大。为何它的政治影响力如此之大呢？因为它的智慧内涵丰富、方法独特，具有较强的现实超越性。

一 “无知”之治的治国管理理想

《道德经》说：“爱民治国，能无知乎？”（《道德经》第十章）这里提出“爱民治国”的基本理念是“无知”，能够做到“无知”之治显然是超越的智慧。因为历代的国家治理靠的都是“知”，靠的是识，靠的是勇猛精进，又怎样达到“无知”之治呢？中华民族一直以炎黄子孙而自豪和骄傲，就在炎黄时代、上古之世，据史料记载，不论是黄帝或尧、舜，都是标榜天纵神武睿知，要么生而能言，要么周知万物，有人说，他们都是“有知”之治呀！其实，《道德经》所说的“无知”之治是一种超越“有知”之治的智慧之治，并不是无知、愚昧的治理，因为那样不可能治理得好，甚至连“治”也谈不上。

《道德经》“无知”之治说的是要认识到自己的无知，从而充分发挥他人的才华、集体的治理智慧，再结合自己的睿智达到治理的最佳效果。《道德经》对于“不知”之“知”作了详细的说明：“知不知，上；不知知，病。夫唯病病，是以不病。圣人不病，以其病病，是以不病。”（《道德经》第七十一章）这里说的是，最佳的治理者圣人是知道自己的“不知”，知道自己的“病”，把自己的“不知”当作

“不知”于是得到“上”的结果，把自己的“病”当作“病”于是得到“不病”的结果，这种“知不知”“病其病”的人将智慧用在治理国家上就是“无知”之治。其实，黄帝或尧、舜出生在那个愚昧荒蛮的时代，仅凭一己之力是不可能治理好国家的，只不过是善于集思广益罢了。他们以神武睿知、生而能言、周知万物的形象被后人记住，其实，他们的神武睿知、生而能言、周知万物是集体智慧的结晶。他们能从众人中脱颖而出成为明君的原因，一定是他们具有常人所不具备的想得开的智慧，善于发挥集体的力量，只有这样才能达到“无知”之治的最佳效果。

《道德经》正因为有许多理念与黄帝或尧、舜的思想一致，所以后人统称为黄老之学。黄老之学以“无知之治、无为之治”为核心思想，不同于“吾从周”的孔孟之学以“有知之治、有为之治”为治理的核心思想。一阴一阳，一无一有，一负一正，一古一今，一超越一现实，二者共同构成中华数千年治理文化的精髓。南怀瑾先生对刘邦的“无知”之治大为赞叹，他说：“真是天纵睿智的人，决不轻用自己的知能来处理天下大事，再明显地说，必须集思广益，博采众议，然后有所取裁。所谓知者恰如不知者相似，才能领导多方，完成大业。……真能用世而成不朽的功业，正因他能善于运用众智而成功其大智。例如我们历史上最被人所喜爱的第一个平民皇帝汉高祖刘邦，只从表面看来，他是满不在乎，大而化之的人物。……是老子的‘爱民治国，能无知乎’的一个比较接近的榜样。”① 南怀瑾先生认为，刘邦自知自己的“不知”，自己在很多方面不如张良、萧何、韩信三人，属于自己的“不知”，所以他能充分发挥此三人的作用、施展此三人的能力，最终获得天下，以“无知”之治立下中国国家治理史上的光辉典范。当然，在掌握“无知”之治时还要避免两种错误的认识，一种是太有自知之明，如汉武帝刘彻；另一种是昏庸无知、不知，如汉末刘禅。这两种情况在历代帝王中不少见，甚至在百姓的日常生活中类似的状况也常有，需要特别注意。

---

① 南怀瑾：《老子他说·孟子旁通》，复旦大学出版社2000年版，第131页。

在中国传统文化中，有许多经典之语表达了“无知”的重要性，与《道德经》的“无知”意思基本一致。如：“不瞽不聋，不能为公。”（慎到）“专用聪明，则功不成。专用晦昧，则事必悖。一明一晦，众之所载。”（《鬼谷子》）“智慧多，则引血气如灯火之脂膏，炷大而明，明则膏消。炷小而暗，暗则膏息。息则能长久也。”（《傅子》）春秋齐国的名相管仲真正领悟了“无知”之治在济世方面的作用，辅佐齐桓公小白，“九合诸侯，一匡天下”（《史记·管晏列传》）。他在对齐桓公的建议里表示了自己的“无知”：“升降揖让，进退闲习，辩辞之刚柔，臣不如隰朋，请立为大行。垦草入邑，辟土聚粟，多众尽地之利，臣不如宁戚，请立为大司田。平原广牧，车不结辙，士不旋踵，鼓之而三军之士视死如归，臣不如王子城父，请立为大司马。决狱折中，不杀不辜，不诬无罪，臣不如宾胥无，请立为大司理。犯君颜色，进谏必忠，不辟死亡，不挠富贵，臣不如东郭牙，请立为大谏之官。此五子者，夷吾一不如。然而以易夷吾，夷吾不为也。君若欲治国强兵，则五子者存矣。若欲霸王，夷吾在此。”①管仲为国君举荐五人，此五人各有特色，均是自己所不能比的地方，可谓以己“无知”识人有知，方是真知。“不恃”自己的知识，而是善于发现别人的知识，利用别人的智慧。

二 “天门开阖”之纯的治国管理实践

《道德经》第十章：“天门开阖，能为雌乎？明白四达，能无为乎？生之、畜之”。沿着前面论述的思路，通过对“无知”之治等管理实践经验的积累，人们的知识体系、管理能力、思维方法等日臻完善，能够左右逢源，“逢山见山，逢水见水”，一直达到“天门开阖”的境界。前面说的“无知”无识超越“有知”有识是认识的一个阶段，在“无知”无识超越“有知”有识之后的新阶段“天门开阖”阶段又如何呢？能够保持原有的“无知”、人类认识的本性吗？这点可以佛教的例子来说明。唐代禅宗大师青原行思提出参禅的三重境

① 南怀瑾：《老子他说·孟子旁通》，复旦大学出版社 2000 年版，第 132 页。

界：参禅之初，看山是山，看水是水；禅有悟时，看山不是山，看水不是水；禅中彻悟，看山仍然是山，看水仍然是水。“有知”之治相当于参禅之初的“看山是山，看水是水”；“无知”之治的初期相当于禅悟时的“看山不是山，看水不是水”；“无知”之治的最高境界是禅中彻悟的“看山是山，看水是水”。天门开阖相当于禅中彻悟的“看山是山，看水是水”。天门是象征性的概念，天圆盖覆，本自无门，只有极其高的境界方可获得开阖。道家认为人体头颅顶盖天灵骨的中心百会穴处叫天门。修道者修到极其纯高的境界，并将之积极实践，待智周万物、神通天地、明达古今、超凡入圣时，天门会自动开阖。据说，上古神农、黄帝以下，唐尧、虞舜等帝王明君，表现出无知而知、退藏于密、深藏不露，都达到了此天门开阖境界，后来汉、唐盛世的鼎盛时期都采纳了《道德经》的“无知”之治的智慧，尽管难与前比，有了权谋策略、煞费心机，但毕竟是在通往“天门开阖”的路上，是百姓之福。

“天门开阖”之纯的治国管理实践表现在对所谓仁义礼智的舍弃上。《道德经》说“失道而后德，失德而后仁，失仁而后义，失义而后礼。”（《道德经》第三十八章）人类社会没有道才有德，没有德才有仁，没有仁才有义，没有义才有礼。所谓的礼是“忠信之薄而乱之首。”（《道德经》第三十八章）人们提倡的所谓礼，实际是混乱的开始。“失义而后礼，盖愈画一则愈乱也。然义礼之施，纯恃教育之鼓吹，及名誉之劝诱，尚无确切可见之威权，以为其后盾也。……现在所谓政治法律，皆法之类，其精神在用确切可见的威权，以迫人必从其所定之标准。此道家之所大恶也。”① 所以，在治国实践中，尽量去除那些只会挑起欲望的虚假标准。故“绝圣弃智，民利百倍；绝仁弃义，民复孝慈；绝巧弃利，盗贼无有。此三者，以为文不足，故令有所属，见素抱朴，少私寡欲。”（《道德经》第十九章）“是以圣人之治，虚其心，实其腹；弱其志，强其骨。常使民无知无欲，使夫智者不敢为也。为无为，则无不治。”（《道德经》第三章）如现在的许多

① 冯友兰：《人生哲学》，中国国际广播出版社 2012 年版，第 18 页。

所谓评奖，缺乏科学性，只不过是徒增不公、不正、不平罢了。

“天门开阖”之纯的治国管理实践要求“愚”在其中，以纯净的心思教育为主。“我愚人之心也哉！沌沌兮！俗人昭昭，我独昏昏；俗人察察，我独闷闷。澹兮其若海，飂兮若无止。众人皆有以，而我独顽似鄙。我独异于人，而贵食母。”（《道德经》第二十章）由于统治者、管理者自己以“愚”以纯净的心思对待管理，必然能够避免因自己主观偏见造成的对被管理者的伤害。“愚”人的追求好像糊涂，实际在糊涂中把问题按照自己的原则解决了；“愚”的境界表现为返回婴儿之自然的结果，使事情越来越单纯和简单，而不是繁杂斑驳，无所适从。“古之善为道者，非以明民，将以愚之。民之难治，以其智多。故以智治国，国之贼；不以智治国，国之福。”（《道德经》第六十五章）作为管理的目标是同样让百姓“愚”，让百姓纯净的心思多起来，复杂而“智”的心思减去再减去。陈鼓应解“愚”为“真朴”的意思。他说：“后人普遍误解，以为老子主张愚民政策。其实老子所说的‘愚’，乃是真朴的意思。他不仅期望人民真朴，他更要求统治者首先应以真朴自砺。所以第二十章有‘我愚人之心也载’的话。这说明真朴是理想治者的高度人格修养之境界。”① 真朴的“愚”是一种政治自觉，也是一种做人的智慧。为政者的“愚”体现为自己在群众面前的无知，不要好高骛远、自以为高人一等，要如履薄冰、小心谨慎；“愚”是一种政治智慧，根据事情本身实际情况对待，不能把自己的想法强加于人，更需要我们看问题的长远性、整体性和综合性，需要我们的“天门开阖”、愚在其中。

“天门开阖”之纯的治国管理实践要求“受国之垢”，甘于接受一切苦难。管理者面对不同的情况、不同的物事、不同的人群，有乐有苦的事情发生，乐事无忧，唯苦事如何呢？管理者应甘于接受一切苦难，只有这样才能服众、才能管理得得心应手。如南怀瑾先生所言的像水一样甘处下处自愿接受一切肮脏污物如“大便小便”浇灌在头上、在身上，要具有这样的牺牲精神、吃苦精神。“是以圣人有云，

① 陈鼓应《老子注译及评介》，中华书局1984年版，第315页。

受国之垢，是谓社稷主；受国不祥，是为天下王。”（《道德经》第七十八章）老子认为，只有能承受全国的“污染”和苦难才配作社稷之主人，能接受全国的灾难，才可做天下之王。那些一心想着私利，想着欺压百姓的管理者必然落得失败的下场，那些不接受苦难、高高在上的贪官腐败分子与“天门开阖”之纯相距何止十万八千里？

三 “为而不恃”的百姓利他情怀

以出世的精神做入世的事，以这句话来概括道家是妥当的。《道德经》第十章：“生而不有，为而不恃，长而不宰，是谓玄德。”说出“生”“为”“长”之后的对待态度状况，分别是“不有”“不恃”“不宰”，也就是说，在经历知不知、天门开阖而无为、守雌之后，在人类社会领域，人们还需要有一种对于百姓的情怀、利他的情怀，即“为而不恃”的情怀，出世精神做入世事的情怀，不贪功、不邀功、不说功。“万物作焉而弗辞，生而不有，为而不恃，功成而弗居。夫唯弗居，是以不去。”（《道德经》第二章）君主治理国家，应该效法天道自然，以无为处世、以不言教导，让万物兴起而不加倡导，生养万物而不据为己有，化育万物而不自恃己能，功业成就而不自我夸耀。

“为而不恃”表现在为百姓之公而忘己之私。圣人治理天下，当守柔处下，就好像掌握左契，只是给予却不索回报；帮助别人越多，自己反而越充足；给予别人财物越多，自己反而越富有。“圣人不积，既以为人，己愈有，既以与人，己愈多。天之道，利而不害。圣人之道，为而不争。”（《道德经》第八十一章）道本要求大公无私，对万物生之畜之、长之育之、亭之毒之，却生而不有，为而不恃，长而不宰。大公无私即是一切以百姓的利益为中心，不偏爱袒护任何人。“不可得而亲，不可得而疏；不可得而利，不可得而害；不可得而贵，不可得而贱”（《道德经》第五十六章）。超越世俗褊狭的人伦关系局限，以开阔的心胸与无偏执的心态对待一切人物，才能“常善救人，故无弃人；常善救物，故无弃物”（《道德经》第二十七章）。人尽其才，物尽其用。在每一个有道君主眼中，每个人都有独特的禀赋，每一物种都有独特的用处，所以君主能以本明的智慧去观照人与物，做到大公无私。只有以大公无私之心从事治理，才能达到“王”“天”“道”“久”和“没身不殆”，永久不会消亡，如老子所说：“致虚极，守静笃，万物并作，吾以观复。夫物芸芸，各复归其根。归根曰静，是谓复命。复命曰常，知常曰明，不知常，妄作，凶。知常容，容乃公，公乃王，王乃天，天乃道，道乃久。没身不殆。”（《道德经》第十六章）。要善于“致虚极”、善于“知常”、善于“公”，且以虚的方式、以静笃的方式，不让百姓存有感恩之心，也即是“为而不恃”。

“为而不恃”的百姓利他情怀表现在遵循人情，依物势，减免赋税。遵循人情、物势，就是发展百姓的自由和维护百姓的权益。“我无为而民自化，我好静而民自正，我无事而民自富，我无欲而民自朴。”（《道德经》第五十七章）管理者应顺天应人而无所作为，百姓就会自我化育、走上正道。“将欲取天下而为之，吾见其不得已。天下神器，不可为也。为者败之，执者失之。”（《道德经》第二十九章）那些想用强力以强制方法治理的人，基本上是不能成功的。世间物人各异，当允许其差异性的存在，因势利导，方为上策。王泽应解读《道德经》认为：“老子认为，世人秉性不一，芸芸众生，形态各异，有前行或积极进取的，有后随或消极保守的，有呴暖，有吹寒，有刚强，有羸弱，有安宁，有危殆，体道的治政者有见于此，故应舍弃一切过度的措施，去除一切酷烈的政举，凡是奢费的行径都不宜施张，凡事都应当循人情，依物势，以自然无为而治。”① 减免赋税体现在“去甚”“去奢”“去泰”（《道德经》第二十九章），要求管理者要去除极端、奢侈、浪费的举措和治理行为，在政务活动中薄税敛、轻刑法、尚节俭，因为“法令滋彰，盗贼多有”（《道德经》第五十七章）；“民之饥，以其上食税之多，是以饥。”（《道德经》第七十五章）

① 王泽应：《自然与无为》，湖南大学出版社1999年版，第139页。

第二节 《道德经》政治管理理想实现的途径

传统文化中有许多智慧需要继承。毛泽东曾指出：“我们不应当割断历史。从孔夫子到孙中山，我们应当给以总结，承继这一份珍贵的遗产。”① 传统文化经典之作《道德经》有许多政治管理理想实现途径的智慧需要我们去继承。一般认为，奢侈是品位，而《道德经》智慧认为“俭故能广，不敢为天下先”，也就是节俭是好事，“舍俭且广”的结果必是“死矣”；因为“俭”不仅是老子所说的“三宝”之一，且与天道的精神一致，谁崇尚节俭，谁就得到天道的保护。一般认为，一蹴而就、即时效应是好事，《道德经》智慧认为“千里之行始于足下”倡导的“善始善终”、一步一个脚印以及薪火相传是真传。一般认为“敢为天下先”为好事，而《道德经》智慧认为，在利益、名誉、知识的获取等方面应“后其身而身先”——甘当小学生、向群众学习是好事。一般认为，严于他人、宽以待己有利于己，而《道德经》智慧认为，“修之于身，其德乃真”所说的严格要求自己从本人做起是好事。党的十八大以及《十八届中央政治局关于改进工作作风、密切联系群众的八项规定》《论群众路线——重要论述摘编》《厉行节约，反对浪费——重要论述摘编》等学习资料，对群众路线进行了丰富的阐释。群众路线是党的生命线和根本工作路线，密切联系群众是党的最大政治优势和优良作风之一。以《道德经》智慧为视域，“照镜子、正衣冠、洗洗澡、治治病”，发现与党的群众路线有许多契合处。换个角度说，《道德经》智慧的政治管理理想途径对党的群众路线开展具有许多现实启示。

一 “俭故能广”——节俭的理想实现途径

《道德经》说：“我有三宝，持而保之。……二曰俭……俭，故

① 毛泽东：《中国共产党在民族战争中的地位》，《毛泽东选集》第二卷，人民出版社1991年版，第534页。

能广；……舍俭且广，舍后且先，死矣！夫慈，以战则胜，以守则固，天将救之，以慈卫之。”（《道德经》第六十七章）说的是我有三件法宝，我掌握并保护着它，其中第二件叫作节俭。因节俭，所以能宽绰。现在舍弃节俭去求宽绰，舍弃后面却去争先，只有死路一条。一般认为，奢侈是好事，而《道德经》智慧认为“俭故能广，不敢为天下先”，也就是节俭是好事，“舍俭且广”的结果必是“死矣”。

如果说“慈”是老子外向无为的心理基础和感情基础，强调圣人只“辅助”而不主宰天下百姓自身之生存，那么，“俭”指向的则是圣人的内向无为，是外向无为的内在基础。“‘慈’以对人，‘俭’以待己；‘慈’而向外，‘俭’而向内。对于这一点，有人说得更明快：‘慈谁？慈人民；俭谁？俭自己。’”① 王淮解“俭”为“三宝”的“达用之功夫”，他说：“慈，是德之体，其性质即‘大仁不仁’之‘仁’；‘俭’，是成德达用之功夫，亦即所谓‘治人事天莫如啬’之‘啬’；‘不敢为天下先’，是德性作用之表现方式，亦即柔弱不争之谓也。合而言之：老子之‘三宝’实为其‘德性’之全体大用。此所以持以保之，并示以赠人者也。——体用一贯，本末不离。②

崇尚节俭的风气是党的优良传统作风。新中国成立后，毛泽东同志根据中国贫弱的国情多次提出我们的国家需要节俭。他说：“我们的国家一要勤，二要俭，不要懒，不要豪华。懒则衰，就不好。”③ 朱德同志道出节俭之难，他说：“从俭入奢易，从奢入俭难。勤俭建国家，永久是真言。”④

新时期，改革开放一下子夯实了人们的物质基础，但是节俭的风气仍然需要发扬光大。改革开放的总设计师邓小平同志说：“我们还要夹着尾巴做人，要很谨慎，并且要艰苦奋斗，艰苦奋斗还是要讲，

① 刘笑敢：《老子古今》上册，中国社会科学出版社 2006 年版，第 683 页。

② 王淮：《老子探义》，台湾商务印书馆 1972 年版，第 259—260 页。

③ 毛泽东：《在中国共产党第七届中央委员会扩大的第六次全体会议上的结论》，《毛泽东著作专题摘编》上，中央文献出版社 2003 年版，第 935 页。

④ 朱德：《从俭入奢易》，《朱德诗词选》上，中央文献出版社 2007 年版，第 277 页。

一点不能疏忽，要勤俭办一切事情，才能实现我们的目标。”①

在中国社会主义市场经济蓬勃发展之际，人们的物质欲望无休无止，尤其是少数领导干部的奢靡之风开始抬头。中央要求在党内大兴艰苦朴素、勤俭节约之风。历史的车轮驶入21世纪，中国的发展进入深水区，一方面是综合国力的强大，另一方面是贫富差距的扩大，使社会和谐建设成效受到威胁。在党的十八大以后，中央领导集体对于提倡节俭之风提出更务实、更详尽的规定。2013年12月4日，中共中央政治局召开会议，审议并通过了《十八届中央政治局关于改进工作作风、密切联系群众的八项规定》，八项规定多处提到节俭问题：①中央政治局全体同志要改进调查研究，到基层调研要深入了解真实情况，总结经验、研究问题、解决困难、指导工作，向群众学习、向实践学习，多同群众座谈，多同干部谈心，多商量讨论，多解剖典型，多到困难和矛盾集中、群众意见多的地方去，切忌走过场、搞形式主义。②要轻车简从、减少陪同、简化接待，不张贴悬挂标语横幅，不安排群众迎送，不铺设迎宾地毯，不摆放花草，不安排宴请。③要精简会议活动，切实改进会风，严格控制以中央名义召开的各类全国性会议和举行的重大活动，不开泛泛部署工作和提要求的会，未经中央批准一律不出席各类剪彩、奠基活动和庆祝会、纪念会、表彰会、博览会、研讨会及各类论坛；提高会议实效，开短会、讲短话，力戒空话、套话。④要精简文件简报，切实改进文风，没有实质内容、可发可不发的文件、简报一律不发。⑤要规范出访活动，从外交工作大局需要出发合理安排出访活动，严格控制出访随行人员，严格按照规定乘坐交通工具，一般不安排中资机构、华侨华人、留学生代表等到机场迎送。⑥要改进警卫工作，坚持有利于联系群众的原则，减少交通管制，一般情况下不得封路、不清场闭馆。要改进新闻报道，中央政治局同志出席会议和活动应根据工作需要、新闻价值、社会效果决定是否报道，进一步压缩报道的数量、字数、时长。⑦要严

① 邓小平：《关于召开党的十三大的几次谈话》，《十三大以来重要文献选编》上，中央文献出版社2011年版，第2—3页。

格文稿发表，除中央统一安排外，个人不得公开出版著作、讲话单行本，不发贺信、贺电，不题词、题字。⑧要厉行勤俭节约，严格遵守廉洁从政有关规定，严格执行住房、车辆配备等有关工作和生活待遇的规定。同时中央颁布的六项禁令包括：①严禁用公款搞相互走访、送礼、宴请等拜年活动。②严禁向上级部门赠送土特产。各地各部门各单位一律不准以任何理由和形式向上级部门赠送土特产，包括各种提货券。各级党政干部不得以任何理由，包括下基层调研等收受下属单位赠送的土特产和提货券。③严禁违反规定收送礼品、礼金、有价证券、支付凭证和商业预付卡。④严禁滥发钱物，讲排场、比阔气，搞铺张浪费。⑤严禁超标准接待。⑥严禁组织和参与赌博活动。

在八项规定中，除了第 1 条外，其他 7 条都包含节俭的含意；而在六项禁令中，几乎每一项都是对新形势下各种变相的奢靡、腐败行为进行制止，推崇节俭美德。所有这些规定，足以体现中央对于反对奢靡之风、崇尚节俭之风的坚定态度。

二　“千里之行始于足下”——善始善终的理想实现途径

《道德经》说：“合抱之木，生于毫末；九层之台，起于累土；千里之行，始于足下……慎终如始，则无败事。”（《道德经》第六十四章）意思是，合抱的大树由小树苗长成，九层的高台由积累的泥土筑起，千里的远行由第一步开始。河上公认为，事物的发展需要几个条件：从成长来说，需从小成大的经历；从地位来说，需从卑至高的过程；从空间来说，需从近到远的推进；从毅力和态度来说，需有终当如始、不敢懈怠的持续性。[①] 因此，谨慎办事情要自始至终、一代接一代、一步一个脚印，这样坚持的话就不会失败。

对于群众路线的学习，一些干部问“会不会是领导的心血来潮?”回答是否定的。因为党的群众路线是一以贯之的，是长期的，是要一代接一代做下去的，我们要有这样的决心，要有这样的耐心和作长期计划的打算。从革命年代群众路线成为党的作风建设的法宝，到改革

① 《老子·庄子》，北京出版社 2006 年版，第 137 页。

开放年代群众路线教育活动的一以贯之，一代又一代的共产党人始终不忘群众路线这个法宝。毛泽东对事物发展规律有着准确的判断，他强调到群众中去、到基层去发现问题，寻找答案。“许多的同志都成天地闭着眼睛在那里瞎说，这是共产党员的耻辱，岂有共产党员而可以闭着眼睛瞎说一顿的吗？迈开你的两脚，到你的工作范围的各部分各地方去走走，学个孔夫子的‘每事问’，任凭什么才力也能解决问题，因为你未出门时脑子是空的，归来时脑子已经不是空的了，已经载来了解问题的各种必要材料，问题就是这样子解决了。”① 毛泽东以愚公移山的寓言表达了善始善终、争取胜利的决心。“我死了以后有我的儿子，儿子死了，又有孙子，子子孙孙是没有穷尽的……我们一定要坚持下去，一定要不断地工作，我们也会感动上帝的。”②

早在20年前，现代化总设计师邓小平同志就对历史的未来进行了规划和设计，他说：“如果从建国起，用一百年时间把我国建设成中等水平的发达国家，那就很了不起！从现在起到下世纪中叶，将是很要紧的时期，我们要埋头苦干。我们肩膀上的担子重，责任大啊！”③ 邓小平强调从现在开始、从足下开始以及敢于胜利的决心。“不从现在开始，不以部分开始，我们的事业就会拖下去，就没有希望了。……事在人为，只要有人做，就会有效果。”④ “中国不是有个‘过五关斩六将’的关公的故事吗？我们可能比关公还要过更多的‘关’，斩更多的‘将’。过一关很不容易，要担很大风险。”⑤

三 “后其身而身先”——甘当小学生的理想实现途径

《道德经》说：“是以圣人后其身而身先，外其身而身存。非以其

① 《毛泽东选集》第一卷，人民出版社1991年版，第109—110页。

② 《毛泽东选集》第三卷，人民出版社1991年版，第1102页。

③ 邓小平：《在武昌、深圳、珠海、上海等地的谈话要点》，《邓小平文选》第3卷，人民出版社1993年版，第383页。

④ 《邓小平文选》第二卷，人民出版社1983年版，第197页。

⑤ 《邓小平文选》第三卷，人民出版社1993年版，第262页。

无私邪？故能成其私。”（《道德经》第七章）这里表达的是，圣人不为自己私利的具体表现是在面对利益和荣誉的时候把自己排在后面去，结果却能站到前面，把自己置之度外反而得到存有。这不正是它不自私吗？但往往却能达到自私者所要的目的。

儒家主张“先”其身，即先民、导民，主要出于其道德自信心和社会使命感。他们自以为掌握了最高的真理、最好的道德原则，因此敢于为万民之先，“先天下之忧而忧”。他们不理解道家“后其身”的原则，因此看不到过高的自信心易转化为教条主义和独断论，过高的使命感易导致一言堂、支持专制主义。曾国藩解读“后其身”为“不敢居第一等大名”，“天下大名，吝之惜之，千磨百折，艰难拂乱而后予之。老氏所谓‘不敢为天下先’者，即不敢居第一等大名之意。”① 刘笑敢解读“后其身”为注重和谐，“道家心目中的社会是圣人辅助万物各自自然发展的平面化的社会结构，重视万物各得其所的自然的和谐和秩序，因此圣人不必为先，不该为先。”② 这里突出了“做群众的学生”的态度。

马克思主义经典作家恩格斯就“后其身”即甘当群众的学生作了描述，突出向工人群众学习的重要性。他说：“在我们党内，每个人都应该从普通一兵做起；要在党内担任负责的职务，仅仅有写作才能或理论知识，甚至二者全都具备，都是不够的，要担任领导职务还需要熟悉党的斗争条件，掌握这种斗争的方式，具备久经考验的耿耿忠心和坚强性格，最后还必须自愿地把自己列入战士的行列中——一句话，他们这些受过‘学院式教育’的人，总的说来，应该向工人学习的地方，比工人应该向他们学习的地方要多得多。”③ 向工人同志学习，是群众路线的具体体现。

毛泽东同志是马克思主义者，他突出自己在群众面前的无知。他说：“群众是真正的英雄，而我们自己则往往是幼稚可笑的，不了解

---

① 《曾国藩全集（家书二）》，岳麓书社 1995 年版，第 1113—1114 页。

② 刘笑敢：《老子古今》上册，中国社会科学出版社 2006 年版，第 685 页。

③ 恩格斯：《给〈萨克森工人报〉编辑部的答复》，《马克思恩格斯选集》第 4 卷，人民出版社 2012 年版，第 281 页。

这一点，就不能得到起码的知识。”① 群众就是诸葛亮，具备无比的智慧和知识。毛泽东同志说：“三个臭皮匠，合成一个诸葛亮”，“这就是说，群众有伟大的创造力。中国人民中间，实在有成千上万的诸葛亮。我们应该走到群众中去，向群众学习，把他们的经验综合起来”②。只有具备“后其身”的大度，领导干部才能真正把群众当作老师，当作学习的对象，才能真正把自己当成学生。

四 “修之于身，其德乃真”——从本人做起的理想实现途径

《道德经》说：“善建者不拔，善抱者不脱，子孙以祭祀不辍。修之于身，其德乃真；修之于家，其德乃余；……以天下观天下。吾何以知天下然哉？以此。”（《道德经》第五十四章）这里的意思是，善建的不可拔除，善抱的不会脱落，子孙遵照这个道理来从事祭祀活动就不会断绝。用这个道理修身，他的德就会纯真；用这个道理治家治天下，他的德就会影响家人影响天下。我怎么会知道天下是这样的呢？就是用这种类推的方法。做事从自身做起。

这种“修之于身”从本人做起的作风体现了家国一致的思维方式。将修身、德真的成果进行扩充，便是“修之于家”、“修之于乡”、“修之于邦”、“修之于天下”。在这点上，儒道两家是一致的，即都重视自身的人格品德的修养，又将个人的品德修养看作家族、社群、邦国以及天下太平的根基，“都将个人的修养与国家、天下的治理直接联系起来儒、道两家显然是相通一致的……毕竟儒家、道家都是同一文化土壤上的苍松翠柏。”如刘笑敢所言：“此德之真扩充于家，其德表现为充实有余；扩充于乡，则表现为长久不衰；扩充于邦，则表现为丰硕广被；扩充于天下，则表现为流布天下。”③ 从我做起，这是治理实践中领导人的胸襟，也是领导人的自信。

在社会主义建设时期，刘少奇倡导自上而下的作风建设要求。他

① 毛泽东：《〈农村调查〉的序言和跋》，《毛泽东选集》第3卷，人民出版社1991年版，第790页。

② 毛泽东：《组织起来》，《毛泽东选集》第3卷，人民出版社1991年版，第933页。

③ 刘笑敢《老子古今》上册，中国社会科学出版社2006年版，第559页。

说："现在艰苦奋斗的作风有所削弱，特殊化的风气有所发展。有些地方盖别墅，盖高标准住房，搞跳舞场。中央是不是也有呢？中央也有特殊化。省委学中央，地委就学省委，县委就学地委，公社就学县委，这样学起来，那还得了呀！现在我们改变过来好不好？从中央改起，各省委、地委、县委、公社，一律把这个风气改变过来。"① 要求从上而下做起，从自身做起是解决很多问题的根本，所谓"上梁不正下梁歪"是有道理的。

新时期，邓小平同志多次以自己为例、以自己的家人为例说明国家领导人应该坚持的作风品质。他说："反对腐败，几年来我一直在讲，你们也多次听到我讲过，我还经常查我家里有没有违法乱纪的事。腐败的事情，一抓就能抓到重要的案件，就是我们往往下不了手。这就会丧失人心，使人们以为我们在包庇腐败。这个关我们必须过，要兑现。是一就是一，是二就是二，该怎么处理就怎么处理，一定要取信于民。"②

邓小平同志常举出老领导为自己学习的榜样。他说："我们的毛泽东同志、周恩来同志以身作则，严于律己，艰苦奋斗，几十年如一日，成为我党我军优良传统和作风的化身。他们的感人事迹在全党、全军、全国人民中，发生了多么巨大和深远的影响！不仅影响到我们这一代，而且影响到子孙后代。我们的干部，特别是老干部，要以毛泽东同志、周恩来同志为榜样，用实际行动搞好传帮带。"③ 正是这些领导能够做到"修之于身，其德乃真"，才会历经艰难，取得成功，进而形成党的优良传统。

节俭的群众路线途径、善始善终的途径、甘当小学生的途径、从自我做起的途径分别与《道德经》所倡导的"俭""行""后""修"

---

① 刘少奇：《加强基层领导，改进工作作风》，《刘少奇选集》下卷，人民出版社1985年版，第459—460页。

② 邓小平：《组成一个实行改革的有希望的领导集体》，《邓小平文选》第3卷，人民出版社1993年版，第297页。

③ 邓小平：《在全军政治工作会议上的讲话》，《邓小平文选》第2卷，人民出版社1994年版，第125页。

的途径具有契合处，对其展开研究，必能推动群众路线的顺利进行。

第三节 《道德经》政治管理理想的现实意义

《道德经》智慧成为中国数千年文化的主要脉络，深刻影响着人们的价值观、思维方式、行为准则和生活习惯。比如强调“重”的作用，强调“虚”的功能，强调“时”的契合。这些智慧对于中国梦具有较强的现实启示：一是基础之重，没有厚重的基础，空中楼阁必然倒塌，再好的东西也建立不起来；二为理论指导之准确，没有适合发展的理论，实际情况的美好必然夭折；三为团结实干之时机的把握。不契合团结实干的时机，不符合道的法则，同样不符合中国梦的实现。中国梦是中国人民自古以来尤其是近现代以来对富强民主文明的追求。党的十八大后，以中共中央总书记习近平同志为首的新一届中央领导集体产生。习近平同志多次在不同场合较为系统地阐述了中国梦，引起广泛反响，中国梦成为时代最强音。中国梦是经济梦、政治梦、文化梦、社会梦、生态梦的五位一体，是强国梦、复兴梦、美丽梦、幸福梦，是求真务实、改革攻坚、加强党的领导之梦，中国梦理论的目标与内涵意蕴丰富，包含国家梦、民族梦、个人梦及世界梦等多个层次。尽管目前关于中国梦的研究角度各异，但基本意涵是相同的，即注重“重为轻根”视域下的基础之重、“致虚极”视域下的理论自信、“动善时”视域下的团结实干之时机，符合党情、国情，契合新时期发展的中国实际，因此是完全可行的。

一 “重为轻根”——基础厚重与中国梦

《道德经》的“重为轻根，静为躁君。……轻则失本，躁则失君”。(《道德经》第二十六章）意思为，稳重、厚重之“重”是轻盈之“轻”的控制者，安静主宰着躁动。如果无“重”则“轻”盈一定会失去根本、迷失方向；相反，如果有“重”则轻盈会有了根本、有了方向。如果选择不“静”即躁动，必然会丧失主宰。王弼解释为

“凡物轻不能载重，小不能镇大，不行者使行，不动者制动，是以重必为轻根，静必为躁君也。以重为本故不离”。[①] 说的是同样的意思。对于国家的发展来说，基础的厚“重”是发展的“轻”盈快捷的重要保障。基础打牢，发展才可靠。基础决定着发展的情况，没有厚重的基础，空中楼阁必然倒塌，再好的东西也建立不起来。千百年来，中华民族孜孜以求的中国梦，情系对理想蓝图的美好设计、对人民群众生活幸福渴盼的真切感知。《庄子·齐物论》说：“昔者庄周梦为蝴蝶，栩栩然蝴蝶也；自喻适志也，不知周也”；《诗·周南·关雎》曰：“窈窕淑女，寤寐求之”；《羌村》（杜甫）诗曰：“夜阑更秉烛，相对如梦寐”，等等，无不表达对梦中美好事物的强烈渴盼。《天朝田亩制度》代表了农民对于土地的梦想，《资政新篇》《建国方略》等反映了国家富强的梦想。然而，没有发展的基础，这些梦想难以真正实现。应该说，前人的梦想给后人留下无数美妙的想象空间，但从根本上看，完成和实现中国梦必须建立在国力强大的现实基础上。然而，在特定的历史时期，在无数中华儿女的奋发努力下，中国曾经创造了世界文明中无比的灿烂和辉煌。直到 18 世纪末，中国经济规模居世界首位；世界 50 万人口以上的城市当时只有 10 个，中国占了 6 个，即北京、江宁、扬州、苏州、杭州、广州。按照麦迪逊的测算，从 17 世纪末到 19 世纪初，中国在经济上的表现相当出色。从 1700—1820 年，中国的 GDP 不但排名世界第一，在世界上的份额也从 22.3% 增长到 32.9%，人口从占世界人口总量的 22.9% 增长到 36.6%[②]。近代以来，中国沦为半殖民地半封建社会状态，中华儿女陷入水深火热之中，于是，复兴伟大的中国梦成为无数仁人志士前赴后继英勇献身的动力源。

新中国成立 60 多年特别是改革开放 35 年来，在中国共产党的领导下，中国国力增强迅速，生产力的“解放”和“发展”令人期待，经济总量大、文化实力强、社会主义优越性越来越凸显等，使得中国

① 高定彝：《老子道德经研究》，北京广播学院出版社 1999 年版，第 172 页。

② 据陈金龙教授在广东省 2013 年社会科学骨干培训班上的讲课课件《中国梦与中华民族伟大复兴》。

梦实现的可能性大大增大。我们圆了民族独立梦、港澳回归梦、奥运梦、诺贝尔奖梦、载人航天梦、航母潜海梦……中国经济总量排名居世界第二位，占世界 GDP 总量的比重超过 10%；2012 年中国 GDP 总量：519322 亿元，按照 2012 年年末的汇率，折合 8.3 万亿美元；与美国 GDP 总量同年 16.2 万亿美元的差距缩小；已超过日本同年 GDP 总量的 6 万亿美元。无数个具体梦想的实现极大地丰富了中国梦的意蕴，奠定了中国梦实现的坚实基础，厚重如磐。

“重为轻根”，一方面稳“重”厚“重”的基础是前提；另一方面，在“重”基础上的“轻”便会展现又好又快蓬勃发展的精彩，像迎风飞展的风筝，有了手中牵线的“重”，它的飞行轻盈如风，有目标、有方向、有奔头。如今的中国模式、中国发展令世界瞩目，这些给人正能量的厚“重”现实是“轻”盈腾飞的基础。相信在中国梦指引下，2020 年全面建成小康社会、2050 年建成富强民主文明和谐的社会主义现代化国家的目标一定能实现。

二 “虚极，守静笃”——理论自信与中国梦

“致虚极，守静笃，万物并作，吾以观复。夫物芸芸，各复归其根。归根曰静，是谓复命。……没身不殆。”（《道德经》第十六章）遵循自然之道的虚、静是排除各种干扰的根本，面对名利萦绕的社会现实，虚、静更是需要极力突出和强调的。虚、静由心始，应尽量使内心虚静到极点、并坚守住那份静笃。由此心态看待和对待自然之“虚”，万物会在自然中生长、发展，且遵循着规律的有序运行。万物尽管纷纭变化，最后都会各自回到根本。符合自然之道才是大道，并能恒久，终身也不会遇到危险。对于国家治理来说，“虚极，守静笃”更要抛开纷繁复杂的表象诱导，深入理论的建设和探索之中。没有理论之“虚极”、没有理论的正确，难以认清社会发展的本真面目。理论需要静下心来思考，理论需要冷静头脑的智慧运思。

新时期，中央理论务虚会议像一盏明灯指引了中国前进的正确方向。由于理论务虚会议的前瞻性很强，中国人民迈入一心一意搞建

设、全神贯注谋发展的良性轨道。“虚极，守静笃”告诉我们，没有适合发展的理论，再好的梦想也必然夭折。抓住理论之重，才有发展的飞跃。中国特色社会主义理论在马列主义、毛泽东思想的基础上开拓创新，是与中国改革开放和发展实践相结合而形成的全面、系统、正确的理论，是指引中国人民前进的指针，是制度自信、道路自信的重要保障。有了中国特色社会主义理论之“虚极”，中国的富强民主文明建设和发展才会有质的飞跃。《共产党宣言》是黑暗中的一道曙光，是挽救动荡社会的妙方，是动荡社会的理论“虚极”。马克思指出：“代替那存在阶级和阶级对立的资产阶级旧社会，将是这样一个联合体，在那里，每个人的自由是一切人的自由发展的条件。”这里说的是“每个人的自由”为理论“虚极”的核心。

近年来，“实现中华民族伟大复兴”的中国梦是理论“虚极”的总目标。中国梦是科学发展的理论，是解决改革开放过程中出现的各种问题的利器，完善和丰富了中国特色社会主义理论体系。摸着石头过河和加强顶层设计是辩证统一的，推进局部的阶段性改革开放要放在加强顶层设计的前提下进行，加强顶层设计要在推进局部及阶段性改革开放的基础上来谋划。此处突出顶层设计在理论“虚极”中的作用。中国梦与邓小平同志提出的“发展是硬道理”以及“发展是第一要务”、科学发展观理论之“虚”是一脉相承的。共产党人的中国特色社会主义理论成果已经逐渐成熟。中国梦逐渐摆脱“摸着石头过河”的困境，向世界提供一份崭新的发展理论，是理论自信的表现，使中国特色社会主义道路和制度更加具有说服力。在不少海外学者眼中，中国内地在正确理论之“虚”的指导下已然呈盛世景象，很多地方展示出大国风范。近年来，国人“西方的月亮比中国圆”的片面认识状况已得到很大改观，相信在中国梦的指引下，“中国的月亮比西方圆”的日子一定会早日到来。

三 “动善时”——时机契合与中国梦

《道德经》说：“上善若水。……居善地，心善渊，与善仁，言善信，正善治，事善能，动善时。”（《道德经》第八章）意思是，上等的善要像水的品性一样，水的品性几乎接近道的境界了。居住善于选择与人无争的地方，心地善于保持深沉以克服浅薄给人带来的困扰，给予要善于以别人能接受的仁爱的方式，说话要善于恪守诚信原则，为政要善于治理即顺势而治，办事要善于发挥能力而不是逞强，行动要善于抓住合适的时机。正因为与水的品性一样与世无争和低调，所以不会有过多的幽怨。这里的“动善时”即行动要善于抓住合适的时机，我们要像水那样“善动”。水在春天时，善于使得万物得到滋润、盛开似锦；水善于审时度势，总是在最低处形成最高尚、最宽广的胸怀。“动善时”与第六十章的表述“治大国，若烹小鲜”对时间、火候的把握是一致的。王弼注曰：不扰也。躁则多害，静则全真。陈鼓应、白奚解释为“无为而无不为”，“治理国家就好比煎小鱼，不能多搅动，否则重就会烂，这就是‘无为’；而鱼还是要烹的，国还是要治的，并且还要烹得好，治得好，这又是‘为’；如能按照‘无为’的原则去做，任其自成其功，就可以把鱼烹好，把国治好，这就是‘无为而无不为’。”①

“动善时”告诉我们，团结实干的时机契合为中国梦实现的总纲。在改革发展的攻坚阶段，没有实干，避重就轻，不符合道的法则，同样不符合中国梦实现的总纲。纵向看，道家“动善时”文化横贯千年，是中华儿女不断前行奋斗的动力支持；横向看，道家“动善时”文化随着中国国力的提升和影响力的日益扩大，已被译成多种外语在西方世界广泛传播。中国梦最讲究“动善时”、有所为、有所不为，踏踏实实干事业。在形式主义作风、官僚主义、享乐主义作风和奢靡之风在一定范围较为盛行的今天，提出“实干”是契合时机的，是“动善时”的表现。在眼下的改革攻坚阶段，需要“动善时”，需要中国梦来“凝聚中国力量”。不久前，习近平同志在接受金砖国家媒体联合采访时的讲话中引《道德经》的智慧说：“要有‘治大国如烹小鲜’的态度。”② 这里说的“治大国若烹小鲜”注重的就是时机的

① 陈鼓应、白奚：《老子评传》，南京大学出版社2001年版，第221页。

② 习近平：《习近平在接受金砖国家媒体联合采访时的讲话》，《人民日报》2013年3月20日。

掌握、火候的把握。

以网络问题为例，在如今的信息网络时代，无数“放大镜”效应会构成改革、发展的障碍，迫切需要“动善时”，迫切需要新规定的出现。“放大镜”效应指的是在信息网络时代，网络等新兴媒体对于负面事件和情绪的“放大”效应，易于形成虚拟的“抑正扬负”的不正常信息环境。与成绩比起来，无论怎么说，问题都属于小的部分。然而，在网民的视野期待中，人们对于问题可能更关注，对于成绩的关注度可能会降低。于是，许多问题在“放大镜”下被突出，在一定程度上引导并加重了人们的负面情绪，并且在网络媒体以点带面的“突出”下，使得表象与事实发生偏离。因此，中国互联网大会做到“运善时”，及时制定网络世界的“七条底线”，纠正“偏差”，凝聚正能量，并以此来激发全国上下众志成城的决心，显得非常迫切，是“动善时”之举。这“七条底线”是国家利益底线、法律法规底线、社会主义制度底线、社会公共秩序底线、道德风尚底线、公民合法权益底线、信息真实性底线[①]，我们应当共同遵守。我们生活的现实世界和网络世界都应当发挥团结实干的作用，遏制虚假造谣之恶风，这也是实现中国梦的一部分。相信在中国梦总纲的指引下，且做到有《道德经》智慧所说的基础之“重”、理论之“虚极”、“动善时”，复兴伟大的中华民族理想就一定能够实现。

---

① 马献忠：《言论自由不是谣言自由》，《中国社会科学报》2013 年 8 月 26 日。

第二章

《道德经》社会治理理想的运用

第一节 《道德经》智慧对汉文帝的启示

《道德经》从问世时起，便在社会治理、养生、处世、道德、思维等方面发挥作用，也成为历代帝王学习、研究的法宝。“最著名的汉朝的‘文景之治’，汉文帝与景帝父子相继，为汉朝鼎盛的尖峰时期；唐朝的‘贞观之治’，乃至于唐玄宗……白居易《长恨歌》中所描写的夜半与杨贵妃窃窃私语，发誓‘在天愿做比翼鸟，在地愿为连理枝’的唐明皇，他们年轻时期，初期开创基业所用的都是道家学术——也就是‘内用黄老，外示儒术’。而汉、唐这两个时代，亦就是整个历史上，算来是最可观的时代。”① 道家思想自汉以后被称作法宝更广泛地传颂。汉文帝以力量薄弱的藩王继统，初登皇位“常战战栗栗，恐事之不终”（司马迁《史记・律书》）。他害怕重蹈秦二世的覆辙，而黄老术“卑弱以自恃”“以弱胜强”的特点适合汉文帝那种“盖力不能取，而以智取”的特点，所以汉文帝尤为青睐黄老术，遂成为其“南面君人之术”②。汉初的“文景之治”以《道德经》智慧进行社会治理并取得成功，成为中国历史上值得大书特书的例子。

一 无欲无争，保全性命

南怀瑾先生认为，黄老思想成为社会治理哲学的最高领导学说，

---

① 南怀瑾：《汉文帝善用老子的法宝》，《老子他说・孟子旁通》，复旦大学出版社2000年版，第10页。

② 邵金凯：《黄老术与汉文帝治国新论》，《徐州师范大学学报》2002年第3期。

表现得最深刻的便是汉文帝，“在历史上标榜汉初的盛世‘文景之治’，文帝与景帝父子两代的思想领导，都是用‘黄老’的道家学说。另一方面也可以说，和母教有很大的关系，因为汉文帝与汉景帝的母亲，都喜欢《道德经》而受其影响很大。在如此的家庭教育和时代潮流中，在周围环境的巨大影响下，政治哲学的最高领导学说，表现得最深刻的便是汉文帝”。[①] 一方面，高度肯定了道家学说在汉朝盛世中的指导作用；另一方面，认为环境因素尤其是母亲信奉道家思想是文景二帝道家思想来源的主要方面。在楚汉相争时期，在运用战略战术思想等方面，张良、陈平、韩信等学习道家的名士灵活地运用道家思想，才使楚军大败、大汉政权得以建立。另外，秦末暴政让人们深恶痛绝，人们不得不反思原因，于是，道家思想的重要性逐渐显示出来，并融入包括文帝在内的很多人的思想深处。

开辟了大一统基业的汉高祖刘邦在位没几年死了，政权落到他的妻子吕雉手中。天下权势最诱人，吕雉也一样，她想将帝位转给自己的娘家人，于是，大开杀戒，将刘邦的儿子几乎赶尽杀绝，只有一个小儿子刘恒幸免于难。刘恒为什么没有被杀死呢？不是吕雉心软才刀下留人，而是刘恒及其母亲“无欲无争”的姿态保全了自己的性命。刘恒的母亲薄氏知道宫廷斗争残酷的现实，一心想着清净，苦读《道德经》，领略道家思想的精髓，于是走上道家清净无为的路线。这样，在母亲清心寡欲思想的影响下，刘恒无意与其他皇子争夺继承权，甘愿被分封到西北边界的地方为代王，这里是毗邻匈奴的荒漠贫瘠地带，没有其他皇子愿意去。刘恒在这么偏僻的地方为官，几乎被朝野遗忘了，正是这样，才躲过吕雉的迫害。可是，那些多年追随刘邦打天下的文臣武将们，对于吕雉的做法非常不满，他们想方设法，联合起来削弱吕家的势力。等到吕雉死后，大臣们需要找出刘邦的儿子来继承皇位，最后发现，皇子中只有刘恒一人了。于是，大臣们商议，将这位远在边疆、性情朴实、清心寡欲、守道尚德的代王请到长安来

---

① 南怀瑾：《汉文帝善用老子的法宝》，《老子他说·孟子旁通》，复旦大学出版社 2000 年版，第 13 页。

为帝，就是汉文帝。

二　谦卑下位，获得皇位

淡泊名利、潜心学道的刘恒在边塞为代王。一天，当他听说长安来人要迎接他回去当皇帝的消息时，没有冲动，而是保持谦卑的下位姿态。他去请示母亲，问是否可以去当皇帝。母亲帮助他分析了形势，认为此时是中央政权最混乱的时期，且朝中大臣们都是刘恒的父辈，很难去驾驭他们。如果贸然前去，可能遭到杀身大祸也难说。于是派人前去长安打探消息，一为了解实情，二为延缓时间来缓和人心。在得知一些真相后，刘恒斟酌再三，最终决定回到长安。刘恒知道，此时的中央政府大权实际上已掌握在一个叫周勃的臣子手里，周勃对于刘恒这个太子势力羸弱的情况了如指掌，在这样的关键时刻对于这样的关键之人要非常慎重。

当刘恒从边塞来到长安城外的渭桥时，周勃早率领百官跪下来接驾，刘恒也立即下马跪下来还礼。刘恒深知此时情况非常微妙，进退应对之间都很难处理，何况自己还没有即位，所以选择跪拜还礼的方式，体现了《道德经》的“谦德”精神。可就在渭桥过礼之后，周勃想单独与刘恒说话时，刘恒觉得当着百官的面私自与周勃交谈，可能引起误解，于是，刘恒拒绝了私人谈话，认为有话对着大家的面说会更好，体现了《道德经》无私的运用。周勃只得当着众人的面将玉玺送上，刘恒拿到玉玺后，按说就是皇帝了，他却仍然谦逊地说：“玉玺我可以代管，但这个皇帝不一定非是我来当不可，可以为皇帝的人很多，此事过些时日再议。”这就是刘恒的高明之处，运用了道家的“无用之用”“用而不用”，这样可以避免许多不必要的妒忌发生。刘恒收下玉玺后，没有立即即位，而是等了九个月之后才登基，所谓“后其身而身先”，有两个方面的考虑：一是考虑到同宗兄弟中，还有年纪比自己大的、办事能力比自己强的，在获得他们的支持后登基会将矛盾解决在萌芽状态；二是那些追随刘邦打天下的老将军们，争取获得他们的同意后，政权方能真正稳固，所谓“九层之阶，起于累土”。在“万事俱备”时，刘恒才荣登皇位。

三 消弭战争，巩固统一

汉文帝赞同道家的反战思想，争取以和平友好的方式来争取民族和睦。道家明确反对战争，如“夫兵者，不祥之器”，“兵强则灭”，主张“不以兵强天下”等。汉文帝想方设法使不战的愿望得以实践，维护边塞的安定。他即位之初，将军陈武等主张对南越等地用兵，“以一封疆”。汉文帝认为“兵凶器，虽克所愿，动亦耗病，谓百姓远方何?”“且无议军”（司马迁《史记·律书》）在这一方针指导下，对南越不是用战争来制止战争，而是以阐明大义的方式来谋求和平。

刘恒即位后，在实施无为而治的同时，觉察到南方一股“有为”的势力正在慢慢形成对汉王朝的威胁，那就是长江以南的地方势力，包括五岭以南的广东、广西、云南、贵州等地，尤其是南越王赵佗在吕雉死后竟然自称皇帝，对汉朝的统一形成很大挑战。赵佗原来是与汉高祖刘邦一起反秦的英雄之一。秦王朝被推翻后，赵佗在南方发展，任广东的县尉令，势力强大后便自称南越王。那时的岭南地区为边远的荒蛮烟瘴之地，汉高祖刘邦也没有更好的办法，只得承认了南越王的地位。在吕雉乱权时期，赵佗在河北故乡的兄弟被朝廷残害，甚至连祖坟也被挖地三尺，是吕雉对不起他在先，所以吕雉死后，南越王赵佗自认为有资格当皇上，并兴兵至长沙边境，准备北伐。如何处理这样的复杂问题呢？汉文帝以道家的“善战者不武”等思想为指导，修书一封，详尽陈述“不忍”之心、包容友好之意，最终消弭了战争，巩固了统一的政权，且维护了道义。在《汉文帝赐南越王赵佗书》中，第一句便是“皇帝谨问南越王甚苦心劳意，朕高皇帝侧室之子，弃外奉北藩于代，道里辽远，壅蔽朴愚，未尝致书”。这句话至少包含三层意思，都渗透着《道德经》智慧：第一，皇帝亲自写信，且以“以下”的身份问候南越王“甚苦心劳意”，使对方感受到自己的诚意，自己体察对方劳苦的用心；第二，写到皇帝身份的“卑微”，自己也只是不被重视的“侧室之子”，且被“弃外”至北藩去，那里辽远偏僻，无所作为，这种“谦逊”“以下”的品质正是“以上”的基础；第三，自己“壅蔽朴愚”，不仅知识不够且人愚蠢得很，为平常没有写信而感到深深歉意，就像普通百姓之间拉家常一样娓娓道来，情真意切，温暖人心。

接着写到自己即位的原因是“以王侯吏不释之故，不得不立，今即位”。皇位又有什么呢？自己继承是没有办法的“不得不”罢了。言下之意，越王过于看重皇位是不对的。刘恒继续写到自己反战的主张，因为战争“必多杀士卒，伤良将吏。寡人之妻，孤人之子，独人之父母，得一亡十，朕不忍为也”。这个思想与《道德经》说的“大兵之后，必有凶年”及强烈的反战思想是一致的。信里接着写到，就南越王的领地来说，自高祖始就承认您了，今天的汉朝仍不会有什么想法的，因为“得王之土，不足以为大；得王之财，不足以为富”，再多的土地、再多的财富又能怎样呢？人心无足也不见得有好处。刘恒表达自己的愿望，“愿与王分弃前患，终今以来，通使如故”。浓郁的情谊，让人无法抗拒。最后是送礼、祝福之语，“上褚五十衣，中褚三十衣，遗王，愿王听乐娱忧，存问邻国”。不仅送布帛等物，且祝愿玩得开心、获得快乐、时常走动走动。应该说，文帝刘恒确实是写信高手，当然其主体思想离不开道家所提倡的许多有益理念。

作为对这样一封有情有理、谦逊诚恳的信的回复，南越王赵佗的信不仅答应了文帝的和解建议，且同样以道家的谦逊陈述了原委，亦是情真意切，令人钦佩。《南越王赵佗上汉文帝书》写道：“蛮夷大长老臣佗，昧死再拜上书皇帝陛下：老夫故越吏也。高皇帝幸赐臣佗玺，以为南越王，孝惠皇帝义不忍绝，所赐老夫者甚厚。”可见，赵佗的信也是“谦逊”有加，赵佗不用自己多年的皇帝称号，只称自己为臣，且说自己不过是蛮子里一个年老体衰的小头目，历代皇帝待我不薄，我该死，对不起您，向您再叩拜。当然，对于自己称帝，也不是没有理由的，于是赵佗将责任推到吕雉身上，“父母坟墓已坏削，兄弟宗族已诛论”。赵佗这样写，既符合事实，也替文帝骂了吕雉，因为吕雉也是文帝痛恨的人。

接着赵佗写道：“老夫处越四十九年，今抱孙焉。然夙兴夜寐，寝不安席、食不味者，以不得事汉也。今陛下幸哀怜，复故号，通使如故，老夫死骨不腐，改号不敢为帝矣。”暗示自己统治岭南的广东、广西已四十九年了，且都抱孙子了，终得到今皇帝的怜悯，自己绝对不会再称皇帝了。文帝以道家思想，表明利害得失关系，化解了这场一触即发的战争，可谓中国历史上为数不多的大智慧之一。文帝在位二十三年，一直到他儿子刘启景帝十六年，孙子刘彻武帝初期的共五六十年间，国家富足安定，文化灿烂，打下了汉朝四百年政权的深厚根基。汉武帝后期，采纳儒家思想，主动发动战争，多次打败了北方的匈奴，然而“杀敌一千，自伤八百”的惨痛代价也慢慢成为西汉王朝走下坡路的开始。

四 躬行节俭，增益利民

《史记·孝文本纪》中说：“孝文帝即位二十三年，宫室苑囿，狗马服御，无所增益，有不便，辄弛以利民。尝欲作露台，召匠计之，直百金。上曰：‘百金，中民十家之产，吾奉先帝宫室，常恐羞之，何以台为！’上常衣绨衣，所幸慎夫人，令衣不得曳地，帏帐不得文绣，以示敦朴，为天下先。治霸陵皆以瓦器，不得以金银铜锡为饰，不治坟。”文帝带头为天下人作敦朴的示范，并制定一些节俭的规章制度，如“不治坟”、不准大肆兴建装修豪华的“楼堂馆所”，自上而下开始实行。

贾山在《至言》中说：“陛下即位，亲自勉以厚天下，损食膳，不听乐，减外徭卫卒，止岁贡；省厩马以赋县传，去诸苑以赋农夫，出帛十万余匹以振贫民；礼高年，九十者一子不事，八十者二算不事，赐天下男子爵——亡不被泽者；赦罪人，怜其亡发，赐之巾，怜其衣赭书其背，父子兄弟相见也而赐之衣。平狱缓刑，天下莫不悦喜”等。汉文帝“躬行节俭”、减免赋税等增益利民举措，体现了黄老道家“尚俭”“不敢为天下先”的原则，其目的是体谅百姓，躬行节俭，增益利民，与今天中央定的很多政策是一致的，如与削减歌舞晚会的支出、减少领导外出餐饮方面的铺张浪费等如出一辙。西汉后期的刘向对此评价说：“文帝遵汉家，基业初定，重承军旅之后，百姓新免于干戈之难，故文帝宜因修秦余政教，轻刑事少，与民休息——即位十余年时五谷丰熟百姓足，仓廪实，蓄积有余。”① 此评述是符合实情的。

文帝信道、学道、用道，体现在他个人日常生活中，也是极其节俭。据说他穿的一件黄袍，一直穿了二十年，补之再补，是对《道德经》“俭”的奉行。他尽量减轻刑罚，减轻赋税，宽大包容，为人称颂。文帝为政二十几年中，监狱里的犯人是最少的②。

第二节 《道德经》智慧对成吉思汗的影响

千百年来，《道德经》的“长生久视”之道一直横贯史册，令人神往。无论是平民百姓还是帝王贤达，对于这“玄之又玄”的尤物青睐有加。秦始皇到东海寻找道家奇妙的仙丹，文景二帝以无为理念治国赢得盛世，唐太宗李世民尊称道家创始人老子为太上老君为自己的先人，成吉思汗崇道禁杀，大清帝国的建立依靠《道德经》的学术指导。南怀瑾说：“研究《道德经》的学术，用之于政治、经济、教育、军事、社会等等方面，尤其与开国创业时期的关系，就要把历朝事物研究得清楚，那大概可以知道老庄哲学的运用了。”③ 本节主要就《道德经》智慧对成吉思汗的影响进行分析研究。

公元1219年，成吉思汗的军事力量处于极盛时期，他的版图已扩大到中亚南俄。这年，正在西征路上的成吉思汗已58岁，他派近臣刘仲禄迎聘长春真人丘处机前来军营为自己讲道。尽管丘处机是全真教信徒，其主要融合了道家、儒家甚至佛教的思想精华，但其以道家为主尤其是《道德经》的主要影响还是极其明显的。《道德经》智慧通过丘处机对成吉思汗的影响，主要表现在以下几个方面。

---

① 邵金凯：《黄老术与汉文帝治国新论》，《徐州师范大学学报》2002年第3期。

② 南怀瑾：《汉文帝善用老子的法宝》，《老子他说·孟子旁通》，复旦大学出版社2000年版，第13—22页。

③ 同上书，第10—11页。

一 节欲养神，修德养生

养生长寿几乎是所有人的追求，人们对于养生的理解也多以道家的节欲虚静为基。史载，孔子的侄女婿子容有一次特行七日七夜，至老子处询问养生之道，老子回答说，养生之道，在神静心清。神静心清者，洗内心之污垢也。心中之垢，一为物欲，一为知求。去欲去知，则心中坦然；心中坦然，则动静自然。动静自然，则心中无牵挂，则大道可修。[①] 老子认为，养生之道在于内心去除过多的欲望，放弃对于外在珍奇物的占有掠夺；去欲去知，则心中坦然、心中无牵挂，归于内外一体的自然之道，这样才能养生，才能达到长生长寿。然而世人真正能做到这样的非常少，他们离真正的养生之道相差甚远。成吉思汗在长年的征战中，躁动难安，且发现自己慢慢年迈体衰、精力不支，于是急于寻觅道家的虚静之术来养生，想使自己长生不老。他听说中原有个会养生之方、长生之道的丘处机，于是在58岁的时候，派人前往寻访丘处机为自己传授养生之方、长寿之道。

经过三万里的长途跋涉，历经三年之后的1222年，丘处机终于到达阿富汗境内兴都库什山的雪山行宫，拜见成吉思汗，成吉思汗为丘处机设坛讲道。丘处机否定了长生之药、摒弃了长生不死等神话，以节欲作为养生长寿之术来引导成吉思汗谨守去奢、去甚、去泰等道家信条，这是极具生命意义的。丘处机认为，欲望太多必然伤害身体、精神，因此首先要节欲养神。他在坛上说："世俗之人眼睛看着美女，耳朵听着美妙惑人的歌声，嘴巴离不开美滋美味，思想上、感情上追逐着性爱，这样就会散掉'气'。譬如气球，气足球就坚实，气散就变坏。学道之人，讲究去奢摒欲，固精守神，提高人的素质，转化为幸福、快乐，像神仙一样；愚迷之人，以酒为滋补，恣其情欲，耗其精神，损其神智，则沉沦而为鬼。"

"在人世间，皇帝应该切实地减声色，节嗜欲，使得圣体康泰，谋划长久。平民娶一个妻子，尚且损坏身体，何况天子有三宫六院。

① 王珏、曹军：《老子养生智慧》，中国中医药出版社2008年版，28—29页。

道经有云：‘不显耀可贪的事物，使人民不被惑乱，既已见到，戒之则难矣，愿陛下留心此事。’”[①] 告诫成吉思汗要减少感官刺激、减少声色，去固精守神，增益神智。其实，在丘处机西行的路上，就成功说服成吉思汗放弃纵淫欲并罢选美女。当时到达燕京后，成吉思汗的近臣刘仲禄要停下来为成吉思汗挑选处女享乐。丘处机立即反对，以历史上的美人计例子阐明利害。他说，在春秋时，齐景公为了削弱鲁国，就挑选美女 80 人送给鲁定公享乐。于是，定公整日朝欢暮乐，施纵淫欲，使得朝政日衰，身体虚弱成疾。贤人孔子见状，遂弃官出走。试问，君相沉溺声色，伤身损体，国家怎能勉力图强呢？成吉思汗觉得有道理，于是罢选美女，将精力转移到养生上来。

其次，修德保身。丘处机指出："修行之法无他，当外修阴德，内固精神耳。恤民保众，使天下怀安则为外行，省欲保神为乎内行。"也就是说，除了"省欲保神"这一修行的"内行"外，还必须要外修阴德，做到"恤民保众，使天下怀安"这一"外行"[②]，才能使得身安、寿高。天地间创造了人类，人身珍贵得像麒麟之角一般，不论帝王、百姓，不论尊卑，其性命是同样可贵的。因此，我们应外修阴德，体恤民间的疾苦，保护黎民百姓的生命，使天下的老百姓都有很大的安全感。"以身观身"！丘处机告诉成吉思汗：我们的生命都很不容易，需要战胜疾病、天灾、人祸等，百姓更难，所以应以待己身一样待百姓身。正因如此，百姓也会像待己身一样待您的身，您会身心愉悦，延年益寿。在人的一生中，二十至三十余岁为下寿，四十至五十余岁为中寿，六十至七十余岁为上寿。您已到上寿之期，只要修德保身，就可以达到高寿。这里丘处机运用道家修身治国一体的理论，将个人养生长命与济世安民联系起来，有了"恤民保众，使天下怀安"的要求。这是他这次赴诏的主要目的之一。

成吉思汗在听了丘处机论养生之道后，整个人的精神面貌发生了很大变化。他不仅在许多政策的制定上在"外行"方面采纳了丘处机

---

① 纪流：《长春真人丘处机万里传道成吉思汗》，《炎黄春秋》1994 年第 9 期。

② 同上。

的意见；在个人的修身养性即“内行”方面也听从“仙人”的指示。1227年夏，丘处机病逝，享年80岁。成吉思汗于同年同月终于西夏，享年六十六岁。尽管成吉思汗的寿命并不算长，但与“仙人”同归，其晚年应享受了精神的愉悦、找到了生命归宿。

二 放弃战争，宣布“禁杀令”

《道德经》言：“夫兵者，不祥之器。物或恶之，故有道者不处。”（《道德经》第三十一章）丘处机和弟子们一路所见战争给人们带来的巨大痛苦，更加深了对老子反战思想的切身感受和理解。且不说尸骨成堆的极其惨无人道之状令人心寒，如“屠杀非常惨酷，如破沙木尔城，把斩杀的男女头颅堆成两座小山示众”[①]，就是掠夺城池后被统治民族无休止的复仇和叛乱就无法制止，令人痛心疾首、无所适从。当成吉思汗外出征战时，已经夺取的地方邪米思干的城外又有两千户居民新叛，夜夜举着火把在城墙外边闹事。邪米思干原来的守军三万人皆被杀光，俘虏民丁三万人全部充役，余下民众五万人令其献金二十万用来赎罪。一时间，城内是万户萧疏，城外是叛乱不断。无休止的讨伐，无休止的叛乱，让丘处机感到痛心至极。

通过丘处机给道友的诗亦可见出其深深忧愁且欲改变这种状况的想法：“十年兵火万民愁，千万中无一二留。去岁正逢慈诏下，今春须合冒寒游。不辞岭北三千里，仍念山东二百州，穷急漏诛残喘在，早教生命得消忧。”“十年万里干戈动，早晚回军复太平。”“道德欲行千里外，风尘不惮九夷行”，“我之帝所临河上，欲罢干戈致太平”。这些诗句一方面描述了战争带来的凄惨景象，另一方面抒发了作者的情感，即对“十年兵火”“万里干戈”的反感，因为它是造成“千万中无一二留”的原因，自己虽然是一个“穷急漏诛”“残喘暮年”的人，“仍念山东二百州”，[②] 觉得有责任尽快结束这种局面。他要用道家的反战观点影响成吉思汗，使战争不再、

① 纪流：《长春真人丘处机万里传道成吉思汗》，《炎黄春秋》1994年第9期。

② 朱耀廷：《西征路上的成吉思汗为什么要会见长春真人》，《北京大学学报》1983年第6期。

杀戮不再、凄惨不再。待成吉思汗征战回来后，丘处机向成吉思汗提出了罢远征、下禁杀令止杀的建议。据《长春真人西游记》记载，当时两人的会见十分秘密，说丘处机的“道话”“颇惬圣怀”“甚入心”，并表示“但神仙劝我语，以后都依他”①。成吉思汗接受了他的建议，班师而还。

丘处机向成吉思汗宣传“兵者，不祥之器”，“善战者不武”，以及“天道好生禁杀，治尚无为清净之理”等道家思想。即是说，要治理国家、扩充疆土、获取民心，光靠战争武力是不行的，那些都不是善于战争的表现，通过休养生息等方式获取民心、获取支持的效果可能更好。丘处机的这些主张对成吉思汗确实产生了很大的影响，成吉思汗遂口授“禁杀令”，要求各地释放死罪犯人。就在成吉思汗临死前一个月，他还明确对群臣说：“朕自去冬五星聚时，已尝许不杀掠，遽忘下诏耶。今可布告中外，令彼行人亦知朕意。”（《元史·太祖纪》）应该说，一生中大部分时间都在从事杀伐争战的成吉思汗，在最后时刻却发布禁杀令，说明他已意识到用游牧民族的杀掠方法，已不能适应统治的需要。要想争取民心，就必须限制甚至禁止杀掠，采取杀伐之外的“无为而治”的统治方法，如朱耀廷所言：“这是一个重要的思想上、政策上的转变，它与丘处机的说教，以及其他汉人、契丹人、女真人的影响有着密切的关系。”②

三　无知之治，“休养生息”

《道德经》说：“知不知，上；不知知，病。夫唯病病，是以不病。圣人不病，以其病病，是以不病。”（《道德经》第七十一章）意思是，知道自己有不知道的，最好；不知道自以为知道的，是毛病。正因为把毛病当作毛病，所以才没有毛病。圣人没有毛病，因为他把毛病当作毛病，所以才没有毛病。这就是说天纵睿智的人决不轻用自己的知能来处理天下大事，必须集思广益、博采众议，所谓“知”者

① 朱耀廷：《西征路上的成吉思汗为什么要会见长春真人》，《北京大学学报》1983年第6期。

② 同上。

有时与不知者一样方可领导多方完成大事。汉高祖刘邦是第一个平民皇帝，他曾坦白地说："夫运筹帷幄之中，决胜千里之外，吾不如子房。镇国家，扶百姓，给饷馈，不绝粮道，吾不如萧何。连百万之众，战必胜，功必取，吾不如韩信。三者皆人杰，吾能用之，此吾所以取天下也。项羽有一范增而不能用，此所以为吾擒也。"① 这便是《道德经》所说的"爱国治民，能无知乎"的典型例子。成吉思汗能够知道自己的"无知"，于是善于吸收经验教训，避南宋之昏庸、金之跋扈无信，振作力量，奋发图强，使得这个原本只有宿卫 80 人、骑兵 72 匹的小部落，经历 20 年的争战，成为大一统气象十分明显的君主，只有他的智慧能使中国再获统一。当然，这也是丘处机拒绝南宋、金等国聘为国师而只愿意为成吉思汗授道的原因。丘处机知道成吉思汗不仅是能成大事者，也是会采纳自己意见的人，因此，才不远三万里讲经授道。在说服成吉思汗禁杀、收兵之后，在一路东行返程的路上，丘真人向成吉思汗传授"休养生息"的治国安邦之道，反复强调"圣人无常心，以百姓心为心"这一主旨，包括以下三个方面。

一是让地方官员自治。"普天下国土不止亿兆，奇珍异宝屡屡出现，皆不如中原那高度的文明。那儿治国治人的手段、方法十分齐备。中原乃天下美地，但今天兵火相继，争战不休，逃亡流散之人，未能安置集拢。应该派了解当地情形的干练官员，去处理那儿的事务，给当地免除三年赋税，使国家军队有充足的丝绸供应，使百姓获得喘息的机会。"② 这里建议成吉思汗发挥当地官员在治理方面的作用，"地得一以宁"，当地人对当地的治理办法会多些，他们对治理之道历来已有很多宝贵的经验。成吉思汗听后非常兴奋，认为丘处机是上天派来辅助自己的"神仙"，让全国上下学习丘处机的治国之道。

二是让利于民。"民之饥，以其上食税之多，是以饥。民之难治，以其上之有为，是以难治。民之轻死，以其求生之厚，是以轻死。"（《道德经》第七十五章）老子告诫统治者要为百姓减免赋税，让利

① 南怀瑾：《老子他说·孟子旁通》，复旦大学出版社 2000 年版，第 131 页。

② 纪流：《长春真人丘处机万里传道成吉思汗》，《炎黄春秋》1994 年第 9 期。

于民，方可善治。丘处机告诫成吉思汗道：“修道之人，像推着石头上险峻的高山，一步不慎，就要前功尽弃。背离‘道’，追逐私欲者，像扔石头下陡坡，愈往下滚愈快，一瞬间就坠入深渊。世人都这么做，没有一个人觉醒。”① 修道的人不能坠入私欲的深渊，要以道行事、让利于天下。在成吉思汗召请丘处机的手诏中也能看出来道家无欲让利的思想。诏书写道：“天厌中原骄华太极之性，朕居北野嗜欲莫生之情，反朴还淳，去奢从俭，每一衣一食，与牛竖马圉共弊同飧。视民如赤子，养士若弟兄……七载之中成大业，六合之内为一统。非朕之行有德，盖金之政无恒，是以受之天祐……然而任大守重，治平犹惧有阙……聘贤选佐，将已安天下也……访闻丘师先生，体真履规……道充德著……朕心仰怀不已。”② 道家的反朴还淳、去奢从俭以及“视民如赤子、养士如兄弟”等思想是丘处机宣扬的，也是成吉思汗内心渴望的。这样的话，免除赋税让利于民，使得百姓能够休养生息的主张就容易实现。后来的减免赋税，令“所有大小差发赋税，都休叫缴纳”③，这些对于百姓的休养生息都起到了积极作用。

三是“行无言之教”。“知者不言，言者不知”（《道德经》第五十六章）指的是真正的善教者是“不言”之教。丘处机以此告诉成吉思汗说：“皇帝是天之骄子，上天不发一言，借皇帝之手而行事，要您除凶祛恶，谨慎奉行天道，以天的意志惩罚恶行，就像接替高级木匠进行木器加工，该削的削，该砍的砍；生杀予夺之权，都操在皇帝之手。”④ 丘处机认为，最高的管理是道家的无言之教，上天不发一言，可以看清世事自发地处理世事。除了官员自治、让利于民等政策外，“汉法”的推行也体现了不言之教。早在丘处机与成吉思汗论道时，就多次陈述过以农业为主的中原文明的优越性。他强调农副业产品可供应全国之用，并建议尊重汉地的风俗，保留原有的统治方式。当时，在成吉思汗身边担任记录任务的是耶律楚材。耶律楚材曾与丘

① 纪流：《长春真人丘处机万里传道成吉思汗》，《炎黄春秋》1994 年第 9 期。

② 吕锡琛：《丘处机西行论道及其社会意义探析》，《中国道教》2003 年第 1 期。

③ 纪流：《长春真人丘处机万里传道成吉思汗》，《炎黄春秋》1994 年第 9 期。

④ 吕锡琛：《丘处机西行论道及其社会意义探析》，《中国道教》2003 年第 1 期。

处机“联句和诗，焚香煮茗，春游邃圃，夜话寒斋”，其关系较为融洽，丘处机对他产生影响是自然之事。后来，在反“汉法”与“旧俗”的斗争中，耶律楚材坚决反对“汉人无补于国”的谬论，坚持“汉法”主张[①]，对后来“汉法”产生很大影响做了积极的铺垫。耶律楚材前后任事近 30 年，官至中书令。他参照“汉法”，定策立仪制、建议军民分治、建立赋税制度、废屠城旧制，奠定了元朝封建国家的立国规模。后来的当权者为了巩固统治，不得不任用汉人，于是，“汉法”的地位得到巩固。

① 吕锡琛：《丘处机西行论道及其社会意义探析》，《中国道教》2003 年第 1 期。

第三章

《道德经》智慧的生态养生理想追求

第一节 “道法自然”——《道德经》的生态核心思想

不论是“奉天承运”中人的意志服从于天，还是“人定胜天”中人的豪情超越了天，千百年来，中国人民始终在探索人与宇宙自然的关系。究竟是人大于天还是服从于天的问题，在《道德经》里可以找到较为明确的答案。“道大、天大、地大、王亦大。——人法地，地法天，天法道，道法自然。”（《道德经》第二十五章）一方面，在道大、天大、地大、人大的“四大”中，人为“一大”；另一方面，在次序中明确提出：人为最小，人需效法地、效法天、效法道、效法自然；根本的是人要效法道。人既是大又是小，正因为人是大，所以会有这样的选择，发挥人的小的功能，即效法自然之道。人要效法的自然之道必然包括人与大地环境之间的平衡、人与人类社会的平衡、人与自己内心的平衡，这三个方面的生态平衡是人应效法的对象。

一 “人法地”——自然生态

自然的生态平衡需呵护。《道德经》第二十三章说：“希言自然。故飘风不终朝，骤雨不终日。孰为此者？天地。天地尚不能久，而况于人乎？故从事于道者，道者同于道，德者同于德，失者同于失。同于道者，道亦乐得之；同于德者，德亦乐得之；同于失者，失亦乐得之。”（《道德经》第二十三章）天地自然、飘风、骤雨都有自己的运行规律，人们只有通过理解“三同”“三乐”来理解自然生态。“三同”指的是对于“从事于道”的人来说，一切都是自己行为的结果，所谓种瓜得瓜、种豆得豆，种道的结果是“同于道”，种德的结果是“同于”德，种失的结果是“同于”失。对于“同于道”者道也“乐”、“同于”德者德也“乐”、“同于”失者失也“乐”，此为“三乐”。显然，在人与自然的相处中应遵循的原则就是自然法则，与自然保持良好的关系，做到“三同”“三乐”中的“同于道”“同于德”，“三乐”中的道乐、德乐，而不能做“同于失”、失乐。

庄子反对竭泽而渔，表达了人对待大地自然生态应有的态度。庄子讽刺人们对于大地不知休止乱采滥伐的罪恶行径，因为这违背了“同于道”、“同于德”、道乐、德乐，而采取的是“同于失”、失乐。“一受其成形，不亡以待尽。与物相刃相靡，其行尽如弛，而莫之能止，不亦悲乎！终身役役而不见其成功，苶然疲役而不知其所归，可不哀邪！人谓之不死，奚益！其形化，其心与之然，可不谓大哀乎？人之生也，固若是芒乎？其我独芒，而人亦有不芒者乎？”（《庄子·齐物论》）《道德经》提倡的法自然与知足知止是一致的，对于今天环保意识的强化，对于合理地、有节制地开发利用自然资源，对于从粗放型向集约型过渡的经营机制形成，具有十分重大的现实意义。当代世界性环境破坏、资源枯竭等问题的产生都与人们强烈的占有欲望、贪得无厌相关。人们只顾眼前利益，无节制地乱伐树木、破坏森林，过度使用地力，开采矿藏和地下水，施放污染物，围湖造田，拦江筑坝，过度建立新工厂、新项目，把大自然当作高索取、高消费的对象和大排泄、大破坏的对象，以致竭泽而渔、杀鸡取卵，无所不用其极。正如西方对未来世界的判断那样，“人之初，步子小，以后逐渐加快，最后向权力奔跑，建立了自己的统治，但往往是建立在‘大自然的灰烬’上的，而且不顾自己是否已经超越极限，是否正在自掘坟墓”。[①] 英国经济学家 E. F. 舒马赫在《小的是美好的》一书中认为，我们时代最重大的错误之

① 罗马俱乐部：《世界的未来——关于未来问题一百页》，中国对外翻译出版公司 1985 年版，第 51 页。

一是“现代人没有感到自己是自然的一个部分，而感到自己命定是支配和征服自然的一种外在力量。他甚至谈到要向自然开战，设若他赢得了这场战争，他自己也将处于战败的一方”。①

人需要“法自然”。《道德经》说：“道大，天大，地大，王亦大。域中有四大，而王居其一焉。人法地，地法天，天法道，道法自然。”（《道德经》第二十五章）在道、天、地、人的四大中，只有人的主观意识最强，人可以依照道的原则办事，也可不依照道的原则办事，或者说，可以“法自然”，也可以违背自然、不“法自然”。于是，老子告诫人们要戒除过分违背自然、不“法自然”的心思，严格按自然的要求办事。此处的自然是一种自然而然的规律范畴，连人所法的地、地所法的天、天所法的道都要在“自然”这一规律范畴下活动，可见人对待自然的态度更应如此，应在“自然”的规律下活动，而不是违背规律、倒行逆施。林振武先生对道家的自然理解为科学产生的源头。他说：“与儒家相比，道家对科学的贡献在于它的方法，而它的方法又深深植根于其自然主义的态度中。儒家尊重知识，道家更尊重自然，所以老庄寻找的是真正的‘道’，也是自然的最根本的奥秘，在任何时候，对自然的非功利的好奇都是纯科学产生的源头。”② 这样的理解突出认识的非功利特性，应该说，与老子的主张是吻合的。庖丁解牛的故事也揭示了“顺其自然之理”的自然之意，庖丁使其刃游于骨节之间的空隙中，不去与牛身上的大骨头和筋骨交错的关节硬碰，而是“依乎天理，批大郤，导大窾，因其固然”，“以无厚入有间，恢恢乎其于游刃必有余地矣”③。《庄子·外篇》还有一个生动的寓言，说一只尊贵的鸟飞到鲁国去了，鲁国国君很高兴，将鸟关在笼中，“奏九韶以为乐，具太牢以为膳。鸟乃眩视忧悲，不敢食一脔，不敢饮一杯，三日而死。此以己养养鸟也，非以鸟养鸟也”④。说的是，鸟就是鸟，

---

① ［英］舒马赫：《小的是美好的》，商务印书馆 1985 年版，第 1—2 页。

② 林振武：《中国传统科学方法论探究》，科学出版社 2009 年版，第 35 页。

③ ［清］郭庆藩辑：《庄子集释》（第三册），中华书局 1981 年版，第 119 页。

④ 同上书，第 621 页。

再尊贵也是鸟，鸟有鸟的习惯，应放之山林，不能以人的办法养鸟。这也是道家关于“自然”习性应被尊重的意涵。

自然是自然而然的，是天然的，是反对人为的。《庄子·秋水》以北海若的话对此作了形象的论述：“牛马四足，是谓天；落马首，穿牛鼻，是谓人。故曰，无以人灭天，无以故灭命，无以得殉名。谨守而勿失，是谓反其真。”① 河神向北海若询问自然与人为的区别。北海若说，牛马生下来四只脚，这就是自然。用马络套住马头，用缰绳穿过牛鼻，又在马脚上钉上蹄铁，这就叫人为。不要用人为去破坏自然，不要用人情世故去破坏天然，不要因贪得名誉而牺牲自身。谨守这些道理而不遗失，这样就可以回复到本来的天性。《庄子·齐物论》中子綦曰：“今者吾丧我，汝知之乎？汝闻人籁而未闻地籁，汝闻地籁而未闻天籁夫!”子游曰：“地籁则众窍是已，人籁则比竹是已。敢问天籁。”子綦曰：“夫天籁者，吹万不同，而使其自已也，咸其自取，怒者其谁邪!”在人籁、地籁、天籁之音三者中，天籁之音是最美妙的声音，天籁是自己发出来的声音，地籁是被发出来的声音，而人籁是通过工具发出来的声音，比如通过箫、笛子，或通过用力发出来的声音。显然，天籁是我们人类所需模仿学习的，像天籁这样的自然是最高境界。

如何“道法自然”呢？

一是发现“天地之美”，在天地之美中“生而不有，为而不恃，功成而弗居”。大自然不仅是真的、善的，还是美的。庄子将“道法自然”理解为投身于大自然中，与大自然融为一体，体会大自然的奥妙与善良、美丽，正所谓“天地有大美而不言”（《庄子·知北游》）不言的“大美”究竟怎样呢？“秋水时至，百川灌河，径流之大，两涘渚崖之间不辨牛马。于是焉河伯欣然自喜，以天下之美为尽在己。顺流而东行，至于北海，东面而视，不见水端，于是焉河伯始旋其面目，望洋向若而叹……”（《庄子·秋水》）“千里之远，不足以举其大；千仞之高，不足以极其深。”（《庄子·秋水》）“天地之美”不仅

① （战国）庄周：《庄子》，胡仲平译注，燕山出版社 2014 年版，第 136 页。

在于其大，更在于其“不有”“不恃”和“弗居”。

二是“与天和”。“与天和者，谓之天乐。”“知天乐者，其生也天行，其死也物化……天无怨，无人非，无物累，无鬼责。”（《庄子·天道》）生存时顺天而行，死亡时与外物化为一体，静止时与阴同隐寂，动弹时与阳同波流。“天地相合，以降甘露，民莫之令而自均。”（《道德经》第三十二章）

三是移情山水大地。“邻国相望，鸡犬之声相闻”的境界令多少人向往。正如《秋水》所述濠之上惠施与庄子关于鱼之乐的精彩对话。庄子与天合德的自由精神赋予了自然物以真善美的含义。自然界的山川草木、鸟兽虫鱼各以其自然的本性持续和生存，给人安慰和感染，成为人生快乐、幸福的源泉。

二 “容乃公”——人文生态

“功成身退”的人文情怀。“是以圣人处无为之事，行不言之教；万物作焉而不辞，生而不有，为而不恃，功成而弗居。夫唯弗居，是以不去。”（《道德经》第二章）圣人主观上的无为，对客观上的“为”“成”也能“弗居”“弗恃”，导致周围的人感激不尽，与他不离。“持而盈之，不如其已；揣而棁之，不可长保。金玉满堂，莫之能守；富贵而骄，自遗其咎。功遂身退，天之道。”（《道德经》第九章）“太上，下知有之。其次，亲而誉之。其次，畏之。其次，侮之。信不足，焉有不信焉。悠兮其贵言。功成事遂，百姓皆谓我自然。”（《道德经》第十七章）这两段话都提到“功成事遂”，这是对物质财产等的态度。一个人取得成功以后，面对“持而盈之”“揣而棁之”“金玉满堂”“富贵而骄”等可能带来危险、造成贫富不均的事实，采取“功成事遂，百姓皆谓我自然”的高姿态，这是在物我关系上的最高境界。许建良在《先秦道家的道德世界》里赞赏道家在存在论上的“辅万物之自然而不敢为”的人文情怀。他说：“《道德经》的胸怀是人与自然和谐合一的模式。它以道为本，认为‘道法自然’，在天、地、人的世界里，自然是最根本的。不仅首先使用自然这一范畴，而且把它置于中国哲学少有的多维度的深在层次，诸如生成论上的‘百姓皆谓我自然’、本根论上的‘道法自然’、存在论上的‘辅万物之自然而不敢为’、方法论意义上的‘夫莫之爵而常自然’等，就展示了自然在四个维度上面的具体意义。”① 这种论述可谓精辟，较准确地概括了道家在不同维度的特征。其实，“辅万物之自然而不敢为”体现在人类社会就是一种奉献精神，一种浓厚的功成身退的人文情怀。

人的好斗、好争性格应改变。“挫其锐，解其纷，和其光，同其尘，湛兮似或存。”（《道德经》第四章）这里指出性格改变、光芒收敛在人际交往中的重要作用。消磨他的锋锐，解除他的纷扰，调和他的荣光，混同于尘垢之中，真是深远的道理呀。人们的锐气十足，在“锐”“纷”“光”“尘”四个方面好似耀武扬威，就像强者容易对弱者形成优势地位那样，对于人文生态平衡构成威胁，所以应通过“挫”“解”“和”“同”来解决。放弃那些使自己处于强势地位的所谓仁义智慧、所谓巧利，使人类社会进入“朴”的自然状态，人与人之间和谐相处、其乐融融，此为“绝圣弃智，民利百倍；绝仁弃义，民复孝慈；绝巧弃利，盗贼无有”（《道德经》第十九章）所寄蕴的深意。

人的善良面应被激发。“上善若水。水善利万物而不争，处众人之所恶，故几于道。居善地，心善渊，与善仁，言善信，正善治，事善能，动善时。夫唯不争，故无尤。”（《道德经》第八章）最大的善就像水一样谦柔、卑下、滋润万物而不争。最大的善人居住在像水一样顺应自然的地方，心胸像深渊一样清明沉静，与人相处真诚仁义，说话恪守信用，为政善于管理，处事善于发挥所长，行动善于把握时机，也就是说，善人在“居”、“心”、“与”、“言”、“政”、“事”、“行”七个方面都要以善为准。东方桥先生在《老子现代读》一书中对道家的善充满了希望。他说：“我们人类，要是人人能够像水一样，不违背天时行事，不妄做、不妄为、不妄言，这才是学习水的美德。尤其水不与他物相争，所以他物也不会与水争，这就是水的和的表

① 许建良：《先秦道家的道德世界》，中国社会科学出版社2006年版，第89页。

现。所以我们人类如果人人皆能够学水的涵养与和气，自然也就不会有错误之纷争了，人类也就和平了。”① 如今，随着分工、效率、金钱、权势在人们心目中的地位越来越高，冷漠已是无处不在，道德滑坡令人震惊，人与人熟识如同不识、亲人朋友成仇成恨的情况也越来越多，迫切需要人的善良面被激发起来。每个人在“居”、“心”、“与”、“言”、“政”、“事”、“行”七个具体方面以善字为先，不争不忧，相信我们的人文生态很快就会建立起来，善意成风的人文氛围很快就会形成。

舍己为人、为公的道德品质需全社会提倡。“故贵以身为天下，若可寄天下；爱以身为天下，若可托天下。”（《道德经》第十三章）“贵以身”“爱以身”的目标都是为天下和平事业做出自己的贡献。“生而不有，为而不恃，长而不宰，是谓玄德。”（《道德经》第十章）甘为他人作嫁衣，“生”“为”“长”都是自己的付出部分，理应获得回报即“有”“恃”“宰”，然而为了社会的真正和谐，需要“不有”“不恃”“不宰”的牺牲精神。

功成身退的人文情怀、好斗好争性格的改变、善良面的激发以及舍己为人为公的道德品质提倡等，都体现出宽容博大的气魄，这就是“容乃公，公乃王，王乃天，天乃道，道乃久。没身不殆”（《道德经》第十六章）所说的意涵，“容乃公”的“容”可谓海纳百川。

三 “虚其心”——心理生态

远离容易滋生欲望的场所，不去推崇盲目攀比之心。“不尚贤，使民不争；不贵难得之货，使民不为盗；不见可欲，使民心不乱。是以圣人之治，虚其心，实其腹；弱其志，强其骨。常使民无知无欲，使夫智者不敢为也。为无为，则无不治。”（《道德经》第三章）“孟母三迁”的故事说明了这个意思。据西汉刘向《列女传·母仪》载：“昔孟子少时，父早丧，母仉氏守节。居住之所近于墓，孟子学为丧葬，躃踊痛哭之事。母曰：‘此非所以居子也。’乃去，遂迁居市旁，

① 东方桥：《老子现代读》，上海书店出版社 2002 年版，第 60 页。

孟子又嬉为贾人炫卖之事。母曰：‘此又非所以居子也。’舍市，近于屠，学为买卖屠杀之事。母又曰：‘是亦非所以居子矣。’继而迁于学宫之旁。每月朔望，官员入文庙，行礼跪拜，揖让进退，孟子见了，一一习记。孟母曰：‘此真可以居子也。’遂居于此。”对于“近于墓”“居市旁”等“可欲”“可见”，孟母以“乃去”“迁”走等表示“不见”，对墓地之事、市井屠杀之事要“虚其心”“弱其志”；而在世俗人看来“无欲”的学宫之旁却是孟母认为的理想住地。要做到这些“无欲”，就要戒除盲目攀比之心，真正“不尚贤”“不贵难得之货”“不见可欲”。在《道德经》第十二章提出“去彼取此”的观点进一步表达了这个意思，呼吁人们远离扰乱心思的声色之物。“五色令人目盲，五音令人耳聋，五味令人口爽，驰骋畋猎令人心发狂，难得之货令人行妨。是以圣人为腹不为目，故去彼取此。”（《道德经》第十二章）五色、五音、五味、驰骋畋猎、难得之货等确实能在某些方面给人带来一时之乐，但是危害性更大，分别使人陷入麻烦境地，即眼花缭乱、听觉失灵、舌不知味、人心放荡发狂、诱人行为不轨等。只有“去掉”在色、音、味、猎、货等方面的过分欲望，“去掉”各种盲目攀比之心，才能“取此”，即获得心灵的生态平衡，才能以“俭”为生活方式，“为腹不为目”，从而由心即他，各方面左右逢源，游刃有余，愉悦感倍增。

与之相应，对待金钱等物的态度亦如此。金钱富贵乃身外物，不可有贪婪之心，适可而止，自适其乐是关键。“金玉满堂，莫之能守；富贵而骄，自遗其咎。”（《道德经》第九章）河上公对此句的注为：“嗜欲伤神，财多伤身。富贵赈贫，贵当怜贱，而反骄恣，必被祸患。”为什么金玉、富贵不能永久无咎呢？因为就像盛满了的水不得不倾出一样，金玉、富贵的“棁”“骄”已超出常态，打破了人们心理的平衡，如果没有适当的“其已”“身退”作为平衡补偿，几乎是很难“长保”“能守”的。所以，要求金玉、富贵的拥有者们有“身退”之心，方可使金玉、富贵在一定程度上获得意义，否则可能引来杀身之祸，这是“自遗其咎”，是“天之道”。

此外，如何对待心静的问题，要讲究辩证法的矛盾转化规律。心静可使浊水变清，但保证水质良好的还需“流水不腐”所说的流动起来，在趋向静的同时，还要适时而动，以动促静，动静互补。“孰能浊以静之徐清？孰能安以久动之徐生？”（《道德经》第十五章）“浊”与“清”是对立又统一的，通过“静”可使“浊”转化为“清”；“安”与“生”也是辩证统一的；通过“动”的条件，可使“安”转化为“生”。告诫世人“不欲尚盈”，以防“物极必反”走向事物反面。对于金玉、富贵、声色欲望等影响动、静取舍的因素，都有个度的问题、辩证规律在里面，如果不掌握规律，其结果必定是心静难再、美好的生活难再。

第二节 “无身”——身体上的养生之方

《道德经》中“生”字共38处，主要指的是产生、生成、生长、生存、生活、生命、活着、活动等含义；“死”字共出现18次，均做“死亡”解；“生”与“死”对举共7处[①]。人们追求身体上的养生之方，其实质是寻找避死趋生之法。无身即无患，是养生的最高境界。

一 “无身”即“无患”

《道德经》曰：“宠辱若惊，贵大患若身。何谓宠辱若惊？宠为下，得之若惊，失之若惊，是谓宠辱若惊。何谓贵大患若身？吾所以有大患者，为吾有身，及吾无身，吾有何患？故贵以身为天下，若可寄天下；爱以身为天下，若可托天下。”（《道德经》第十三章）

人的生命价值不论其多么不同，其共同的基础都是一个完整的现实身体的存在。志在天下国家，成大业者，抑或向往平淡无奇，成百姓者，都以我有身存为先。《道德经》弘扬的“无身”是一种精神层面的追求，要求我们对于此身的存在必须戒慎恐惧，能够做到“燕处超然”，即燕然自处而游心于物欲之外，做君王者戒除一己私利而谋

① 李霞：《生死智慧：道家生命观研究》，人民出版社2004年版，第160—165页。

天下国家大众的大利，做百姓者戒除一己私利而图社会、心灵的和谐与尊严，方不辜负生命的价值和意义。以此“无身”的精神指引，减少以至于戒除一己私利对“身”的危害，我们的“身”方可真正获得安宁，达到终身“无患”的局面。《道德经》的“无身”即“无患”的精神追求，被庄子进行了淋漓尽致的阐释与发挥，庄子在《让王篇》（《庄子·外篇》）中举例说明：“韩魏相与争侵地。子华见昭僖侯，昭僖侯有忧色。子华子曰：‘今使天下书铭于君之前，’书之言曰：‘左手攫之则右手废。右手攫之则左手废，然而攫之者必有天下。君能攫之乎？’昭僖侯曰：‘寡人不攫也。’子华子曰：‘甚善！自是观之，两臂重于天下也，身亦重于两臂。韩之轻于天下亦远矣，今之所争者，轻于韩又远。君固愁伤生以忧戚不得也！’僖候曰：‘善哉！教寡人之众矣，未尝得闻此言也。’子华子可谓知轻重矣。”人的身重于两臂，人的两臂重于天下，那么，人的身是多么贵重呀！如果让身外之权势、名声、利益等等做出有害于身的事情来，实在是不划算。然而，在很多时候，人们总是误以为身外之权势、名声、利益等是为了“身”，所以终生不停下孜孜以求的脚步。正因为有了这样的误解，所以《道德经》提倡“及吾无身，又有何患”。也就是说，斩除一切欲望和误解的根本之道是“无身”，以“无身”来要求自己，才会真正实现“身”的价值、实现“身”的快乐，实现“身”的“无患”。南怀瑾先生以明代楠唐禅师的诗说明了看似消极实为积极的价值观，诗曰：“人生不满一百岁，今是昨非无定名。天下由来轻两臂，世间何故重连城。龙亡大泽群鳅舞，兔尽平原走狗烹。满目乱坡眠白石，有时特地忆初平。”[①] 诗中认为，以名利欲望为追求的人们轻视自己的“两臂”、轻视自己的身体，甚至帝王又如何呢？善于抓兔子的走狗的命运又如何呢？最终难逃夭命伤身的结局。诗的结尾一句提到的“初平”是双关，一方面说的是人们想起道家广平子的“无身”理想，另一方面说的是人们企盼天下太平的盛世景象。

---

① 南怀瑾：《汉文帝善用老子的法宝》，《老子他说·孟子旁通》，复旦大学出版社2000年版，第253页。

无身表现为柔弱为生、不自生为生。如“天长地久。天地之所以能长且久者，以其不自生，故能长生”（《道德经》七章）。“飘风不终朝，骤雨不终日。孰为此者？天地。天地尚不能久，而况于人乎？”（《道德经》第二十三章）“人之生也柔弱，其死也坚强。万物草木之生也柔脆，其死也枯槁。”（《道德经》第七十六章）“柔弱者生之徒。”（《道德经》第七十六章）“谷神不死。”（《道德经》第六章）谷神表现出柔弱虚静的品质。

无身在庄子表现为生死一体。“方生方死，方死方生，方可方不可，方不可方可。”（《庄子·齐物论》）“夫大块载我以形，劳我以生，佚我以老，息我以死。故善吾生者乃所以善吾死也。”（《庄子·大宗师》）“孰能以无为首，以生为脊，以死为尻，孰知死生存亡之一体者，吾与之友也。”（《庄子·大宗师》）

无身在庄子表现为快乐。“骷髅曰：‘死，无君于上，无臣于下；亦无四时之事，从然以天地为春秋，虽南面王乐，不能过也。’庄子不信，曰：‘吾使有司复生子形，为子骨肉肌肤，反子父母、妻子、知识，子欲之乎？’骷髅曰：‘吾安能弃南面王乐而复为人间之劳乎！’”（《庄子·至乐》）

无身在庄子表现为和之至。“人自生至终，大化有四：婴孩也，少壮也，老耄也，死亡也。其在婴孩，气专志一，和之至也；物不伤焉，德不加焉。其在少壮，则血气飘溢，欲虑充起；物所攻焉，德故衰焉。其在老耄，则欲虑柔焉；休将休焉，物莫先焉。虽未及婴孩之全，方于少壮，间矣。其在死亡也，则之于息焉，反其极矣。”（《列子·天瑞》）

二 “贵生”伤身

尽管无身即无患的道理很多人都懂，然而真正践行的人不多，“吾言甚易知，但莫能行”。因为一切的一切都要通过身体这个容器来盛装、来实现、来体现，于是人们通过各种手段来贵生、养生就不足为怪了。可是，老子《道德经》一再告诫人们贵生伤身的道理，因为贵生不符合大道的无为自然养生法则。

“民之饥，以其上食税之多，是以饥。民之难治，以其上之有为，是以难治。民之轻死，以其求生之厚，是以轻死。夫唯无以生为者，是贤于贵生。”（《道德经》第七十五章）“名与身孰亲？身与货孰多？得与亡孰病？是故甚爱必大费，多藏必厚亡，知足不辱，知止不殆，可以长久。”（《道德经》第四十四章）

一些“成功者”与在上者的“求生之厚”“贵生”“甚爱”，成为另一些“失败者”与在下者的民、弱势者的不怕死的根源。一些人连死亡都不怕的原因是另一些人的生活太奢侈富裕了，上者们的“求生之厚”是罪魁祸首。那些并不特别看重自己的生存生命的人，那些自然而然地生活着的人，其实比特别宝贵看重自己的生命的人更高明。这里虽告诫在上者不要“求生之厚”，只有“无以生为者”即并不特别看重自己的生存生命的人、那些自然而然地生活着的人，才会“贤于贵生”即高明于那些特别看重自己的生存生命、祈求生活太奢侈富裕的人，但也是针对每个人“贵生”“求生之厚”的忠告。其实，听从自然，过一种自然朴素的生活更符合健康的法则。王蒙先生曾引用周谷城的话说明道家“不养生”是真正的养生之道。他说：“我想起20世纪80年代与周谷城的一次谈话。他已经九十多岁高龄了，我问他养生之道。他回答说，我的养生之道可能别人不容易接受，就是说，我的养生的关键就在于‘不养生’三个字。妙哉，周老庶几达到无以生为者、是贤于贵生的境界喽。周老的说法也令我想起相反的情况，神经质地贪生怕死，过度的营养、保健、进补、医疗，对于自己的健康状况生命状况的疑神疑鬼，更不要说穷奢极欲了，那不是自取灭亡又是什么呢？”① 以“不养生”为“养生”，确实是解决“贵生”“求生之厚”的烦恼的好办法，以“不养生”为“养生”说的意思与《道德经》说的“无以生为者”的意思是契合的。

贵生的烦恼即“生生之厚”的烦恼。“出生入死。生之徒十有三；死之徒十有三。人之生，动之死地，亦十有三。夫何故？以其生生之厚。盖闻善摄生者，陆行不遇兕虎，入军不被甲兵；兕无所投其角，

---

① 王蒙：《老子的帮助》，华夏出版社2009年版，第232—233页。

虎无所措其爪，兵无所容其刃。夫何故？以其无死地。”（《道德经》第五十章）人的出生也就是走向死亡。活着的因素占三成，死亡的因素占三成，过分追求生即“生生”反而加速了死亡的因素即背离生存大道的也占三成。活着是人身心正常运作的状态，包括吃穿住行、阳光空气、水土、植被、地理条件生态等客观方面因素和正常的生活能力、调节能力与自我保护能力等主观方面因素。死亡是自我毁灭的程序，包括自然灾害、生物威胁、细菌病毒、危害的气候环境等客观方面的因素和人的心理疾病、做事不当、愚蠢、不智不仁、违法犯罪等主观方面的因素。而因“生生之厚”致死是不容易被发现的因素，主要包括争强好胜、好勇斗狠、阴暗焦虑、奢侈过度、用力过度、进补过度、医疗过度、练功过度甚至炼丹、迷信、长生药的寻找、秘方的崇拜等①，相当于后来的一些成语的意思，如缘木求鱼、南辕北辙、揠苗助长、饮鸩止渴、走火入魔、过犹不及等。活着当然最好，活着的因素需要我们去维护和获取；死亡的因素也是容易发现的，需要我们去建设和努力，避死向活；只有“生生之厚”中的烦恼和死亡令人迷惑，好像是活得更好结果却适得其反，加速走向毁灭和死亡。如何避免呢？生生之厚的烦恼和毁灭、死亡在“善摄生者”那里一一得到了化解，即“无死地”，没有那些花花肠子、没有那些跟“厚生”有关的不适宜的药补、锻炼、整形等，方可达到“陆行不遇兕虎，入军不被甲兵；兕无所投其角，虎无所措其爪，兵无所容其刃”的境界。那些“贵生者”“生生之厚”的追求者，因为有“死地”，有太多不适宜的想法和操作、折腾不休，只会滑入“陆行遇上兕虎，入军就被甲兵；兕有所投其角，虎有所措其爪，兵有所容其刃”的万劫不复之渊。

“益生曰祥，心使气曰强。物壮则老，谓之不道，不道早已。”（《道德经》第五十五章）这里说的是同样的意思。“祥”是灾祸的意思，即有意识地追求生命延长只会改变人体内的自然规律。老子认为，任何物质手段的养生获得都是对人体的自然生命作的干扰。李霞

---

① 王蒙：《老子的帮助》，华夏出版社2009年版，第158页。

在其《生死智慧——道家生命观研究》中转引宋代学者程俱的观点："天地人一源耳。天之所以为天，地之所以为地，人之所以为人，固同。而天地之能长且久，人独不然何哉？天不知其为天，地不知其为地。今一受形为人，则认以为己，曰人耳人耳。谓其有身不可以不爱也，而营分表之事；谓其养生不可以无物也，而骋无益之求。贵其身而身愈辱，厚其身而身愈伤。是世界之丧生，非反以有生为累邪？"① 这里描述了"生生之厚"的物质主义养生观，这种物质主义养生观是多余的、有害的，与"贵生""厚生""益生"的危害是一样的。这一解释与老子之义相吻合。

《道德经》中贵生伤身的论述还有很多，如："民不畏死，奈何以死惧之！若使民常畏死，而为奇者，吾得执而杀之。孰敢？"（《道德经》第七十四章）"今舍慈且勇，舍俭且广，舍后且先，死矣！"（《道德经》第六十七章）"坚强者死之徒。"（《道德经》第七十六章）"物壮则老，是谓不道，不道早已。"（《道德经》第三十章）"无厌其所生"（《道德经》第七十二章）"治人事天，莫若啬。夫唯啬，是谓早服。早服谓之重积德，重积德则无不克，无不克则莫知其极；莫知其极，可以有国。有国之母，可以长久。是谓深根固柢，长生久视之道。"（《道德经》第五十九章）等。

三 "外其身"身存

与无身的无为不同，也与贵生的有为不同，外身是将身置之度外，寻求在彻底的无为与贪婪的有为之间的一种折中做法，然而，"外其身"很多时候都能获得"身存"这样的较好结果。在"外其身"与"身存"之间有一个目的与手段的对待关系。如果"外其身"仅仅是一种手段，其目的是"身存"，是否有欺骗、狡诈的成分呢？

"天长地久。天地所以能长且久者，以其不自生，故能长生。是以圣人后其身而身先，外其身而身存。非以其无私邪，故能成其私。"（《道德经》第七章）圣人后退不争先反而能走到前面去，把自己完

① 李霞：《生死智慧——道家生命观研究》，人民出版社2004年版，第295页。

全置之度外反而能保护自己的存在。不认为自己能得到什么反而能得到许多。有道的人不为自己的私利打算反而得到了自身的私利。这里就摆脱不了有个手段与目的的问题。如果把“无私”当作一种手段来达到“成其私”的目的，那么，这样的“无私”是一种伪装、是一种表象，其结果只能是一时的得计渐渐败露并导致最终的失败。如果将“无私”当作目的，“成其私”只是一种随缘的与己无关的产物，那么，就会有更高明的一层思想与关怀，深一层的见识与思考，有更优越的见识、风度与成就。此外，通过天地“不自生”的主旨倡导，也可见老子想要表达的“外其身”只能是作为目的而不是手段而存在，否则的话，会与大道的“朴”“愚”的基本意涵不一致。

外身即将身体置之度外，反而获得了生，获得了身存。如“有物混成，先天地生”（《道德经》第二十五章），在天地之外的“混成”之物方可生天地，在人身之外的“外身”方可获新生。“道生之，德畜之，物形之，势成之。是以万物莫不尊道而贵德。”（《道德经》第五十一章）在道、德、物、势的自然而然中，万物得以生命，道、德、物、势的自然而然就是外身的表现，这种自然而然不惧寂寞、不改初衷、终生不息，这正是“寂兮寥兮，独立不改，周行而不殆，可以为天下母。吾不知其名，字之曰道，强为之名曰大。大曰逝，逝曰远，远曰反”（《道德经》第二十五章）所要表达的深意。

庄子认为外身的结果是福罚两种，然而不必理会。如列子所言：“可以生而生，天福也；可以死而死，天福也。可以生而不生，天罚也；可以死而不死，天罚也。可以生，可以死，得生得死，有矣；不可以生，不可以死，或生或死，有矣。然而生生死死，非物非我，皆命也，智之所无奈何。”（《列子·力命》）庄子以“命运”作为其不必理会福罚的做法势必走向宿命论，然而其中关于外身的倡导和努力也可见一斑，为后来彻底抛弃生命、以身殉天下提供理论支持，如“小人则以身殉利，士则以身殉名，大夫则以身殉家，圣人则以身殉天下”（《庄子·骈拇》）。

《道德经》中表达“外其身而身存”意涵的论述还有很多，试分别述之。如：“上善若水。水善利万物而不争，处众人之所恶，故几于道。居善地，心善渊，与善仁，言善信，正善治，事善能，动善时。夫唯不争，故无尤”（《道德经》第八章）。以“不争”表达“外其身”之意。“虚而不屈，动而愈出。多言数穷，不如守中”（《道德经》第五章），以正面的“守中”即中庸之道来达到“外其身”的境界。“持而盈之，不如其已。揣而棁之，不可长保。金玉满堂，莫之能守。富贵而骄，自遗其咎。功遂身退，天之道。”（《道德经》第九章）有很多的例子说明功成身退的道理，这也是“外其身”的道理。“五色令人目盲，五音令人耳聋，五味令人口爽，驰骋畋猎令人心发狂，难得之货令人行妨。是以圣人为腹不为目，故去彼取此。”（《道德经》第十二章）眼耳鼻舌身意等身之感官更具体地涉及给人体带来过分的累赘和麻烦，涉及“外其身”的英明之举。“致虚极，守静笃。万物并作，吾以观复。夫物芸芸，各复归其根。归根曰静，是曰复命。复命曰常，知常曰明。不知常，妄作，凶。知常容，容乃公，公乃王，王乃天，天乃道，道乃久，没身不殆。”（《道德经》第十六章）终身不会有危险的做法就是“归根”、致“虚极”，这是“外其身”的表现。“绝圣弃智，民利百倍；绝仁弃义，民复孝慈；绝巧弃利，盗贼无有。此三者，以为文不足，故令有所属：见素抱朴，少私寡欲。”（《道德经》第十九章）“以正治国，以奇用兵，以无事取天下。吾何以知其然哉？以此。天下多忌讳，而民弥贫；民多利器，国家滋昏；人多伎巧，奇物滋起；法令滋彰，盗贼多有。故圣人云，我无为而民自化，我好静而民自正，我无事而民自富，我无欲而民自朴。”（《道德经》第五十七章）这里，“我无为而民自化”意为“外其身”是自化的前提和基础。“民不畏威，则大威至。无狎其所居，无厌其所生。夫唯不厌，是以不厌。是以圣人自知，不自见；自爱，不自贵。故去彼取此。”（《道德经》第七十二章）“自知”不“自见”，“自爱”不“自贵”，不仅在表达上与“外其身而身存”颇为一致，且意思上也具有较强的一贯性。

四 “不养”之养的卫生

与无身即无患、贵生即伤身、外身即养生旨趣一致的是“不养”

之养的卫生之经。不养之养强调重视积德，由小积大，此为不养之养，然后可达长生之道。“重积德则无不克，无不克则莫知其极；莫知其极，可以有国。有国之母，可以长久。是谓深根固柢、长生久视之道。”（《道德经》第五十九章）“合抱之木，生于毫末。”（《道德经》第六十四章）“不失其所者久，死而不亡者寿。”（《道德经》第三十三章）“不养”之养的卫生之经指的是很多益生的元素如气、神等属于人体本身所有，只要排除外界对固有元素干扰即可达卫生之效，故叫不养之养，主要包括护气、养神、虚静、寡欲等方面。

一要护气。《道德经》首先认为，尽管“气”无形无状，但“气”在生命存在中具有极其重要的作用。“抟气致柔，能婴儿乎？涤除玄览，能无疵乎？爱国治民，能无知乎？天门开阖，能为雌乎？明白四达，能无为乎？畜之。生而不有，为而不恃，长而不宰，是谓玄德。”（《道德经》第十章）“抟气致柔”指的是聚集体内的精气以使得精气柔顺，使得回复到婴儿时的最佳状态。婴儿的生命力最旺盛，属于“精之至”，其精气没有任何亏损。只有护养体内婴儿般的旺盛精气作为生命的基础元素，人的身体才不会受到任何外力的侵袭。这种“抟气致柔”的养生观念在《道德经》第五十五章有进一步的论述：“含德之厚，比于赤子。毒虫不螫，猛兽不据，攫鸟不搏。骨弱筋柔而握固，未知牝牡之合而全作，精之至也。终日号而不嗄和之至也。知和曰常，知常曰明，益生曰祥，心使气曰强。物壮则老，谓之不道，不道早已。”说的是，含德深厚者，比得上初生的婴儿，毒虫、猛兽和凶鸟都不会伤害他。筋骨柔弱却能将拳头握得很紧，不知道男女之事却能自动勃起生殖器，号哭不止却不会哑喉咙，一切都是精气充足、精气醇和的原因。后来庄子对老子的气说进行了发展，庄子在《人间世》中说：“若一志，无听之以耳，而听之于心；无听之以心，而听之于气。耳止于听，心止于符。气也者，虚而待物者也。惟道集虚。虚者，心斋也。”这里主张不听于心而应听于气，气已转入自然之义。“听之于气”，即以虚灵明觉的精神状态，任凭气在体内自由流行，不做人为的干扰，才利于体天合道，通达生命之理。

二要养神。在形神关系上，老子认为在形神合一的基础上应更重视神的修养。“载营魄抱一，能无离乎？”（《道德经》第十章）这里的“营魄”指的是人的魂魄，即形体和精神；形体和精神达到合一状态才合于养生之道，才能获得长久的生命力。在形体和精神二者中，精神修养更重要。如何进行精神修养呢？于是，老子提出“啬”。“治人事天，莫若啬。夫唯啬，是谓早服。早服谓之重积德，重积德则无不克，无不克则莫知其极；莫知其极，可以有国。有国之母，可以长久。是谓深根固柢，长生久视之道。”（《道德经》第五十九章）这里的“啬”表示的是吝啬，即减少心理活动、珍惜精神。只有减少心理活动、珍惜精神，才能不断积德、无往而不胜，则无人知晓其无穷力量。此处的“啬”与别处提到的三宝之一“俭”的意思是一致的，都是表示爱惜精神：“我有三宝，持而保之。一曰慈，二曰俭，三曰不敢为天下先。慈故能勇；俭故能广；不敢为天下先，故能成器长。今舍慈且勇，舍俭且广，舍后且先，死矣！夫慈以战则胜，以守则固。天将救之，以慈卫之。”（《道德经》第六十七章）李霞引陈鼓应先生观点认为：“这里的‘俭’是指‘有而不尽用’，和五十九章的‘啬’字同义。”[①] 庄子在《庚桑楚》中借对话表达卫生之经的内容。“老聃说：‘卫生之经，能抱一乎？能勿失乎？能无卜筮而知吉凶乎？能止乎？能已乎？能舍诸人而求诸己乎？能翛然乎？能侗然乎？能儿子乎？……行不知所之，居不知所为，与物委蛇，而同其波。是卫生之经已。’”意思是人们在行动时能自由自在，安居时能无牵无挂，能顺物自然，与万物同波同流，这就是护卫生命的道理。

三要虚静。在中国哲学中，动静关系、虚实关系都涉及养生。总体而言，儒家重刚健有为、自强不息，道家重虚静无为、任性自然。虚静养生说源自《道德经》。老子说：“天地之间，其犹橐籥乎？虚而不屈，动而愈出。多言数穷，不如守中。”（《道德经》第五章）意即天地之间如一个风箱，只有虚静才不会衰竭，越是运动越消耗得多。说得多做得多，政令不止加速败亡。“致虚极，守静笃。万物并作，吾以观复。夫物芸芸，各复归其根。归根曰静，是曰复命。复命曰

① 李霞：《生死智慧——道家生命观研究》，人民出版社2004年版，第299页。

常，知常曰明。不知常，妄作凶。知常容，容乃公，公乃王，王乃天，天乃道，道乃久，没身不殆。”（《道德经》第十六章）生命在运动过程中，只有立足根本，处于虚静，才能没有危险。“不欲以静，天下将自正。”（《道德经》第三十七章）“我好静而民自正”（《道德经》第五十七章），在政治实践和人生实践中，清净、虚静都是值得提倡的。为了排除各种对虚静的干扰，老子还主张“不出户”“塞其兑，闭其门”“绝圣弃智”等，最终达到虚静、清净的养生之道。

四要寡欲。常人视欲望的实现是快乐事，而老子看得更远些，认为欲望带来了对人身体的许多损害。“五色令人目盲，五音令人耳聋，五味令人口爽，驰骋畋猎令人心发狂，难得之货令人行妨。是以圣人为腹不为目，故去彼取此。”（《道德经》第十二章）眼、耳、鼻、舌、身等感官欲望过多只会伤身伤心，所以圣人选择“欲不欲，不贵难得之货。”（《道德经》第六十四章）“虚其心，实其腹，弱其志，强其骨。”（《道德经》第三章）“见素抱朴，少私寡欲，绝学无忧。”（《道德经》第十九章）对于百姓的治理也是从虚心、寡欲开始。在通过寡欲来达到养生方面，中国传统文化中有很多类似的叙述，如孔子三戒律：“君子有三戒。少之时，血气未定，戒之在色；及其壮也，血气方刚，戒之在斗；及其老也，血气既衰，戒之在得。”宋代医学家周守忠以“五知道”表达养生之法：“知喜怒之损性，故豁情以宽心；知思虑之销魂，故损情而内守；知语烦之侵气，故闭口而忘言；知哀乐之损寿，故抑之而不有；知情欲之窃命，故忍之而不为。”明代医学家万密斋的养生“四明法”：“一曰寡欲，二曰慎动，三曰守时，四曰却疾。”[①] 这些叙述从不同角度说明了清心寡欲在养生中的重要性。

---

① 王珏、曹军：《老子养生智慧》，中国中医药大学出版社2008年版，第17页。

第四章

《道德经》智慧的道德责任、幸福理想追求

第一节 “无私”——《道德经》追求的道德责任理想

《道德经》继承史官的文化传统，提出道德学说作为入世的依据。老子在《道德经》中创造性地提出无私等道德思想观念是为治理社会混乱局面而提出的，社会的和谐治理、国家的兴衰与个人品质有着密切关系，也即说，社会的和谐、国家的兴旺离不开个人的道德修身。所以，《道德经》第五十四章说：“修之于身，其德乃真；修之于家，其德乃余；修之于乡，其德乃长；修之于国，其德乃丰；修之于天下，其德乃普。故以身观身，以家观家，以乡观乡，以国观国，以天下观天下。吾何以知天下然哉？以此。”这里论述了道德责任的不同层次，即修身、齐家、兴乡、治国、平天下，与儒家所倡导的修身、齐家、治国、平天下如出一辙。这样不同层次的共同基础是“无私”，通过“无私”之修，达到对于自己之身、家、乡、国、天下与他人之身、家、乡、国、天下等同如一。《道德经》中对于“无私”或“少私”的直接论述，也有不少，如“是以圣人后其身而身先，外其身而身存。非以其无私邪？故能成其私”，通过对先后、内外关系的处理来谈及道德责任的根本在于“无私”。具体而言，“无私”的道德责任至少在以下几个方面给我们以深刻启示。

一 对自然万物的道德责任

《道德经》宏观视野的形成、自然万物坐标确立的一个基本点是

"无私"。只有"无私"的道德价值观，才会有"以身观身""后其身""外其身"的状况的出现；《道德经》倡导的"无私"与儒家所说的"舍私为公""舍己为人"单方面舍私、舍己"无私"不求回报有差异，即《道德经》所说的"无私"还要"成其私"、还要有个结果的产生，实现"知天下""身先""身存"。也就是说，"无私"的个体价值实现要体现在自然万物的道德价值实现中。这里有个转换，个体因"无私"成就了自然万物的结果自然万物之"无私"，使得个体的"无私"之"私"得到实现。如果个体的"无私"换不来自然万物成就其"私"的结果，那么这样的"无私"便失去意义。"无私"的个体在逻辑上必然要求一个"无私"的自然万物的出现，并尽力保证这样结果的表象"成其私""知天下""身先""身存"的出现。这样的"无私"才得以持久。因此，《道德经》的"无私"是个超越的"无私"、双向的"无私"。而儒家的"无私"是单层的"无私"、单向的"无私"，如果换不来自然万物同样的"无私"，便难以排解心中的郁闷，无限压抑自己、禁锢自己，使自然万物的失衡情况出现、腐败情况丛生而难以有所作为。所以《道德经》的"无私"才能对万物始终抱有强烈的责任意识，做到"是以圣人处无为之事，行不言之教，万物作焉而不辞，生而不有，为而不恃，功成而弗居。夫唯弗居，是以不去"（《道德经》第二章）。这里圣人的作为是"处无为之事，行无言之教"，在所作所为上实现自己的价值追求，从而达到"万物作焉"、万物自然良性发展的结果。如许建良所说："'处无为之事'是超越人类社会而包括其他万物实践的行为，而'行不言之教'是限于人类社会的行为。正是这种万物的责任意识，对我们解决今天所面临的生态环境危机，难道不是有益的启示吗？"① 今天的人们在各种"无为""不言"的生产、教育活动中，只能与自然万物保持一致，在自然万物的价值实现过程中体现自我价值，否则，我们的地球、我们的生态环境没有办法好转，我们的地球、我们的生态环境也不可能成就我们的"无私"愿望。只有保持强烈的对自然万物的道

---

① 徐建良：《先秦道家的道德世界》，中国社会科学出版社2006年版，第454页。

德责任，以“无私”为道德指向，行“无为”“不言”之实，致力于改善地球、改善生态，包括人在内的自然万物的道德状况才会真正改善。

人对自然万物的道德责任还体现在“人法地”的“无为”“不争”理想追求上。人要遵从地的法则，向地的“不争”性学习。“水善利万物而不争，处众人之所恶，故几于道。”（《道德经》第八章）地因为善于甘处低处，与世无争、不争，接受“大便小便、口水等污物”（南怀瑾语），才成就了美德，人对自然万物目前道德责任缺失的现状强烈要求这种道德责任的及时跟上。当然，老子的法地原则与不争原则并非消极意义上的没有是非观念、一无所为，而是反对违背事物的客观特性和运行规律的勉强之为。如李霞在《道的无为性》中所说：“主张人类应像‘道’那样因物之性，顺物之情，在因顺事物客观特性和自然规律的情境中，使自己的动机、意向无声无息地渗透到对象之中，自然而然地达到有为之目的，从而达到像‘道’那样‘无为而无不为’的境界。”① 地法天、天法道，地与道之间在无为、不争方面具有同一性，这里所述的“因物之性、顺物之情”更是人应该效法的对象，更是人成就对自然万物道德责任的做法。

二　对他人他事的道德责任

《道德经》提出“道大，天大，地大，王亦大”“四大”，至少有两个层面的含义，一是从整体性层面而言，道、天、地、人本属于一体，都是四者相互涵摄；另一是从分体性层面而言，道、天、地、人各属一方，各自有自己遵循的法则，各自的职责与功能。如果说以上所论对自然万物的道德责任属于从整体性层面来说人们的道德准则的话，那么，这里所说的对他人他事的道德责任则属于从分体性层面而言的。人作为“四大”中的一种，除了融摄道、天、地即行使自然万物的道德责任外，还要对人类社会中的人和事表现道德责任。徐建良

① 李霞：《圆融之思——儒道佛及其关系研究》，安徽大学出版社 2005 年版，第 112 页。

说："人生活在人际关系里，这是无法逾越的一道风景线。其实，在对万物显示出责任意识的过程里，已经就折射出了对他人的责任心。"① "处无为之事，行无言之教"，就显示了对人本性的重视，对于他人他事的尊重，给予事情合乎本性发展的最大自由空间。与庄子说的"以己养养鸟"应被"以鸟养养鸟"代替是一样的道理，对于鸟类的爱是以鸟本身的爱为主而不应以养鸟者的喜爱为主。何况对于同作为人类的他人呢？

至于"无言之教"的具体方法，《道德经》第二十七章有详尽的说明："善行无辙迹，善言无瑕谪，善数不用筹策，善闭无关楗而不可开，善结无绳约而不可解。是以圣人常善救人，故无弃人；常善救物，故无弃物，是谓袭明。故善人者，不善人之师；不善人者，善人之资。不贵其师，不爱其资，虽智大迷，是谓要妙。"（《道德经》第二十七章）此处有两个方面的意思：第一方面，从"善行""善言""善数""善闭""善结"五个方面表达对人对事过程中的具体做法，王弼解释为"顺自然而行，不造不始故物得至而无辙迹也"②。也就是说，我们的道德责任表现的结果为"无辙迹""无瑕谪""不用筹策""无关楗而不可开""无绳约而不可解"。因为做到这五个方面，就能够"无弃人""无弃物"，是以善人善事了。第二方面，对于善人、不善人的"师""资"的不同对待达到同等结果之"爱"，体现道德责任。"善人者为师"没有问题，尊爱师长可以做到；那么"不善人者，善人之资"的"资"呢？应是"爱其资"。这样，对人对事无有差别，且蕴涵非常宽容的道德因子，显示了无限责任义务意识。

除了"无言之教"体现对他人的道德责任之外，还需具有"为人""与人"所说的辛苦付出与帮助。《道德经》说的"为人己愈有""与人己愈多"，就是这个意思。"为人""与人"都突出了以他人为价值中心的存在，而这一切都在于"为人""与人者"只是万物之一的存在价值基点的设定，这是今天我们构筑集体主义、利他主义的资

① 徐建良：《先秦道家的道德世界》，中国社会科学出版社2006年版，第454页。

② 高定彝：《老子道德经研究》，北京广播学院出版社1999年版，第175页。

源。作为回报的良性循环结果是付出者的“愈有”和“愈多”，只有这样才能激发热情、激发动力，形成人类社会互助友好的文明风尚。可惜的是，这一重要的资源至今没能得到有效运用，甚至这种观点也并非为多数人所认同。“这也是长期以来人们把儒家思想作为构筑集体主义法宝的误区之所在。所以，我们至今没有形成科学合理的眼中有人、目中有他的价值观，因为我们所有的是自我主义，一切价值是以‘己’作为中心的主义。这也是我们应该引起惊醒的地方!”[①] “我们要有钉钉子的精神，钉钉子往往不是一锤子就能钉好的，而是要一锤一锤接着敲，直到把钉子钉实钉牢，钉牢一颗再钉下一颗，不断钉下去，必然大有成效。如果东一榔头西一棒子，结果很可能是一颗钉子都钉不上、钉不牢。我们要有‘功成不必在我’的精神。”[②] 对他人他物的道德责任体现在“功成不必在我”，一方面要有钉钉子的精神为百姓工作，另一方面要“不恃功”。

这种“功成不必在我”的精神品质就是道的不争性意涵，渗透着对他人他事的道德责任。但是，这里的“功成”又赋予了人必须有所追求的职能和压力，而不是一味退让、无功而返。李霞在《道具有不争性》中说：“绝非如此。老子只是反对斤斤计较，凡事必争的狭隘偏私之争，提倡理智冷静的不争之争。也就是说，老子事实上是企图争大而不争小，只是因为他懂得争与不争的辩证法，懂得形式上的不争反而能促成实质上的大争，暂时的居卑处下反而能导致最终的居高处上的道理，才提倡不争之道。”[③] 我们对他人他事真正负责的话，实施“无言之教”“与人己愈多”的同时，还要时刻铭记着“功成”的一面，也就是有为之教的一面、有所争的一面，这是保证对他人他物道德责任实现的关键，只有这样才能使“好心办坏事”的事不会发生。

---

① 徐建良:《先秦道家的道德世界》，中国社会科学出版社 2006 年版，第 460 页。

② 习近平:《在党的十八届二中全会第二次全体会议上的讲话》，党建读物出版社 2013 年版，第 94 页。

③ 李霞:《圆融之思——儒道佛及其关系研究》，安徽大学出版社 2005 年版，第 113 页。

三 对圣人理想实现的道德责任

印度当代学者奥修对于“中华第一经”《道德经》的阐释和推介，使得《道德经》不但在印度，而且在全世界愈加广为传播。他悟解《道德经》之后，认为自己已不是一个阅读者、闻道者的身份，而是以圣人老子的身份出现的。因此，他觉得，在领悟《道德经》形上学智慧的同时，还有一个形而下的具体目的，教导人们要认真面对生活。他说：“如要修天道，须先修人道。作为一个社会的人，应该将各方面的工作做好。他告诫信徒，他虽然崇尚老子的无为，那是针对修行面而言的真理。人生还有另外一面——工作。在工作上要有计划，有安排，才能成功……不要因为了解奥修在修行面‘无为’的真理，就变得没有工作能力，这不是正确的人生。”[①] 在《道德经》无为主张的教导下，人应将修行面与生活面结合起来，将理想与现实统一起来，否则便是离道甚远。

在《道德经》一书中，“人”的概念出现约85次，其中“圣人”的概念的使用约29次，可见圣人在道家思想体系中的重要性。英国哲学家葛瑞汉说：“讨论《道德经》的无为，我们注意到它的理想社会的图景，一方面需要非常俭朴的生活方式，另一方面需要一个圣人，使百姓对于使文明变得日益复杂的多重的欲望追求无知无识。我们也注意到，这与道德哲学的传统保持一致，这种传统始于这样的价值，即不是自然本身而是由充分知觉的自然的价值，于是其一定主张扩展知觉或者收缩经验于知觉的限度内。”[②] 一方面，我们要做圣人，追求俭朴、无为的生活方式；另一方面，我们需使圣人的理想得以实现，即使百姓减少欲望、达到真正的道德文明。圣人是天道在人类社会的现实使者，“圣人之道”的“为而不争”，正是“天之道”的“利而不害”的具体体现。圣人充当天道与人道的桥梁，连接人们的理想与现实，“圣人无常心”的原因是直接以“百姓心为心”。圣人

① 郁龙余：《印度哲学家奥修与〈道德经〉》，《中国社会科学报》2013年8月23日。

② ［英］葛瑞汉：《论道：中国古代哲学论辩》，张海晏译，中国社会科学出版社2003年版，第347页。

能够做到“贵以身为天下”“爱以身为天下”也体现了圣人与天下人同一，于是，对他人的无限包容心、责任心就决定了“处上而民不重”“处前而民不害”的态势[①]，所以百姓是“乐推而不厌”。

此外，对于圣人理想的实现，按照《道德经》说的“既以为人己愈有，既以与人己愈多”的原则，不分高低贵贱之分、人人有责，哪怕是像野人献曝这样的事也是值得提倡的。所谓“见小曰明，守柔曰强。用其光，复归其明，无遗身殃，是为习常”（《道德经》第五十二章）。事情不在小、不在微、不在柔，在于圣人的心、在于圣人的理。野人献曝的行为尽管事小，却值得提倡。《列子·杨朱》：“昔者宋国有田夫，常衣缊黂，仅以过冬。暨春东作，自曝于日，不知天下之有广厦隩室，绵纩狐狢。顾谓其妻曰：‘负日之暄，人莫知者，以献吾君，将有重赏。’”否则以身份低微、事情甚小为由放弃了对自己的要求，便失去《道德经》原意。如陈献章所说：“人具七尺之躯，除了此心此理，便无可贵。浑是一包脓血，一大块骨头，饥能食，渴能饮，能着衣服，能行淫欲，贫贱而思富贵，富贵而贪权势，忿而争，忧而悲，穷则滥，乐则淫，凡百所为，一信血气，老死而后已，则命之曰禽兽可也。”（《明儒学案·白沙学案上·禽兽说》）有了圣人的心和理方可脱离“禽兽”二字的束缚。

第二节 《道德经》的幸福观

一 幸福表现在知足

《道德经》关于幸福的论述主要集中在第四十六章、第四十四章、第三十三章、第六十九章、第五十八章、第二十六章等。“祸莫大于不知足，咎莫大于欲得。故知足之足，常足矣。”（《道德经》第四十六章）“知足者富，强行者有志。不失其所者久，死而不亡者寿。”

① 徐建良：《先秦道家的道德世界》，中国社会科学出版社2006年版，第456页。

(《道德经》第三十三章）意思是最大的祸患就是不知足，最大的不祥就是贪欲太多，而最大的幸福就是知足，就是勤勤恳恳按自己的意愿生活。这里涉及一个度的问题，到底多少是知足呢？对于名声与自己的身体、财富与自己的健康应该如何满足呢？《道德经》说："名与身孰亲？身与货孰多？得与亡孰病？是故甚爱必大费，多藏必厚亡，知足不辱，知止不殆，可以长久。"(《道德经》第四十四章）此处列出不可取的是"甚爱""多藏"，提倡的是"知足""知止"，至于爱多少、藏多少为"甚"、为"多"，每个人可以根据自己的情况来看，比如自己的基础情况、自己的健康情况、自己的心理情况等，从而找到那个度点，那个"足"和"止"的临界点。

俄罗斯前总统梅德韦杰夫在谈及应对金融危机时曾引用《道德经》中"知足不辱"的话来恢复信心。他说，金融危机实质是贪婪造成的。如果得到一个东西，过于贪婪，爱得太多、储存太多必然造成损失，要知道满足、知道停下来休整休整，这样就不会有灾难了。他说的就是"甚爱必大费，多藏必厚亡。知足不辱，知止不殆，可以长久"(《道德经》第四十四章）这句话。他认为这是走出经济危机的法宝。[①] 对于作战双方来说，祸福取决对于战争的态度。"祸莫大于轻敌，轻敌几丧吾宝。故抗兵相加，哀者胜矣。"(《道德经》第六十九章）如果轻敌挑起战端，绝对是祸害，因为轻敌是战争大忌，必然落得惨败的下场，丢失了道家提倡的基本原则。"夫兵者，不祥之器。物或恶之，故有道者不处。……不得已而用之，恬淡为上。……杀人之众，以悲哀泣之，战胜，以丧礼处之。"(《道德经》第三十一章）道家认为战争不是好事，所以不轻易言战，如果避免不了战争，那么必须重视战争、重视战争的周密部署，从而取得战争的胜利。胜利之后，也只能以丧礼来对待。两军对阵，悲愤的一方容易获胜，因为以悲愤的心情看待战争的人必是知足者，只有知足者才不会为战争的刺激而不冷静，只有不会为战争的刺激而不冷静的知足者才是幸福的。

幸福表现的知足体现在不凭欲望行事。"炎帝为火灾，故黄帝擒

① 转引自赵启光《老子天下第一》，北京大学出版社2010年版，第89页。

之；共工为水害，故颛顼诛之。教之以道，导之以德而不听，则临之以威武；临之以威武而不从，则制之以兵革。故圣人之用兵也，若栉发耨苗，所去者少，而所利者多。杀无罪之民而养无义之君，害莫大焉。殚天下之财，而澹一人之欲，祸莫深焉。”（刘安《淮南子·兵略训》）[①] 炎帝、共工任凭欲望发动战争，伤害无辜，是不对的；那些杀害无辜百姓、不惜耗费天下之财发动只为一己欲望的战争，实在是离幸福太远。只有像圣人那样用兵，以“教”之、“导”之，以较小的损失发动战争，制止大范围的伤害，从而得利较多的行为，才是幸福的。

幸福的表现在于“知止”，所谓“知止不殆”，哪怕是对于“轻乎羽”的幸福。“天下有道，圣人成焉；天下无道，圣人生也。方今之时，仅免刑焉。福轻乎羽，莫之知载！祸重乎地，莫之知避。”（《庄子·人间世》）现实世界不如意事十有八九，幸福像羽毛那样轻微，都不知道怎样安放，而祸端更多，都不知道怎么避让。所以还要“知止”，知道能够让人满足的度在哪儿，知道停止，这样方可持久。对于不可制止之事或人力所不能决定的事要“知止”，不可强求。如列子所言：“可以生而生，天福也；可以死而死，天福也。可以生而不生，天罚也；可以死而不死，天罚也。”（《列子·力命》）一些正常的生和正常的死都可以当作幸福的事来看待；对于不正常的死和不正常的生，在人力不能为的情况下，要顺其自然，不必过于强求。

二 幸福的本质在自然

《道德经》列出人与自然的关系图：“道大，天大，地大，王亦大。域中有四大，而王居其一焉。人法地，地法天，天法道，道法自然。”（《道德经》第二十五章）这里的“自”当可理解为自在的本身，“然”是当然如此；“自然”指的是道本身的绝对性，道是本来如此，不需要效法谁。在人、地、天、道的不同环节，人处于下游的

① 王泽应：《自然与道德：道家伦理道德精华》，湖南大学出版社 1999 年版，第 415—441 页。

地位，与地、天、道一样，人更应该以自然为法则，以自然为幸福快乐的源泉。在自然法则里，没有高、下、快、慢、大、小、长、短之分，只有逍遥一境。对于逍遥一游的幸福，庄子作了恰当的概括："故极小大之致，以明性分之适"，"苟足于其性，则虽大鹏无以自贵于小鸟，小鸟无羡于天池，而荣愿有余矣。故小大虽殊，逍遥一也"。(郭象《逍遥游注》）世间物是如此，作为人更应该抛弃高低贵贱之分，以平等自然为适，这是幸福的高境界。庄子对此作了较为详尽的描述："彼民有常性，织而衣，耕而食，是谓同德。一而不党，命曰天放。故至德之世，其行填填，其视颠颠。当是时也，山无蹊隧，泽无舟梁；万物群生，连属其乡；禽兽成群，草木遂长。是故禽兽可系羁而游，鸟鹊之巢可攀援而窥。夫至德之世，同与禽兽居，族与万物并，恶乎知君子小人哉？同乎无知，其德不离；同乎无欲，是谓素朴；素朴而民性得矣。"（《庄子·马蹄》）织布也好，耕作也罢，山也好，水也罢，一切同德、平等；禽兽、鸟鹊、君子、小人，一切万物并作、无别，因无知、素朴、无欲等主流价值观得到推广，人类自然与幸福不离。

冯友兰先生指出道家"幸福"的来源："凡物各由其道而得其德，即是凡物皆有其自然之性。苟顺其自然之性，则幸福当下即是，不须外求。"在指出道与德的融摄关系之后，揭示任何物体的自然之性是根本的方面，是幸福的源头。"道家之哲学，实亦代表人之一种欲望，表明人之一种幸福。……今但说吾人若在天然境界，一切随本能而行，实有一种幸福，在别处所不能得者。"[①] 道家的幸福随本能而行，于是，需要人们捍卫和呵护这个本能，去除非源头的方面、非天然的方面、非幸福的方面。

自然并非一定清静无为，那些喧嚣热闹的活动只要非过于人为，亦是符合自然之道，可以为人类带来幸福。"道即此世界之全体的自然；如能除去现在之人为境界，此世界究竟为和、美、幸福所充满。道家哲学并不主张真正的清净无为，使人如老僧之入定。大鹏之飞，

① 冯友兰：《人生哲学》，中国国际广播出版社 2012 年版，第 24 页。

婴儿之号，实皆是为，其所有可取，只在其是本能的、自然的、非有意的、做作的。所有道家之主张，只是除去人为，返于天然。”① 像大鹏高飞、婴儿哭叫这样的事情因出自本能，故是“可取”的。今天的人们物质条件已得到大大改善、知识水平也越来越高，如何做到自然、天然，远离祸端，获取人类追求的幸福呢？可从婴儿哭叫中获得启迪。《道德经》第八十章说：“甘其食，美其服，安其居，乐其俗。邻国相望，鸡犬之声相闻，民至老死，不相往来。”这里描述了“鸡犬之声相闻”的吵闹气氛，正是《道德经》所要表达的理想境界、最幸福的领地。《庄子·胠箧》篇高度评价说：“子独不知至德之世乎？——当是时也，民结绳而用之，甘其食，美其服，安其居，乐其俗。邻国相望，鸡犬之声相闻，民至老死而不相往来。若此之时，则至治已。”认为这样幸福的境地是至德之世，也是至治之世。

知识获取不忘记自然之道，否则，会远离自然、远离幸福。如今，人们的知识获取已成为生活的常态；一定的知识获取会助益于自然之道的获得、助益于我们的幸福指数提高。然而，也有许多有害的知识获取，如《道德经》所说：“为学日益，为道日损。损之又损，以至于无为。”（《道德经》第四十八章）随着学习进程加快和知识获取的进步，道却走向了相反的方面，日益减少至枯萎、损之又损。西方哲学家詹姆士作了这样的说明：“我们所谓曾受过高等教育之人，多数皆远离‘天然’。我们所受的训练，使我们只找那超越的、少的、出色的，而忽视那平常的。我们为抽象的概念所充满，且为言语所滑；在此高等机能之教育中，快乐之特殊的源，与简单的机能相连带者，常变干枯，于是我们对于人生之较基本的、较普通的‘好’与喜悦，乃不能感觉。在此情形下，救济方法，即是降下至较深的、较原始的地位……我们自以为较野蛮人甚高，然对于此等方向，我们所已死者，他们‘天然’之子，确切甚活。我们对于改良之无忍耐，对于人生之基本的、静的诸‘好’之盲然，他们若能自由地作文，对此，必有动人的讲演。一酋长与其白客（白肤色客人）云：‘呀……我的

① 冯友兰：《人生哲学》，中国国际广播出版社2012年版，第24页。

兄弟，你将永不知无思无为之幸福，在一切事物中，此为最迷人，仅次于睡觉。我们生前如此，我们死后亦如此。至于你们的人们……收获方了，即又另种；白昼不足，我还见他们耕于月下。他们的生活如何与我们的比……他们所视为空无所有之生活？他们真瞎，他们失去了一切。我们则生活于‘现在’。”[①] 詹姆士说的“天然”之好、之幸福与《道德经》所说的“自然”之妙、之幸福显然有异曲同工之效。随着高等教育的日趋普及发展，会有越来越多的人整天被抽象的概念迷糊，被言语的狡诈所骗，被各种信息折腾得没完没了、无始无终，何时能真正想得开那些违背人类自然之道的事情，投身于简单、平静、无思、无为之幸福呢？

柔弱是自然的属性，“天下莫柔弱于水，而功坚强者莫之能胜”。强调柔弱是包括人类在内的万物追求的最高境界，人的幸福从根本而言来自柔弱的品性。与柔弱的品性相一致的具体做法就是“法自然”。

三 祸福相依与燕处超然

“祸兮，福之所倚，福兮，祸之所伏。孰知其极？其无正。正复为奇，善复为妖。人之迷，其日固久。是以圣人方而不割，廉而不刿，直而不肆，光而不耀。”（《道德经》第五十八章）这里描述了祸福之间相互转换的辩证关系及应采取的措施。老子哲学中的辩证法思想是春秋战国时期社会剧烈变革在人们思想中的反映，是首次以一般规律的形式表达辩证法。认为宇宙间的事物都处在运动变化之中，如动静关系的“静之徐清”“动之徐生”；重轻关系的“重为轻根，静为躁君”。在一定的条件下，对立面之间可以互相转化，如祸福之间就是如此，祸端可被消灭在萌芽状态走向幸福，幸福稍有不慎就会滑入灾祸。对于追求幸福的人们来说，如何利用此辩证法，转祸为福、避祸趋福就显得尤为重要。于是，老子提出“方而不割，廉而不刿，直而不肆，光而不耀”的办法。这里的辩证智慧更加具体：方正而不

---

① ［美］詹姆士：《心理及人生理想谈话》，第257—258页，转引自冯友兰《人生哲学》，中国国际广播出版社2012年版，第24—25页。

生硬，有棱角而不伤人，直率而不放肆，光亮而不刺眼；以此辩证方法来认识祸福，从而采取合适的措施，实现自己的幸福是可行的。即使暂时处于祸的各种不利境遇中，只要有想得开的智慧，何尝不能走出困境、走入青云、活得很好呢？即使暂时处于福的各种境遇中，如果没有想得开的智慧，促使情况改善，何尝不会陷入夭折、举步维艰呢？祸福相依，善复为奇，需要我们具备想得开的智慧、超然的智慧。

老子在第二十六章提出另一种处理祸福关系的做法，即“虽有荣观，燕处超然”（《道德经》第二十六章），说的是尽管处在“荣观”之中，仍然要恬淡虚无，不改原来的初衷。虽然燕然安处在荣华富贵之中，仍然能超然物外，不受功名利禄而自累其心，这是有道者的自处之道，也是以超然的意识和思维方式转化灾祸为幸福的良方。当然，如果处在贫困之所，亦以超然的心态去看待、去积极努力、化解危机，而不受眼下的潦倒不堪所困。在颠沛流离之时，要存济世救人的责任心；在荣光灿烂之时，要存内忧外患的想法；做到“宠辱不惊”，不以物喜、不以己悲。这种超然的做法在中国历史上不乏明例，如舜在父兄残害的环境中，以大孝存于天下；大禹治水，腓无胈、胫无毛，过家门而不入、大公无私，等等，都是以超然的心态和态度来看待事物、看待事情的发展方向。

南怀瑾先生在《超然轻重的历史故事》中指出：“中国帝王政治体制，造成变乱的弊病，不外是外藩、内戚、太监、女祸等几个基本的因素，互相消长。唐代开始乱于藩镇，宋代又鉴于唐朝的弊病，重用文人政治而采取中央集权，终至半壁江山，始终不能完成统一的局面。后来的元、明、清三朝，大致也难逃此例。总之，无论任何政治体制，开创的时期，如何计虑周详，毕竟跳不出‘重为轻根，静为躁君’大原则的演变。即使如西洋史上的规律，也逃不了老子这个八卦炉。自法国路易十四以后直至现在，君主固然不好，民主法治也未见得是完美的政体。将来的天下，正因为人类社会高估民主的可贵而终于毁灭在民主的变相。且看今日域中的英、美，其未来的祸根，早已埋伏在现在所谓假象幸福的社会福利和重量不重质、哗众取宠的民主自由的制度之中了!”我们从中外历史事件中都能看出重轻、静躁变动的法则，更加要求我们加深理解《道德经》提出的“祸者福之所倚，福者祸之所伏”演变的道理和“重为轻根，静为躁君”转化的规律以及“虽有荣观，燕处超然”的忠诚告诫。

在《道德经》的告诫之下，一些聪明人有了深入的理解，造成范蠡、张良等人在获得“重”用、获得“荣观”后，能够悟得真机，极力做到“功成，名遂，身退”，从而保全了自身。也正是在《道德经》自然演变法则指导下，韩信之辈取得“重”、取得“荣观”、取得成功，然而，韩信对于道家思想的理解是半截的（据方东美先生的说法），因此，最终遗忘了道家的转化规律，落入被杀害的下场。南唐后主李煜对于“燕处”的理解走向极端、走向片面，在那样的危机环境中，抛弃奋发图强的自处之道，玩起超然的词章之学，只知填写“蝶恋花”的“一片芳心千万绪，人间没个安排处”这些缠绵悱恻的妙文，实在是偏离“虽有荣观，燕处超然”的真意甚远。

第三节 《道德经》的和谐观

与西方传统文化重视分的价值观不同，中国传统文化重视和的价值观、和谐的价值观。和谐的价值追求数千年来深刻地影响着人们的生活方式、行为习惯、价值取向、心理特征等。“冲气以为和”“和光同尘”“和而不同”“和实生物”等，关于和谐的价值追求在中国传统道家、儒家、墨家、阴阳家等都有很多描述。《道德经》对于和谐的追求是基本的价值追求，主要包括几个方面：和谐的开放性，和谐的价值性，和谐的谦下性等。

一 和谐的开放性

《道德经》一书说“和”有八处。整体而言，道就是和谐；尽管道生成的万物千差万别，但还需“芸芸归其根”，万物回归到道这里团聚，万物必须以和谐为基准，否则难以让道的生态系统链条形成。

万物的和谐必须是开放的和谐，因为只有在开放的和谐中生命才得以延续。“道生一，一生二，二生三，三生万物，万物负阴而抱阳，冲气以为和。”（《道德经》第四十二章）大道的衍生规律是：大道之无生出了妙一，妙一生出了天地的二，二生出了徼三，三衍生了宇宙万物。老子将阴阳理论与道的和谐理论融合在一起。天气阳而地气阴，万物生于天地间，自然带有阴阳二气。万物之所以能够生出来，是因为阴阳相合而生产的和气所致，和气使万物得以安宁和生生不息。而这种和气又是开放性的和谐，因为尽管阴阳二气最终以和谐一体的方式出现，但阴阳二气之间又保持各自的独立性，具有开放延伸的特性。

换个角度说，不同于西方宗教观认为的具有绝对权威和主宰力的宗教主上帝、真主，老子塑造的最高哲学范畴道创生了万物，却又对万物不具有绝对权威和主宰力；道与万物的关系是母与子的关系，即创造者与被创造者的关系，又不是母与子的关系，不是创造者与被创造者的关系，因为道对于万物是“畜之。生而不有，为而不恃，长而不宰。”（《道德经》第十章）意思是道只是任凭万物生长发展而不加以干涉主宰。这种特质就是统治者对于百姓所取法的特质——玄德。也就是说，可以被理解为平行的关系、平等的关系，实质是开放的关系。对于道家而言，道生万物，根本指的是一种和谐的创生状态，具有很强的开放性，“毋宁说是一种开放性，一种让万物得以自行生长、发展的开创性”。[①] 王弼在解释“畜之”时说：“不禁其性，不塞其德”，将这种让万物自行发展的开放性阐述出来。“道常无为，而无不为。侯王若能守之，万物将自化。”（《道德经》第三十七章）此处指出君主应依据道的不干涉、不主宰的无为特质行事，做到“以百姓心为心”，使百姓能够顺其自性生活。另外第五十七章借圣人的口说：“我无为而民自化，我好静而民自正，我无事而民自富，我无欲而民自朴。”（《道德经》第五十七章）这里君主采取的“无为”“好静”“无事”“无欲”都是以开放性的方式达到和谐相处的思想，在这种

① 陈鼓应：《道家的人文精神》，中华书局2012年版，第107页。

和谐友好的气氛中，百姓可以“自化”“自正”“自富”“自朴”，展现其生命本真。当然，这种不加主宰、不加干涉的开放性，正是道的创生性所体现出的人文意涵。庄子称这种“道为生生者”为“刻雕众形而不为朽”（《庄子·大宗师》），展现出“天地之大美”，深刻地影响了后世哲学、文学等美感意蕴的发展。

陈鼓应先生在《冲突世界中的和谐对话——老子和谐观给世人的提示》中引金岳霖先生话论证和谐的开放性在对待自然、对待人类秩序等方面的重要作用。“西方有一种征服自然的强烈愿望，似乎总在对自然作战。这种态度的结果，一方面是人类中心论，另一方面是自然顺从论。……对自然的片面征服似乎让人性比以往更加专断。我们应当小心谨慎，不能随便提征服。……自然规律从来没有为了人的利益，顺从人的意志而失效或暂停；如果我们想用堵塞的方法来征服自然，自然就会重重地报复我们；不久就会在这里那里出现裂缝，然后洪水滔天，山崩地裂。”[①] 西方的人类中心论封闭了人类向往和谐的出路，让和谐变得面目全非，只会增添冲突和人类无休止的麻烦。眼下的许多全球问题已足以警醒人们和谐的开放性是多么重要。

和谐的开放性状态表现出自然意涵。关于自然，陈鼓应理解为三种含义：“一为物理的自然，二为人文的自然，三为境界的自然。老庄言自然，多属人文自然，即意指人的自性的发挥，这层意涵庄子表现得更显明。庄子强调无论治身或治国都当顺着人的本性而行事。老子由道性自然，说到人的自我化育；庄子则将‘自然’引向人类的本性，再由人的本性导出任性、任情与安性、安情两途，前者属于人文自然，后者则属于境界自然。”[②] 由道性自然，到人的自我觉悟、自我提高，以及人文品性的自然流露，这种理想的人文自然境界是《道德经》所追求的。这里的和谐没有丝毫的雕琢痕迹，没有丝毫的硬性规定，有的只是自性十足，有的只是曲者为尊，有的只是开放活泼。在环境污染、人心污染、境界污染的今天，人们再次惊叹老子名言“人

① 陈鼓应：《道家的人文精神》，中华书局2012年版，第79—80页。

② 同上书，第179—180页。

法地，地法天，天法道，道法自然”的预见性和正确性，针对近代以来人类中心论的偏颇论调，当重启“尊重天地的自然性”的思考了。

二 和谐的价值性

“道生之，德畜之，物形之，势成之。是以万物莫不尊道而贵德。道之尊，德之贵，夫莫之命而常自然。故道生之，德畜之：长之、育之、亭之、毒之、养之、覆之。生而不有，为而不恃，长而不宰，是谓玄德。”（《道德经》第五十一章）这里的德，指的是道内在于事物的价值依据。道作为万物的本根意涵不仅具有生成的根源意思，更意味着道是人事价值的根源，或者说，人世间的一切制度、君主百姓的行事原则，都以道为价值的依据，体现出来叫德。“物”“势”均对事物形成起到一定的作用，抑或说，德性、物种、环境都或远或近地表现着道的价值观。“有物混成，先天地生。寂兮寥兮，独立而不改，周行而不殆，可以为天下母。”（《道德经》第二十五章）此处除了指出道在生成上的超越性外，还揭示出道为一切价值的源头——“天下母”。正是作为价值的源头这一点，体现出道的本根性所具有的人文意义。换个说法，也可以说，人世间的制度以及和谐的人事都是道的体现。“朴散则为器，圣人用之，则为官长，故大制不割。”（《道德经》第二十八章）道落实下去，在人世间，就是制度、人事等的合理的安排。如果是不合理的安排、不和谐的安排，便难以称作道的体现。庄子将这种和谐作了发挥，他说：“鱼相忘于江湖，人相忘乎道术。”（《庄子·大宗师》）这里的相忘描述了人事的和谐与自然状态，这样的境界就是道的境界。

老子倡导“公”“容”的精神实现和谐的价值性。在《道德经》第十六章说：“知常容，容乃公，公乃全。”只有懂得常道才能包容一切，而只有能包容一切才能做到廓然大公，而能廓然大公才能做到周遍万物。具体地说，要想达到这样的“公”和“容”，具有大公无私的情怀、有容乃大的胸怀，就要求能做到不固执己见、以百姓意见为意见；要想达到这样的“公”和“容”，具有大公无私的情怀、有容乃大的胸怀，就要求能做到对待善良的人“善待”，对待不善良的人也要“善待”；要求能做到对待守信的人信任，对待不守信的人也信任。这样，使得人人向善，使得人人守信。这样的和谐充满同情心和爱心，这就是“圣人无常心，以百姓心为心。善者，吾善之；不善者，吾亦善之，德善。信者，吾信之；不信者，吾亦信之，德信”所流露出的价值观。

“含德之厚，比于赤子……和之至也。知和曰常，知常曰明。”（《道德经》第五十五章）以初生婴儿“和之至”的状态来比喻含德深厚的人通过不断提高自身的修养，保持婴儿般崭新的生命力；婴儿是最和谐的最美妙的境界和价值取向，我们要通过消除自己的各种欲望来达到。在社会失和的年代，以“无为”“不争”“柔弱”“处厚”等为价值原则，希冀能够消除社会动乱，促进人与人之间的和睦相处，是非常难能可贵的。

和谐是人们的价值标准，在亲人们之间失去这个标准即失去和谐时，必然有对抗这个“不和”的东西“孝慈”的出现，所谓“六亲不和，有孝慈；国家昏乱，有忠臣”（《道德经》第十八章）。然而，这些对抗因素的出现及和解之法，难以从根本上解决问题。“和大怨，必有余怨，报怨以德，安可以为善。”（《道德经》第七十九章）告诫统治者当以平和之政治世，孝慈的畸形倡导、权力的威压、刑律的杀戮、捐税的榨取，会使民生垢怨，而这时再行德政、强行推行和谐，已很难完全弥补已经造成的灾难了。为了更好地生存，人们之间是一个和谐整体，因此，需要心往一块使，锉掉各自的锐气、解除各自的纷扰、调和秉性光芒、相互融洽，这就是“挫其锐，解其纷，和其光，同其尘，是谓玄同”（《道德经》第五十六章）的旨趣。

和谐的价值因相交而存在。“故有无相生，难易相成，长短相较，高下相倾，音声相和，前后相随。是以圣人处无为之事，行不言之教；万物作焉而不辞，生而不有，为而不恃，功成而弗居。夫唯弗居，是以不去。”（《道德经》第二章）这里认识到人们价值判断的相对性，包括对立面、相关面在内的不同方面只有在相互融摄存在中获得其意义，这就是“和”的作用、和谐的价值所在。“生”也好、“成”也好、“较”也好、“倾”也好、“和”也好、“随”也好，各自表达着和谐、融洽、依存的关系。中国道家哲学的和概念实现了对西方哲学中“存有”与“虚无”二分法造成分裂隔阂的超越，能够拓展零和游戏、丛林法则等现实问题的诠释空间。

庄子干脆将和谐的价值性进行本体化改造，形成生命关怀。他说：“天地与我并生，而万物与我合一。”（《庄子·齐物论》）天人一体，人天价值统一，万物的价值、生命就是自己的价值、生命，自己的价值、生命就是万物的价值、生命，二者互为价值本体。这样的论述还有，如“两者交通成和而物生焉。”（《庄子·田子方》）“灵府，使之和豫通而不失于兑，……而与万物为春”（《庄子·德充符》），“万物殊理，道者为公”（《庄子·则阳》）等，面对“十日并出”“万窍怒号”“吹万不同”（《庄子·齐物论》）等境况时，持“莫若以明”的开放心胸，去兼容并蓄。

三 和谐的谦下性

《道德经》第八十章对于较小国家的和谐治理提出方案，即主要在于提高百姓的生活水平，使百姓的衣食住行得到保障。“甘其食，美其服，安其居，乐其俗。”（《道德经》第八十章）就目前的社会生活状况而言，对于国家来说，谦下的表现就是为百姓服务，以经济建设为中心，狠抓全面小康社会建设，使百姓不仅不愁吃、不愁穿、不愁住、不郁闷，且要吃得好、穿得好、住得好、玩得好。对于百姓来说，谦下的表现就是自力更生、艰苦奋斗，减少过多的欲望，共同维护社会的和谐，这样离吃得好、穿得好、住得好、玩得好的生活状态就不远了。当然，随着人们认识能力的提高，野心也会膨胀起来，“欲取天下”，即想要与天下争利益，这也有悖于和谐，必然会“败之”“失之”。“将欲取天下而为之，吾见其不得已。天下神器，不可为也，为者败之，执者失之。”（《道德经》第二十九章）人们对于科技方面也不可妄为。人们生活在科技发达的时代，要知道科技的根本目的是为了人们更好地生活，而不是利用科技做些违反人类和谐的事情，注意减少以至于杜绝科技对于人的负作用，也就是按《道德经》所说“使有什伯之器而不用”。

《道德经》对于大国的治理方案流传很广，就是著名的“治大国，若烹小鲜”。说的是治理大国就如同煎熬小鱼一样，不能常常翻动，因为常常翻动会将鱼搅碎。大国的政策等方面亦如此，不宜变动过于频繁，朝令夕改的事情不要去做；在改革变化的过程中，要保持政策的稳定性、可持续性，从而使得国家太平、社会和谐。在世界上国家与国家的关系处理上，大国的态度对于和谐世界的到来更为重要。《道德经》说：“大国者下流，天下之交。天下之牝，牝常以静胜牡，以静为下。故大邦以下小邦，则取小邦；小邦以下大邦，则取大邦。故或下以取，或下而取。大邦不过欲兼畜人，小邦不过欲入事人。夫两者各得所欲，大国宜为下。”（《道德经》第六十一章）此处强调国家之间和谐相处的基础是“以下”，即谦下相待。大国谦下以汇聚小国，能赢得小国归顺；小国谦下见容于大国，可获得大国护养而获得平等对待。当然，在其中，大国的责任可能更重要，大国首先要以谦下为怀。这种关系也像江海与小河关系，只有江海善于“以下”，即处于谦下地位，才可以成就自己的博大和谐，“江海之所以能为百谷王者，以其善下者，故能为百谷王”。陈鼓应先生对于道家的这些道理非常赞赏，他建议说：“老子对大国提示这些道理，颇适于书写悬挂在联合国总部大厅前。”[①] 对于国防建设，要合理恰当，千万不要耗费浪费人力财力大肆扩军或搞军售，任何情况下绝对不要炫耀武力，也就是《道德经》所说的“虽有甲兵，无所陈之”。

社会的和谐需要坚决反对不义的战争，因为不义的战争逃脱不了失败的命运和可悲的下场；军队和国防建设完全是为了正义的需要，随着人类文明程度的提高与和平诉求的增加，这样的一天一定会到来，即：国与国之间和谐相处，裁减军队，使得“甲兵无所陈之”的状况出现，人们主要从事的都是生产生活活动。“不以兵强天下。其事好还。师之所处，荆棘生焉。大军之后，必有凶年。善者果而已，不以取强。果而勿矜，果而勿伐，果而勿骄。”（《道德经》第三十章）即使不得已需要战争，在战争的结果即和平到来后就必须停止。

① 陈鼓应：《道家的人文精神》，中华书局 2012 年版，第 84 页。

不仅如此，有道者在战争取得胜利后，还以丧礼来表示谦下之心、哀伤之心情，“夫佳兵者，不祥之器，物或恶之，故有道者不处。君子居则贵左，用兵则贵右……杀人之众，以哀悲泣之，战胜，以丧礼处之”（《道德经》第三十一章）。从这些论述中可见老子说的贵柔、谦下、反战的人道主义呼唤。

下　编

《道德经》全文解读及“可道”的经典事例

第一章

大道无形

道可道，非常道；名可名，非常名。无名天地之始，有名万物之母。故常无欲，以观其妙；常有欲，以观其徼。此两者同出而异名，同谓之玄，玄之又玄，众妙之门。

【译文及相关的注】

道，可以被说出来，但已不是原先的道；名，可以被界定出来，但已不是原先的名，因为是指事造物的缘故。所以没有成行没有名称之前，是产生天地的开端；待其有形体有名称之后，则需长之、育之、亭之、毒之，那是衍生万物的母体。万物从无而生、从微而成，我们总是在消解认知欲望中、处于虚静中，领略道原始的奥妙本质；凡有必有利、凡无必有用，在保存欲望中，观察道的运行特征。本质与特征，此两者为同一源，只是名称不同而已，都具有深奥的道理。深奥背后还有深奥，抓住此点，就是抓住一切奥妙的根本途径。

《庄子·齐物论》："有始也者……有'有'也者，有'无'也者。"老子有、无均在本体论意义而言，而庄子秉承老子，意在宇宙论。《庄子·知北游》"视之无形，听之无声……谓之冥冥，所以论道，而非道也"，雷同于《道德经》第一章"道可道，非常道"。"无形""无声""冥冥"等概念出于《道德经》第十四章、第三十五章。《知北游》："无始曰：道不可闻，闻而非也；道不可见，见而非也；道不可言，言而非也。知形形之不行乎！道不当名。"道之"不可闻""不可见"出自《道德经》第十四章、第三十五章。道之"不可言""不当名"出自《道德经》第一章。《庄子·则阳》："合异以为同，散同以为异。"《道德经》第一章"同出而异名"，公孙龙讲"离坚白”，惠施“合同异”，庄子综合两家之说。河上公注：“天中复有天也，禀气有厚薄，得中和滋液则生贤圣，得错乱侮辱则生贪淫也。能知天中复有天，禀有厚薄，除情去欲，守中和是谓知道要之门户也。”王弼注：“可道之道，可名之名，都是‘指事造形，非其名也’，故不可道、不可名。”《淮南子·道应训》记载：“大疾则苦而不入，大徐则甘而不固。不甘不苦，应于手，厌于心，而可以至妙者，臣不能以教臣之子，而臣之子亦不能得之于臣。……故老子曰：道可道，非常道，名可名，非常名。”

【智慧点拨】

“玄之又玄，众妙之门”的“门”是我们领略智慧的必经之途径，通过此“门”，我们可以打开“玄之又玄”的大道，获得生命的意义、生活的目标、行为的准则。此门的首要便是对道的理解。上帝、真主、佛陀、仙人、教主等与所派生万物之间的关系是绝对不等的，前者处于高高在上的地位；而道与所派生万物之间的关系是平等的，前者所显示的特性“无”与后者所显示的特性“有”等同，故说“同出而异名”，这是对道的深刻阐释。不仅人类与道及自然万物处于平等地位，且在人类社会内部人与人之间“本是同根生”，人人平等、人人与道同在，共产主义所倡导的平等自由理念完全符合道的精神品质。“同出而异名”对于今天的民主建设提供有益理论支撑，对于个人的自尊、自信、自立品质的形成亦能起到借鉴作用。

【“可道”的经典事例】

“鸡有三足”故事说明了“名可名，非常名”的道理。《庄子》载，中国古代名家惠施关于名称与实在的论述具有辩证意味。有一天，惠施说：“鸡有三足”。别人不解地问：“我们明明看到鸡只有两足，你怎么会看成三足呢?”惠施解释道：“两足是实在的两足，但还有一个足的概念。只有实在的两足与概念的足一同看才能更深地认识鸡足。”其实，名称与实在的关系具有一定的复杂性。后来，有人总结其辩题主要有两类。

第一类，揭示的名称与实在的差异。如“鸡有三足。郢有天下。犬可以为羊。黄马骊牛三。白狗黑。目不见。孤狗未尝有母”。像

“郢有天下”，“郢”为楚国之都城，虽然“郢”不等于楚之天下，但作为都城可以代表；“犬可以为羊”，指的是两者就其名而言是一样的，非指其实；“黄马骊牛三”，指的是马、牛与颜色“黄、骊”为三，如果将马、牛与其实再分也可说成“黄马骊牛五”；“白狗黑”，指的是在无光的黑暗中，“白狗黑”是必然的；“目不见”指的是无光情况下或走神的情况下状态；“孤狗未尝有母”，利用名称“孤”与“有母”的矛盾形成之辩题。“孤狗”之“孤”是失母，而非未尝有母。

第二类，从主体与客体、整体与局部、相对与绝对、有限与无限等矛盾方面谈论名称。“火不热。山出口。轮不碾地。指不至，至不绝。龟长于蛇。矩不方，规不可以为圆。飞鸟之景未尝动也。镞矢之疾，而有不行、不止之时。一尺之棰，日取其半，万世不竭。”“火”的名称本身无所谓热不热，“热”只是人们对于燃烧状态的感觉，其他论辩亦以相似的思维方式开示。这种探讨名词概念差异的辩论尽管有其局限性，但具有诗意的启示，就像憎恨回声的人大声呵斥周围的回声、为了摆脱影子而不知疲倦地奔跑以摆脱影子一样给人思考回味的空间。

轮扁制作车轮的故事说明了“道可道，非常道”的道理。春秋时期，齐桓公爱好读书，他不仅在殿堂里苦读各种圣贤书，就是出门在外也不忘带着书读。有一天，齐桓公到野外山林中视察，随手拿着书看，被一个擅长制作车轮的叫轮扁的匠人看到了。轮扁不理解，对齐桓公说：“说我制作车轮的道理给你听吧。比如我制作的车轮很精致，使得车轮光滑好看但不坚固且制作速度不快；如果制作粗糙的话，速度有了且坚固但粗糙难看难前行。只有不快不慢才能得心应手，制出最好的车轮，其规律只可意会不可言传。所以尽管我70多岁了也没办法告诉儿子，只有自己独自制作车轮。而你读所谓圣贤书又有什么用呢，很多东西只可意会不可言传，‘道可道，非常道’呀。”

第二章

有无相生

天下皆知美之为美，斯恶已；皆知善之为善，斯不善已。故有无相生，难易相成，长短相较，高下相倾，音声相和，前后相随。是以圣人处无为之事，行不言之教，万物作焉而不辞，生而不有，为而不恃，功成而弗居。夫唯弗居，是以不去。

【译文及相关的注】

喜恶表现感性判断，是非表现知性判断。天下的人们都知道赞美的缘由是什么，这样就有讨厌的事情发生了。人们都知道善良的缘由是什么，这样就有邪恶了。所以，有和无相互产生，难和易相互形成，长和短相互衬托，高和下相互依存，音和声相互谐和，前和后相互跟从，双方总是自然呈现。因此，圣人以自然无为的态度来处理事务，实行无言的教导，智慧就显现出来了。万物自己成长而不加干涉，生养万物而不据为己有，抚育万物而不自恃己能，成功万物而不自居有功。正是因为不居功，所以功绩不会离开道的身旁。

《庄子·德充符》："固有不言之教，无形而心成者。"《庄子·大宗师》："鱼相忘于江湖，人相忘于道术。与其喻尧而非桀，不如两忘而化其道。"河上公注："自扬己美，使县彰也。有危亡也。有功名也，人所争也。"王弼注："美者，人心之所进乐者；恶者，人心之所恶疾也。美恶犹喜怒也，善不善犹是非也。喜怒同根，是非同门，故不可得而偏举也。此六者，皆陈自然，不可偏举之数也。"《黄帝四经·十大》载："欲知得失情，必审名察形。形恒自定，是我愈静。事恒自施，是我无为。"《商君书·赏形》载："圣人非能通知万物之要也。故其治国，举要以致万物，故寡教而多功。"

【智慧点拨】

人们的价值判断是相对的。美丑的标准也难以确立，在美外有更美，在丑外有更丑，永远比不完。于是缄默不语，让一切自行发展。在概念上，有、无不同于西方哲学说的“存有”与“虚无”。二者不是分立的，说“有”时，知道不是“无”；说“无”时，知道不是“有”。此外，一切事物都处于变化之中，现在的“有”以前是“无”，现在的“无”，曾经是“有”；由将来看现在，亦是如此。

美丽与丑陋、善良与罪恶之分别到底有多大呢？自然为美、为善，整容、整善之类的事只在表象层面，有违实质深层，长期而言，没有益处。伪装只有一时，没有一世。

【“可道”的经典事例】

“朝菌短命”故事突出了“长短相较”中概念的相对一面。《庄子》载，朝菌存活不过七天。有一天，它自豪地说：“我很满意我的生活，尤其是我的寿命很长，能够让我颐养天年。”蟪蛄听了后笑道：“你观察月亮，能知道月亮有阴晴圆缺不同的形态吗？”蟪蛄生于春后死于秋前，存活期不过一个夏季。它观察寒来暑往能知道多少呢？一生百年的人如何看待能存活千年的龟、万年的树呢？斑鸠以一棵树为空间范围就够了，鲲鹏之志在千里。天下小到极点的秋天兽毛的毫尖属于秋毫之末，却也可说是大到极点了。齐国的泰山虽大却也可说是小到极点。彭祖活了千岁却也可说太短了。小知不及大知，小年不及大年，可大知对于小知、大年对于小年又知道多少呢？所谓大小寿夭，不过是万物存在的形态相对比较而已。宋国荣先生在是非、无我之间分得很清楚，却能淡薄对待光荣与耻辱，可他笑一些人的轻薄却并无必要。

有一天，尧当了天子，要让位天下给更有资格的许由，认为这样的谦让是一个具有美德的人应该做的事。许由认为，一个能谦让的具有美德的人是不必谦让的。许由当面推辞了，说：“您把天下治理得这么好，我再取代您，最多是图一个虚的名声，让我为这个虚的名声献身是越俎代庖了。‘鹪鹩巢于深林，不过一枝；鼹鼠饮河，不过满腹。’‘庖人虽不治庖，尸祝不越樽俎而代之矣。’”如此丢了实求名，丢了主求宾，是俗人的通病，还是不做的好。“各适其性”是一条不变的法则。像姑射山人那样，“肌肤若冰雪，绰约如处子。不食五谷，吸风饮露，乘云气，御飞龙，而游乎四海之外”，能做到内心不为外物所动，把各自的岗位做好、把适合自己的把握好，一切高下、长短都是相对的。

第三章

使民无欲

不尚贤，使民不争；不贵难得之货，使民不为盗；不见可欲，使民心不乱。是以圣人之治，虚其心，实其腹；弱其志，强其骨。常使民无知无欲，使夫智者不敢为也。为无为，则无不治。

【译文及相关的注】

不崇尚、嘉奖所谓贤能的人，使百姓不去争相竞争；不珍贵、喜欢那些所谓难得的货物，使百姓不去盗窃。不见到可以引起欲望的声名、事物，使民心不被纷乱的声名、事物扰乱。所以，圣人治理天下，使天下人精神上能虚静、无为，物质上能衣足饭饱；减弱其争强逞能的志向，使其身子骨健康。常使百姓没有狡诈的知识和过分的欲望，使那些自作聪明者不敢妄为，做到“守真”“无欲”。用平淡自然——无为的原则办事，就没有治不好的情况出现。

《庄子·人间世》：“唯道集虚，虚者，心斋也。”庄子“心斋”为心灵的最高境界，秉承老子的“虚其心”。《庄子·天地》：“不尚贤，不使能”，同《道德经》第三章“不尚贤”。《庄子·天道》：“帝王无为而天下功。”同《道德经》第三章“为无为，则无不治”。《庄子·庚桑楚》：“举贤则民相轧，任知则民相盗。”是《道德经》第三章“不尚贤，使民不争”的变文。河上公注：“思虑深，不轻言。不造作，动因循。德化厚，百姓安。”王弼注：“心怀智而腹怀食。虚有智而实无知也。骨无知以干，志生事以乱。心虚则志弱也。”

【智慧点拨】

“使民无知无欲”即使百姓不去争名夺利，回归到淳朴、纯真的状态，从而来有效打击那些为非作歹、坑蒙拐骗、作奸犯科之辈，使社会安定、幸福指数提高，最终的结果是“无不治”。个人“无知无欲”，可以减少不必要的名利纷扰、垃圾信息的纷扰、噪音满天的纷扰，从而获得精进的心、平静的心思。不被表象、名号所迷惑，不要老想着去对峙，自然、无为才是真正的药方，可痊愈根本。

【“可道”的经典事例】

狗子无佛性故事说明“为无”的道理。禅的方法拈来便是“壁立万仞，无门可入”。比如晚上睡觉睡不着，因为很多相对的东西像枷锁一样使我们不解脱、不得自在，妄想纷飞，辗转反侧。羡慕倒床便睡着的人，羡慕本身也是一种执着。面对禅这个“无”门可入的铜墙铁壁，一切门都仅仅是个方便。

有一天，弟子问赵州禅师：“狗子有无佛性呢?”赵州禅师回答：“无。”弟子质疑道：“师父说一切众生皆有佛性，为何狗子却无佛性呢?”禅师答：“此‘无’是方便法门。”

法无定法，定法非法。禅的实际理趣是无门可入。历代祖师为接引学人，不得不在无门可入的前提下大开方便之门，所谓的一千七百则公案，都是禅的方便法门。达摩专门阐述入禅之门的《略辩大乘入道四行观》教导的修行方法是“二入四行”，即理入、行入，抱冤行、随缘行、无所求行、称法行。内有四句口诀非常重要，即“如是安心者，如是发行，如是顺物，如是方便”。“如是安心者，壁观；如是发行者，四行；如是顺物者，防护讥嫌；如是方便者，遣其不著。”没有智慧的人不懂得方便，具有利益众生的智慧方便是菩萨道的重要内容之一。《华严经》认为，菩萨有十种利益众生的修行法门，即十度：施、戒、忍、进、定、慧、方、愿、力、智，其中第七条就是方便。有执着就有壁垒，面对四面墙的壁垒，一般人只能通过窗户看到外面的一线光明。高人才能彻底推倒四面壁垒，以《金刚经》说的“无住”替代“有住”。对于“如何是戒、定、慧”的问题，惟严禅师答：“我这里无此闲家具。”因为他们的修行方法比次第修更直接和彻底，一念即具足戒、定、慧，一念即达至“无”的根本。

第四章

和光同尘

道冲而用之或不盈，渊兮似万物之宗。挫其锐，解其纷，和其光，同其尘。湛兮似或存，吾不知谁之子，象帝之先。

【译文及相关的注】

在天地二仪之道面前，执其一方，必失偏颇，人们行事，需以天地为纲、以道为法。道是虚静的，而作用发挥起来可能没有穷尽，渊深，好似万物的宗旨。锉掉万物的锐气，解决凌乱的纷扰，聚合光亮，混同垢尘。湛清的大道，以隐约的方式展示实在，我不知道它究竟自何处而来，似乎在天帝之前就有它。

《庄子·应帝王》载，“大道无处不在”，“在蝼蚁之中”，“在稻田的稗草里”，“在瓦块砖头中”，“在大小便里”。河上公注：“道匿名藏誉，其用在中。道常谦虚不盈满。”王弼注：“挫锐而无损，纷解而不劳，和光而不污其体，同尘而不渝其真，不亦湛兮似或存乎?”

【智慧点拨】

近年来，科学家发现，暗能量在宇宙中约占73%，暗物质约占23%，普通物质仅占4%。“吾不知谁之子”“玄之又玄”所说的境界决定了明确中的糊涂，我们谁也难以真正说清自己，只求大致的状况、大致的方向正确即可，往往这里大致的状况、大约的方向就是完全的正确。“大体则有，具体则无”告诉我们，有的东西不要太较真、也不能太较真。尽量收敛一些，勿使锋芒毕露，反而易于接近本质。

不要填满所有的空间，才有生长的可能；所以言辞不要太锐利，头脑不要太纷杂，物体不要太靓丽。道讲究的是挫锐解纷，和光同尘，使得万物和谐、天下太平，且这种观点已被广泛接受，深入人们的精神深处，这是中国传统和谐文化的重要根据。此观点可否定西方提出的所谓中国威胁论。

【“可道”的经典事例】

慧能南归的故事开示“吾不知谁之子”的认识。《坛经》载：有一日，六祖慧能自黄梅得法南归广东的途中，只见一位骑士拿刀横马当前。原来是神秀派来夺袈裟衣钵之人。此人叫慧明，他奋力抢夺慧能的袈裟衣钵，却怎么也抢不走。这时，慧明发了惭愧心，说：“我为法来，不为衣来！”慧能说：“汝既为法而来，可屏息诸缘勿生一念，吾为汝说。”于是请来人在思想上排除一切念头，善的念头、恶的念头，一切都排除干净，再往内心深处好好观照。“不思善，不思恶，正与么时，那个是明上座本来面目。”一语惊醒梦中人！慧明一下子启发了，找到了自己的本来面目、认识自我，摸着了自己的娘生鼻孔。今天的我们要穿好、要有钱、要房子车子、要名誉、要世界的一切，一切奇想都是围绕“我”字的偏执而展开。其实，小我的存在局限性太多。有时夸下海口说：我的生命与宇宙同体。这种海口仅仅是知性上的夸大话而已，何况宇宙也具有局限性。

从前一个小和尚，要学习书法。师父让他先练好一个字“我”字。师父把前辈名家所写的“我”字交给小和尚临摹。小和尚接受师父的指教后，就照着师父给的字模练了一上午，选出最满意的一个“我”字给师父看，师父说：“太潦草，拿回去继续练！”小和尚回去继续练，可谓废寝忘食练习“我”字。练了一周后，又挑选出最满意的“我”字拿给师父看。师父看完说：“太飘浮，接着练！”小和尚更发奋了，一年后，再次把满意的“我”字给师父看时，师父仍旧说：“没得要领，继续练！”小和尚回去后，突然悟道了。这一次，他把那些前辈写的“我”字放在一边，一笔一画地琢磨，怎样才能把“我”字写好呢？又经过一段时间的练习，小和尚拿出了自己写的“我”字给师父看。师父一看，非常高兴，拍着小和尚的肩膀说：“好！你找到自我了，恭喜你！”

第五章

多言数穷

天地不仁，以万物为刍狗；圣人不仁，以百姓为刍狗。天地之间，其犹橐龠乎？虚而不屈，动而愈出。多言数穷，不如守中。

【译文及相关的注】

天地任自然，无为无造，因为仁者的造化立施、有恩有为必易“失真”，使物难存。天地不需要对某些事物仁慈，以客观冷静的方式视万物为平等的万物、为草编的狗就可以了；圣人不需要对某些人仁慈，以客观冷静的方式待百姓，则各适其所用。人世间不正像个风箱吗？虽然虚空，但其功能却不短缺，只要善于拉动它，风量源源欲出。说得过多、做得过多越发差劲，还不如保持适中——客观冷静的态度。

河上公注：“天施地化，不以仁恩，任自然也。天地生万物，人最为贵，天地视之如刍草狗畜，不责望其报也。圣人受养万民，不以仁恩，法天地任自然。圣人视百姓如刍草狗畜，不责望其礼意。”“多事害神，多言伤身。开口舌举，必有祸患。不如守德于中，育养精神，爱气希言。”王弼注：“愈为之则愈失之矣。物树其恶，事错其言，不济不言不理，必穷之数也。”

【智慧点拨】

“虚而不屈，动而愈出。”虚静些好，保存了实力，保存了精气神，使决定健康的主要元素“五内”得到静修，“五内”较为适宜的状态是虚静。而人类过分的动作、过分的折腾确实损耗精力、损害健康。过分的动作、过分的折腾与各种适当的体育活动、健身活动又是不同的。后者仍属于虚静的范畴，各类体育冠军只要不是超出人体负荷的“动”就没有问题，只要是虚静的，就不会“屈”。放松心情做事，有次序，少说话。

【“可道”的经典事例】

“气跑”的故事说明“多言数穷”的道理。有一个青年，有一套对付生气的办法，即每当与别人起争执时，他会首先闭嘴，然后以很快的速度跑回家，绕着自家的房子和土地跑三圈。后来，随着收入增加、房子越来越大，这个青年的“气跑”习惯却一直不变。只是房子太大了，跑三圈需要更多的力气了。许多年过去，他老了，“气跑”跑不动了，但他拄着拐棍艰难地绕着土地，也要走完三圈。有一次，邻居看到他在“气跑”三圈，恳求他：“这附近没有人的房子比你的更大，土地比你更多，你何必这么辛苦呢?”他笑着说：“年轻时，我生气、争吵时，就绕着房子和土地跑三圈，发现自己的房子这么小、土地这么少，有何资格与别人争吵呢，气很快就消了，于是拼命去工作、努力赚钱。可是现在，生气、争吵时，我一边走一边想，我的房子这么大、地这么多，何必与别人计较呢，气很快又消了。我不会浪费时间在不断的争吵上面，‘多言数穷’呀”。

第六章

绵绵若存

谷神不死，是谓玄牝，玄牝之门，是谓天地根。绵绵若存，用之不勤。

【译文及相关的注】

谷中央为无，无形无影、无逆无违，处卑不动，守静不衰，不见其形，不可得名。道虚静的灵光永恒存在，这叫作玄深的母体。玄深的母体产生万物的出处是天地之根。它连绵不断地存在着发挥功能，其作用不会终止。

本根说最早见于《道德经》第六章："玄牝之门，是谓天地根。"《道德经》第十六章："夫物芸芸，各复归其根。"道之先于天地说见于《道德经》第二十五章："有物混成，先天地生。"《庄子·大宗师》："夫道……自本自根，未有天地，自古以固存，神鬼神帝，生天生地。"河上公注："鼻口呼吸喘息，当绵绵微妙，若可存，复若无有。用气常宽舒，不当急疾勤劳也。"王弼注："谷神，谷中央无者也，无形无影，无逆无违，处卑不动，守静不衰，物以之成而不见其形，此至物也。"

【智慧点拨】

"绵绵若存，用之不勤。"我们要学会尊重柔弱，很多时候柔弱处境却是最打不垮的、最有力量的，绵绵的样子，是很多事物的常态，恰恰是不会终结的状态。鼻口里的气息软弱如绵绵，却无时无刻不在发挥其最大的功能：为人提供氧气，从事呼吸活动。与眼睛、耳朵、嘴巴等器官的视觉、听觉、触觉等比起来，鼻吸的功能最有可能被忽略，然而，人在遇到危险的时候，主要就是看看绵绵的鼻息是否存在，而不是看眼睛、耳朵、嘴巴等器官的视觉、听觉、触觉等，因为只有那个特征是生命是否存活的标志。事情要绵绵密密的，随时在思考，自会有答案。生活中的绵绵还有哪些呢？

【“可道”的经典事例】

有人问：“人间的生老病死都是痛苦，如何得到‘绵绵若存’的快乐呢？”庄子说：“至乐无乐。生老病死是自然变化，无需忧伤，生命源于造化、快乐源于认知。如物种中有一种极小的生命叫‘几’。‘几’得到水的滋养变成继草；在水土交接处长成青苔；生长在山陵高地变成车前草；车前草得到粪土滋养变成乌足；乌足的根变为土蚕；乌足的叶子变成蝴蝶；蝴蝶很快变成虫；虫在灶底下一千天变成叫千余骨的鸟；……羊奚草和不长笋的老竹结合生出青宁虫；青宁虫生出豹；豹生出马；马生出人；人复归于自然。白鸟雌雄相看，眼珠一动也不动相诱而生子；虫子，雄的在上方鸣叫，雌的在下方应和而生育；名叫类的动物，自身具备雌雄两性，可自身生育。乌鸦孵化而生，鱼儿借助濡沫而生，蜂类化生，人是胎生。与造化交朋友，可得道。”

第七章

退身忘私

天长地久。天地所以能长且久者，以其不自生，故能长生。是以圣人后其身而身先，外其身而身存。非以其无私邪？故能成其私。

【译文及相关的注】

天地如道能长久地存在。天地能长久地存在的原因在于，它生存的目的不是为自己私利，所以能够长久生存。因此圣人不是为自己私利的具体表现在面对利益和荣誉等的时候把自己排到后面去，结果却能站到前面，把自己置之度外反而得到存有。这不正是它不自私吗？往往却能达到自私者所要的目的。主观上忘却私利而客观上得到利益，这样的利益是我们所能接受的。

《庄子·天道》："无私焉，乃私也。"等同《道德经》第七章"非以其无私邪，故能成其私"之意。河上公注："先人而后己也。天下敬之，先以为官长。薄己而厚人也，百姓爱之如父母，神明佑若赤子，故身常存。"王弼注："自生则与物争，不自生则物归也。"

【智慧点拨】

"非以其无私邪？故能成其私。"有时候自私，却是一种无私；而无私，最终结果是成就了自私。如果陷入自私，可能是无可奈何；振振有词的无私，可能是自私的假象。顺其自然，尽量做到内心的高尚与外在评价的高尚结合起来。有"中国首善"之称的全国道德模范陈光标以捐款之"无私"出名而"成其私"，经营的企业蒸蒸日上，再行捐款之"无私"，再获利再捐款，形成良性循环，给我们很深启示。这些都阐释了"后其身""外其身”“无私其身”“无为于身”却“身先”“身存”“成其私”“无不为”的道理。

【“可道”的经典事例】

比尔·盖茨豪捐的故事说明“以其无私”而“能成其私”的道理。世界著名的微软公司董事会主席比尔·盖茨1955年出生于美国西雅图。1975年他与好友艾伦创办了微软，1977年正在哈佛大学上三年级的盖茨退学，一心投入公司。1985年与IBM联合开发操作系统。不久，Windows 1.0问世，销售量激增。1995年，Windows95发布，微软走向计算机业的顶峰。如今微软已成业内“帝国”，除了操作系统和办公软件外，还涉足个人财务软件、教育及游戏软件、网络操作系统、商用电子邮件、数据库及工具软件、内部网服务器软件、手持设备软件、网络浏览器、网络电视、上网服务以及20多个不同的万维网站。然而，随着盖茨财富的增加，社会各界渐渐产生不满情绪，美国的《反垄断法》也找上门来，美国司法部称微软通过视窗操作系统捆绑销售其他软件的行为构成了市场垄断，要求将其分拆。盖茨开始重视慈善事业，至今他已捐赠超过210亿美元建立基金，支持全球医疗健康和知识学习领域。盖茨和他的妻子已立下遗嘱：除了给自己的三个孩子每人1000万美元和价值1亿美元的家族住宅外，其余98%的财产，将全部捐给基金会。后来，盖茨再次重申自己的意愿：“将价值400多亿美元的财富全部无私捐献给社会。”各种对付微软和盖茨的手段和措施立即烟消云散。

骷髅故事说明“不自生，故能长生”的道理。庄子去楚国，途中见一骷髅。庄子用马鞭敲击，问道：“先生是贪生而违背真理而死，还是国破家亡遭遇砍杀而死，抑或行为不善、羞于见父母妻儿而自杀的呢，再者是遭到冻饿的疾患而死，还是年寿已高自然死亡的呢？”骷髅说：“你说的是活人的累患。死人没有这些累患，以其不自生，所以能长存。”庄子说：“如果让神恢复你的形体，返回父母、妻子、儿女、故乡朋友中去，你愿意吗？”骷髅说：“人死后，上无国君，下无臣子，也没有四季的冷冻热晒，安闲自得，快乐超过国王，为什么要再次经历人间的劳苦呢？”

第八章

上善若水

上善若水。水善利万物而不争，处众人之所恶，故几于道。居善地，心善渊，与善仁，言善信，正善治，事善能，动善时。夫唯不争，故无尤。

【译文及相关的注】

上等的善要像水的品性一样。水的品性是善于滋润和利益万物而不与之争夺好处，甘于留在众人所讨厌的地方如低洼地带，水仍是“有”，而道是“无”，所以说，水的品性接近道的境界。居住善于选择与人无争的地方，心地善于保持深沉以克服浅薄给人带来的困扰，给予要善于以别人能接受的仁爱方式，说话要善于恪守诚信原则，为政要善于治理即顺势而治，办事要善于发挥能力而不是逞强，行动要善于抓住合适的时机。正因为与水的品性一样与世无争和低调，所以不会有过多的幽怨。

河上公注：“众人恶卑湿垢浊，水独静流居之也。”“水在天为雾露，在地为泉源也。”王弼注：“道无水有，故曰‘几’也。”

【智慧点拨】

“处众人之所恶”。住在小地方、别人不愿意去的地方，不仅房价低、生活压力小、舒适自如，且被外界称赞，几乎近道了。当然，在小地方要忍受闭塞、纯净、孤寂之种种苦端，在经历种种苦端之后，便享受方便的种种了。水就是这样的，在无人愿意去的地方奔流不息，接纳种种垃圾之后，还要忍受闭塞、纯净、孤寂之种种苦端，最终成就了水的伟大，汪洋恣肆的情怀、海纳百川的气魄由此而来。

【“可道”的经典事例】

“贪天之功”之忧患显示“不争，故无尤”的珍贵。郑国有个叫缓的人在裘氏地方吟咏诵读，三年后成了著名的儒生，恩惠施及三族，而且使得弟弟成为墨家的学人。后来在儒墨争辩时父亲站在墨家一边。缓对父亲很不满，十年后缓愤而自杀，托梦于父亲说："您的小儿子之所以成为墨家，是我的功劳。您怎么不感谢我，常看看我的坟墓呢?"缓总认为，是自己的与众不同才成就了弟弟的才学，因此，父亲应感谢自己才对，否则便怨恨父亲。其实，人的才智和能力取决于自然本性这一"天功"更多，而贪功之人如同齐国的挖井人一样，总与饮水的人抓扯扭打。应该体察自然而不追求人为，体会"不争"之道。

第九章

功成身退

持而盈之，不如其已。揣而梲之，不可长保。金玉满堂，莫之能守。富贵而骄，自遗其咎。功遂身退，天之道。

【译文及相关的注】

把持盈满的水，没有不溢出来的，不如适可而止。揣着锐利之器，锐利之器难保长久。满堂的金玉宝物，没有能够真正守得住的。因富贵而产生骄傲之心，会自己给自己带来咎错。功名成就之后就要急流勇退，如四时法则一样，这才合乎大道自然的逻辑和道理。

河上公注：“夫富贵赈贫，贵当怜贱，而反骄恣，必被祸患。”“功成事立，名迹称遂，不退身避位，则遇于害，此乃天之常道也。譬如日中则移，月满则亏，物盛则衰，乐极则衰。”王弼注：“先揣（治）之，后必弃捐。”

【智慧点拨】

“金玉满堂，莫之能守”说的是金钱够花就行，当然前提是有一定量的积蓄以备急需，除此之外，不要想得太多。“够花”的标准是什么很难判定，在这种情况下，就尽可能多去求“金玉满堂”，但在这几种情况下，必须立即停止这种追逐活动：一、终于知道并达到“够花”的标准了；二、身体以及其他条件不允许；三、比“金玉满堂”更有意义的事出现了，等待自己去做。要知道，无功无德有时可避免倾危的结果。

【“可道”的经典事例】

“范蠡三迁皆有荣名”说明了“功成身退”的道理。公元前 494 年，吴王夫差大败越王勾践。越王手下谋臣范蠡出谋划策，劝越王勾践屈身为奴、卧薪尝胆。范蠡与文种共同拟定兴越灭吴的“九术”，派美女西施巧施美人计。一代名将孙武功成身退之后，夫差身边的名将伍子胥因意见不合，被赐自杀。勾践在范蠡的策划帮助下与西施一道内外呼应大败吴国。在庆功宴上，勾践发现范蠡已带着西施隐居江湖了。范蠡临走前，在给文种的信中说：“飞鸟尽，良弓藏；狡兔死，走狗烹。共患难易，同享乐难。劝君离去。”

文种没有听从范蠡忠告尽快离去，后来果然被勾践赐死。范蠡离开越国后，辗转来到齐国，隐姓埋名，垦荒种植，几年后积累数千万家产，却仗义疏财、施善乡里。齐王拜范蠡为相。范蠡叹曰：“官至于卿相，治家能积千金，这对于白手起家的人来说已达极致。可是长久享受名利，恐怕不是好征兆。”于是，为相三年后再次急流勇退、交还相印，将家财散给知交和乡里。范蠡全家迁至“天下之中”的经商宝地陶，施展才华，过了几年，成为巨富，自号陶朱公，民间尊称其为财神。范蠡被后世尊为“儒商”的鼻祖。史学家司马迁说“范蠡三迁皆有荣名”。他在“金玉满堂”时急流勇退，从而保全了自己，“功成身退”是“天之道”，亦是处世之道、生存之道。

第十章

修养玄德

载营魄抱一，能无离乎？专气致柔，能婴儿乎？涤除玄览，能无疵乎？爱民治国，能无知乎？天门开阖，能为雌乎？明白四达，能无为乎？生之、畜之，生而不有，为而不恃，长而不宰，是谓玄德。

【译文及相关的注】

精神与形体抱二合一，能做到不分离吗？聚集精气达至于柔顺，能达至婴儿柔弱的境地吗？清清身心杂念，深入灵魂深处内省，能没有瑕疵和缺点吗？爱民治国，能做到不耍小聪明吗？人的五官天门与外界接触，能甘于雌弱吗？各方面都明白通达，能不妄为吗？生养万物、抚育万物吧！生养万物而不据为己有，培育万物而自己不去依恃，使其成长发展而不自居为主宰，这就是最深远的德。

《庄子·天问》："载正者正也，其心以为不然者，天门弗开矣。"《庄子·人间世》："唯道集虚，虚者，心斋也。"庄子"心斋"为心灵的最高境界，秉承《道德经》第三章"虚其心"，第十章"专气致柔""剔除玄览"。《庄子·达生》："是谓为而不恃，长而不宰。"河上公注："治身者爱气则身全，治国者爱民则国安。治身者呼吸精气，无令耳闻，治国者布施惠德，无令下知也。"王弼注："不塞其原，则物自生，何功之有。不禁其性，则物自济，何为之恃。物自长足，不吾宰成，有德无主，非元而何，凡言元德，皆有德而不知其主，出乎幽冥。"

【智慧点拨】

"天门开阖"。笔者的天门何时打开呢？从没有洞的地方找出洞来，需要大智若愚、光而不耀的智慧，从无中生有。禅宗可以使用棒喝的手段来棒打不开窍者，随着棍棒打来，不开窍者的天门盖获得棍棒他力的帮助突然顿悟开窍了。这是依照棍棒的大力得来启迪。有时一个简单的故事或一句话可能达到醍醐灌顶、天门开启之效。有一次，笔者讲了一个故事。一天，小和尚问老和尚得道之后与得道之前有什么不同。老和尚想了想，一边拿起手边的水壶去装水、准备煮沸后喝，一边说："在得道之前，为师煮水的时候总是想着做饭的事，做饭时却又总想着煮水的事；得道后，为师煮水时就想着煮水的事，做饭时就想着做饭的事。这就是得道前后的区别。"简简单单的一个故事说完后，我的学生们豁然开朗，说很符合他们的心思。他们每天不能专心做任何事，只知道不断分身再分身，仓促应付各种事，各种事情都没有做好，现在知道问题的症结了，天门开了。

【"可道"的经典事例】

柳下惠的故事说明了"婴儿"般纯洁品质符合君子之道。春秋时，一个叫展获的人居住在柳下，曾官拜士师，因清正严明、不满官场腐败，便弃官归隐，居于柳下，死后谥号"惠"，后人称为柳下惠。据说，在一个寒冷的冬夜，柳下惠寄宿于城门。一个无处住的妇人投宿，柳下惠怕她冻死，叫她坐在自己的怀里，且解开外衣把妇人裹紧。两人同坐一夜，没有越轨行为。这件事后被人广泛传开。

"婴儿"的敦厚朴实。有人问老子弟子庚桑楚如何保持"婴儿"般的敦厚朴实。答道："不分彼此、各得其宜好了。年终大祭时备有牛牲的内脏和四肢，可以分别陈列又不可以离散整体牛牲；游观王室的人周旋于各宗庙，同时又上厕所，说明彼与此、是与非不断转移。在路上行走，不小心踩了陌生行人的脚，要道歉；兄长踩了弟弟的脚要怜惜抚慰；父母踩了儿女的脚就算了。故，最好的礼仪、道义是不分彼此视人如己、各得其宜。毁除富贵、富有、尊显、威严、声名、利禄等六种意志的干扰，解脱容貌、举止、美色、辞理、气调、情意等六种心灵的束缚；遗弃憎恶、欲念、欣喜、愤怒、悲哀、欢乐等六种道德的牵累；打通离去、靠拢、贪取、施与、智虑、技能等六种大道的阻碍。内心就会如婴儿般宁静、明澈、顺应。"

第十一章

有无之道

三十辐共一毂，当其无，有车之用。埏埴以为器，当其无，有器之用。凿户牖以为室，当其无，有室之用。故有之以为利，无之以为用。

【译文及相关的注】

以车毂等为例说明有无之间的关系。三十根有形的条辐簇拥在车毂的周围，车毂中间穿轴的无形空洞，才是车发挥作用的空虚基点。揉抟黏土制作盛物的器具，实际上器具中间虚无的地方才是器具发挥作用的主要条件。以开凿门窗建造房屋来说也是如此，房屋中间虚无的地方才是房屋发挥作用的根本。车毂、器具、壁室皆以无为用，所以实体有形之“有”只提供作为便利的条件，虚体无形之“无”才起到作用。

河上公注：“虚空者乃可盛爱万物，故曰虚无能制有形，道者空也。”王弼注：“木、植、壁所以成三者而皆以无为用也，言无者有之所以为利皆赖无以为用也。”

【智慧点拨】

有为有利，无为有用，有无之间有利用。有有用途，无有用途，半有半无有用途。每个人都是独一无二的，在有无之间截取一点自我出来，好像自己还不是纯粹的窝囊虫。世上没有两片完全相同的树叶，何况是人呢？总有些用吧。

马克思在研究资本主义社会之后在政治经济学中明确概括出商品的使用价值和交换价值的概念，这个提法与老子说的“有之以为利，无之以为用”的意涵十分相似。使用价值是利，交换价值是用。如果自己能实在地做些什么事，算得上是利吧；如果能力有限什么也不做，是否在一定程度上算是一种用呢？做或者不做，利或者用，二者统一起来方可发挥作用，人生中，这种统一的地方和场合实在太多了。

【“可道”的经典事例】

“四料简”故事说明“有之以为利，无之以为用”的道理。晚唐临济禅师的《临济禅师语录》把《六祖坛经》里的“自性佛”具体化为“无位真人”。“无位真人”看不见摸不着，它的作用却一刻也没有离开我们。有一天晚上，临济禅师说：“禅宗的‘四料简’作为一种方法，即根据人的根器之‘有’的不同而采取不同的方法把内心的障碍排除掉、‘简化’掉，体现‘无’之用，即夺人不夺境、夺境不夺人、人境两俱夺、人境俱不夺。”弟子问：“听说师父常在黄檗禅师那里吃棒喝，是真的么?”临济禅师答：“因为‘料’质粗浅，我在黄檗禅师那里经常吃棒喝，但是感觉就像茅草在身上挠痒一样，把种种执著打掉了，很舒服。”众弟子笑。禅师说：“人是主观、我执，境是客观、法执。对于我执重而法执轻的人，就夺人不夺境；法执重而我执轻的，则夺境不夺人；二者都重即都夺；二者都轻则都不夺。当然，还要根据根器来看，如对于中下根器的人是夺人不夺境，对于中上根器的人是夺境不夺人，对于下等根器的人是人境俱夺，对于上上根器的人是人境俱不夺。”后来，临济禅师用诗句分别表达了上述的四种情况，来进行接引工作：即“煦日发生铺地锦，婴孩垂发白如丝”，“王令已行天下遍，将军塞外绝尘烟”，“并汾绝信，独处一方”，“王登宝殿，野老讴歌”。临济禅师言辞时而温和如溪水，时而激烈如波涛，有时突然说打便打、说棒喝就棒喝，甚至逢佛杀佛、逢阿罗汉杀阿罗汉、逢父母杀父母，将见解、情见等根本障碍扫除掉，将“有”的利与“无”的用结合起来综合考察。

第十二章

去彼取此

五色令人目盲，五音令人耳聋，五味令人口爽，驰骋畋猎令人心发狂，难得之货令人行妨。是以圣人为腹不为目，故去彼取此。

【译文及说明】

从视觉上说，五光十色的艳丽使人眼花；从听觉上说，过多的声乐美音使人耳聋；从味觉上说，过多的美味佳肴使人口舌爽腻；从性情上说，纵情旷野起马打猎，使人心狂桀难收；从内心的谨慎度来说，那些珍贵难得的东西使人提心吊胆、忐忑不安。因此圣人只为满足吃饱这些实在的东西，不贪求耳目等感官的享受，所以要有取有舍。

《庄子·马蹄》："五色不乱，孰为文采。五声不乱，孰应六律。"《庄子·在宥》："说明邪？是淫于色也；说聪邪？是淫于声也；说仁邪？是乱于德也；说义邪？是悖于礼也；说礼邪？是相于技也；说乐邪？是相于淫也；说圣邪？是相于艺也；说知邪？是相于疵也。"是对《道德经》第十二、十九、三十八章有关声色、仁义、圣智、礼乐观念的引申。《庄子·天地》："失性有五：一曰五色乱目……二曰无声乱耳……三曰五臭熏鼻……四曰五味浊……五曰趣舍滑心。"引申了《道德经》第十二章"五色令人目盲，五音令人耳聋"的意思。河上公注："守五性，去六情，节志气，养神明。目不妄视，妄视泄精于外。去彼目之妄视，取此腹之养性。"王弼注："为腹者以物养己，为目者，以物役己，故圣人不为目也。"

【智慧点拨】

在现实生活中，好的声、色、味、乐、财宝是人们喜爱的东西，但如果过了度，会给人带来伤害，如痴迷于网络的花花绿绿会伤眼，热衷于长时间听美乐会伤耳，没日没夜的应酬会伤神情，饮酒多了伤肝，肉吃多了得高胆固醇、高血脂类疾病。感官欲望强烈是青春朝气的表现，但宜收敛一些，否则便是好色之徒及类似的称号，如好音之徒、好味之徒、好猎之徒、好货之徒。眼睛是灵魂之窗口，过度使用，灵魂却溜走了，所以老子教导人们要过简单朴素的生活，凡事不要过分，不被物役、不被工具化，而让自己来支配物、支配工具，不做房奴、车奴、官奴、钱奴、技术奴，我们做到了吗？

【“可道”的经典事例】

无心故事表达“不为目”的道理。荷兰近代哲学家斯宾诺莎的名言“规定即否定”，说的是，对于具有无限性的东西来说，在本质上对它的一种确定，都必然意味着对其无限性的限制，因而意味着否定。对于“不为目”即视觉的局限性有了认识之后，我们心中的成见没有了，达到所谓的“无心”。

道本身是无起点亦无终点的无限实体，但它也不是栖身于宇宙之外的一个超然物，它存在于宇宙中、事物中。道与西方哲学中“上帝”的概念一样是不能被规定的。佛家《般若心经》所说的“色即是空，空即是色，受想行识，亦复如是”说的是否定一切就是肯定一切。有人问大珠慧海禅师：“您平常用功，是用何心修道？”禅师回答：“无心可用，无道可修。”问：“既然无心可用、无道可修，为何每天要聚众劝人参禅修道？”禅师答：“老僧我上无片瓦下无立锥之地，哪有地方可以聚众？”问：“您每天聚众论道，难道不是在说法度众么？”禅师说：“请不要冤枉我，我连话都不会说，如何论道？我连一个人都没有看到，如何说我在度众呢？”众人说：“您可在打妄语了。”禅师答：“我连舌头都没有，如何妄语？”问：“在器世间、有情世间、你我的存在、参禅说法的事实，难道都是假的么？”禅师答：“都是真的！”问：“既然是真的，为何要否定呢？”答：“假的要否定，真的也要否定，为腹不为目嘛。”

九方皋相马“为腹不为目”。伯乐年纪大了后，推荐九方皋为秦穆公相马。有一次，九方皋花了三天时间找到一匹好马，说：“是匹黄色的母马”。秦穆公派人一看，却是纯黑色的公马，认为九方皋连马的毛色、公母都不分，选的肯定不是好马。而伯乐认为，九方皋观察马的内在素质、明晰马的内部，却忘记马的粗糙之处、忘记马的外表。看见了该看见的，看不见不需要看见的，果真是好马。

周幽王荒淫无道，得美女褒姒。褒姒艳如桃李却冷若冰霜，从来不笑。为了博得美人一笑，周幽王不惜以烽火戏弄诸侯，最终被杀，他的“为目不为腹”，使得周朝灭亡。

第十三章

宠辱不惊

宠辱若惊，贵大患若身。何谓宠辱若惊？宠，为下得之若惊，失之若惊，是谓宠辱若惊。何谓贵大患若身？吾所以有大患者，为吾有身，及吾无身，吾有何患！故贵以身为天下，若可寄天下；爱以身为天下，若可托天下。

【译文及相关的注】

我们对身体受到宠爱或污辱都感到惊恐，珍视大的祸患就像重视身体一样。为什么说身体受到宠爱或污辱都感到惊恐呢？受宠是卑下的人容易体验出的，得到它惊恐、失去它也感到惊恐，这就叫作宠辱若惊。什么叫作重视己身就像重视大的祸患？我之所以会有大的祸患，是因为我有个自以为珍贵的身体，如果我不以为这个身体有多珍贵，我还有什么祸患呢？所以能够以对待自己身体的态度去对待天下，才可以把天下交付给他；能够以爱惜自己身体的态度去爱惜天下，才可以把天下委托给他。

《庄子·在宥》："故曰：贵以身为天下，则可以托天下，爱以身为天下，则可以寄天下。"文意相同。河上公注："有身则忧其勤劳，念其饥寒，触情纵欲，则遇患也。使吾无有身体，得道自然，轻举升云，出入无间，与道通神，当有何患？"王弼注："大患，荣宠之属也，生之厚必入死之地，故谓之大患也，人迷之于荣宠返之于身，故曰大患若身也。"

【智慧点拨】

没有消息就是好消息。每天都要接受很多资讯，有的跟自己有关，有的跟自己有间接的关系，有的跟自己无关，但属于间接的间接的那种，仍然让自己有所思索，生怕不利于自己的没有回避掉，利于自己的没有争取到。患得患失是很累人的事，要求我们以平淡的心代替宠辱若惊的心。

其实，老子指出宠辱若惊的辩证法，宠辱相依，宠中有辱，辱中有宠，但是应注意的是，一般人误以为宠为上、辱为下，这个理解错了，应该是宠为下、辱为上。庄子用“舔痔”获宠的寓言故事说明了宠为下的道理。最好的做法是：一要看淡宠辱，宠辱不惊；二要有心理准备：人生皆有受安危、祸福等约束的不自由；三要贵小我之身与爱身为天下相统一，展示贵他人、贵国家的利他主义精神面貌。

【“可道”的经典事例】

庄子诈死阐释了“宠辱不惊”的意思，要求我们坦然面对生死、面对所谓誓言的违背等。庄子欣赏长江下游楚越淳朴所谓“蛮子”的风俗文化，并前往，他对于越人的丧礼颇有感触。有一天，在一座茅草房前的空地上，许多人载歌载舞，围拢在一起嬉戏，音乐悠扬而清亮。只见一位小伙子与一位姑娘跳得最起劲、声音最大。一问才知，这里不是楚国的祭神游戏，而是丧礼。原来是小伙子和姑娘的母亲死了。于是以当地习俗聚众歌舞，通过“歌舞丧礼”来答谢亲人功德。此点不同于中原礼仪，中原最严格的礼仪就是丧礼，丧礼以哀为主，所谓“邻有丧，舂不相，里有殡，不巷歌”。越人也没有守孝三年的礼法，在丧礼一个月后，那位小伙子就娶了新娘子，在户外野地上办了简朴而热闹的婚礼。

后来，庄子妻子去世，庄子亦鼓盆而歌，在《警世通言》里有则故事也说明了此例。一次，庄子与妻子在路上行走，忽见大路旁有一位妇人在哭坟。庄子猜到，肯定是她的亲人去世了，可不解的是，这位妇人一边哭一边用很大的芭蕉扇扇坟墓是为什么呢？问原因，妇人回答道：“坟墓中是我的先夫。先夫在世时，我们恩爱有加，发誓白头到老，永远忠诚于对方。临终前，先夫劝我重新选择一户人家嫁过去、寻找新的幸福，我还不答应。实在熬不过，我就说，要不然等坟墓干了再嫁人。现在面对坟墓，我慢慢改变了最初的想法，人死不能复生，不如早日重新嫁人算了，于是我找来家里最大的扇子使劲扇坟。”庄子妻子对庄子说：“此妇人不厚道，换作我是不会这样的。”话说庄子回家后不久突发重病死了。庄子妻子伤心欲绝，整日守着庄子的灵柩，回忆着他们夫妻生活的点点滴滴，越发伤悲。一天，庄子的一位学生前来吊唁，并不断安慰师母，并且向师母表达了自己的“单相思”秘密。

原来，庄子的这位学生一直暗恋师母，苦于无从表达，准备将心中的这个秘密深藏，永远不会说出来，现在没料到老师突然走了，按照老师一生追求的随顺理念，于是现在把自己的心思斗胆说出来，希望能得到这份真爱。在经过激烈的思想斗争后，庄子妻子终于下定决心，要与这位学生成亲。可是，就在洞房花烛夜前夕，这位学生突发心痛疾病快死了。医生诊断后认为，只有“人脑髓，热酒吞之，其痛立止”。也就是说，要开棺挖庄子的脑髓作药方可救命。最终，庄子妻子“心狠手辣”选择了开棺取髓。此时，庄子从棺材里面坐了起来。原来庄子诈死，与学生合演这出戏的目的是看看究竟是所谓的忠诚靠得住还是随顺自然、一切以时间地点条件的改变而“宠辱不惊”更重要。庄子一点也不怪责他的妻子。

唐太宗时，有一位叫卢成庆的官员专门掌管官吏考绩评功。一次，一个负责运粮的督粮官由于沉船事故受到处罚。卢承庆将此人评为“中下”等级，此人没有任何沮丧的表情；后改为“中中”等级，此人没有任何激动的神色。卢承庆赞道“宠辱不惊，实在难得!”最后将此人的考绩改为“中上”等级。

第十四章

混而为一

视之不见名曰夷，听之不闻名曰希，搏之不得名曰微。此三者不可致诘，故混而为一。其上不皦，其下不昧，绳绳不可名，复归于无物，是谓无状之状，无物之象。是谓惚恍。迎之不见其首，随之不见其后。执古之道，以御今之有，能知古始，是谓道纪。

【译文及相关的注】

道的形态到底怎样呢？看它看不见叫作“夷”，听它听不到叫作“希”，摸它摸不着叫作“微”。这三种现象，无法准确地把握。因为它们是混为一体的。它上面并不光亮，下面也不阴暗，它连绵不绝难以形容，回归于没有物体的状态。这叫作没有形状的形状，没有物像的形象，就叫作“惚恍”。迎着它看不见它的头，跟着它看不见它的尾。以古时的道理来驾驭今天的事物、以古及今，才可以说认清了道的规律。

《庄子·天地》：“视乎冥冥，听乎无声。”《庄子·天地》：“象罔。”“象”的概念源于《道德经》第十四章“无物之象”，第二十一章“其中有象”，第三十五章“执大象”，第四十一章“大象无形”，是对道的比喻。《庄子·天运》：“听之不闻其声，视之不见其形”类同《道德经》第三十五章“视之不足见，听之不足闻”。《庄子·知北游》：“道不可闻”同于《道德经》第十四章“听之不闻”。河上公注：“圣人执守古道，生一以御物，知今当有一也。人能知上古始有一，是谓知道纲经也。”王弼注：“无状、无象，无声，无响故能无所不通，无所不往，不得而知，更以我耳目体不知为名，故不可致诘混而为一也。”

【智慧点拨】

执古之道，以御今之有，应该是有道理的。因为古是由无数个今变现的。今的自己拥有无数智慧，很多人都知道。待到今的自己作古了，很多人变作不知道，是说不通的。相反，古的自己被今的自己知道了，就是今的自己认识了今的自己。所以，古与今的关系就是今与今的关系，执古御今不忘本。也就是说，“今的自己拥有无数智慧”应该被知道、被继承、被发扬是道的要求，长江后浪推前浪，江山代有才人出。以道去认识事物，治理当今之世，必须通识这些道理。

【“可道”的经典事例】

贝多芬耳聋创作的故事说明“听之不闻名曰希”的道理。“悲”多“愤”多的贝多芬（1770—1827）是有史以来最伟大的作曲家之一，生于德国波恩，逝于奥地利维也纳。其音乐天才的展露始于13岁发表的处女作《钢琴变奏曲》，20多岁时作品被广泛接受，多灾多难的人生并没有阻挡他成为世界杰出的钢琴家和多产的作曲家。有一天，他想过以自杀的方式来解脱痛苦，并写好了遗书，但在准备自杀的前一刻还是放弃了。他说：“尽管我听不见了，但这不能成为我停止创作的理由，因为‘听之不闻’背后的‘希’薄之音反而利于发挥。如果我这么死了，这世界上的音乐损失真是太大，我不能这么自私。”

他的悲惨包括：第一，命运不幸。20多岁时突患中耳炎疾病，40多岁时就完全失去了听觉，这对于依靠听觉的钢琴家和作曲家来说是多么的致命。在其艺术生涯的中期时，他的疾病除了身体本身的疼痛外，严重地影响艺术创作带来的折磨更加让贝多芬难以承受。第二，失败的求婚。与疾病抗争献身音乐的他倍加珍惜时间，他开始远离社交活动，使得别人误以为他是愤世嫉俗的人。他的爱情道路也更加坎坷，以至于终身未婚。有几个女孩与他有过短暂的交往，并给过他一些爱情的希望，然而，当这位音乐天才向女孩们求婚时，却都被无情地拒绝了。女孩们一是嫌他有疾病，二是嫌他“不食人间烟火”，不懂哄女孩开心，与众不同。

然而，贝多芬以超人的毅力克服耳聋的困扰和爱情失意的情感折磨，创作出了更加辉煌的作品。他的作品将艺术推向顶峰，对于音乐革新以及使得音乐不再属于文学、绘画的艺术形式产生了深远影响。他扩大管弦乐队的规模，增加交响乐的长度和范围，发挥了钢琴的潜能，把钢琴推到乐器的首位。他的作品集古典音乐之大成，开浪漫派之先河，对以后许多音乐家产生了很大影响，如舒伯特、柴可夫斯基、理查德·施特劳斯等。他的主要作品有9部交响曲、32首钢琴演奏曲、5部钢琴协奏曲、10首钢琴与小提琴奏鸣曲以及许多优美的弦乐四重奏、声乐和歌剧作品等。他的成功之“音”被世人所知，尽管他没有收获爱情，却在艺术的顶峰获得大批“知音”。

杨修之死说明道的特性“不见”。东汉末年的一天，曹操造了一座后花园，在门上写了个“活”字，工匠们请教谋士杨修，杨修看出曹操的意思是嫌门“阔”了，于是令工匠重建，曹操内心不悦。再一次，塞北有人巴结曹操，送来一盒酥，曹操在酥盒上写了“一合酥”三个字，杨修以“一人一口酥”为由分吃了酥，曹操心生郁闷。第三次，曹操以梦中好杀人为意告诫左右夜里勿靠近。杨修看破，说：“不是丞相在梦中，是近侍在梦中”，曹操非常难堪。最后一次，曹操出兵汉中遇挫，吩咐左右夜间的口号是“鸡肋”。杨修吩咐手下做撤兵的准备。屡次三番“见”杨修之才，令曹操大怒，终令人杀死杨修。杨修不知“迎之不见其首，随之不见其后”道理，终食恶果。

第十五章

静之徐清

古之善为士者，微妙玄通，深不可识。夫唯不可识，故强为之容。豫焉若冬涉川，犹兮若畏四邻，俨兮其若容，涣兮若冰之将释，敦兮其若朴，旷兮其若谷，混兮其若浊。孰能浊以静之徐清？孰能安以久动之徐生？保此道者不欲盈，夫唯不盈，故能蔽不新成。

【译文及相关的注】

动静之道自古难以操守。古代时善于行大道的人，因为其考虑问题细微深远且通达，深远得难以认识。正因为其难以认识，我们只好勉强加以形容：像冬天蹚水过河那样谨慎，像害怕四邻围攻那样警惕，像客人那样恭敬，像冰将融化那样和蔼，像雕琢的素材那样朴质，像深山幽谷那样空旷，像江河的浑水那样浑厚。谁能使浑水不浑？只有靠自己安静下来才会慢慢澄清。谁能长久保持安定？只有靠自己适时动起来才会慢慢显出生气。保持此道的人不自满、在动静之间微妙玄通，正因其不自满、微妙玄通，所以能去旧换新。

《庄子·庚桑楚》："是乃所谓冰解冻释者"，同于《道德经》第十五章"涣兮若冰之将释"。河上公注："浑者守本真，浊者不照然。与众合同，不自尊也。旷者宽大，谷者空虚。不有德功名，无所不包也。"王弼注："晦以理物则得明，浊以静物则得清，安逸动物则得生。此自然之道也。"

【智慧点拨】

宁静致远的座右铭有意境，但不必然，因为生动才迷人，才能行远。生动之后产生些许浑浊来，能让浑浊变清的办法只有静。流水不腐的另外一个意思是静水必腐。久静盼动，动长求安。

老子描写素朴简真，他的素材都是日常生活中的自然风物的直接表现，后来庄子继承并发展了这种特色，以浪漫主义笔法，幻化出一种特殊的汪洋恣肆的伟大人格精神。质朴中蕴涵真情，浪漫中饱含淋漓尽致的诗情画意，一静一动，一脉相承，虽有些不同，实质融贯。我们如何看待宁静与生动的关系呢？

【“可道”的经典事例】

步行禅说明“静之徐清”的道理。克期取证即在规定的时间内达到的效果，使得功夫成片，需要找到一个下手处。禅宗曹洞宗修禅的方法为默照，默然照顾自己的心念，一切时、一切处、一切活动都要管理好自己，下手处在“静”观。法国的一行禅师有一个法门叫步行禅，要求每走一步，从举足、下足到迈足，意念都要随着脚步在观照，与脚步保持一致，每一步都要落在心念之“静”上。有一年，一行禅师带着180余名习禅者到北京广济寺访问。他们下了车后，由一行禅师走在前面，大家跟在后面，一步一步从山门口走到大雄宝殿。180多人慢慢地走，足足走了半个多小时，鸦雀无声。来此欢迎的人以及路边行人顿时停止了往日的喧闹，大家都安安静静，跟着一行禅师一步一步地走，走出禅的滋味来，走出安详的滋味来。尽管是在动中，但是与打坐没有什么区别。行禅、坐禅、语默动静都能安然，这样就达到安详的境界。在穿衣吃饭处，在送往迎来中，在上班下班时，在上车下车间，好好照管此心“静”，牧好心牛，莫令犯他苗稼，自得变“浊”为“清”。

汉末，曹操欲南征，北方匈奴派使者来探虚实。曹操觉得自己的形象不够威猛难以镇住匈奴，于是派一叫崔季圭的大将扮成曹操代见，曹操扮成侍卫。会谈完毕，曹操派人追问匈奴使者的感觉。使者为了挑拨关系，故意说曹操不如侍卫。曹操知道后大惊，认为使者认破了自己扮作侍卫的身份，派人在路上杀死使者。使者能看出曹操扮成侍卫，可谓智者，唯他不该轻易将自己的想法透露出来，与“深不可识”境界相差甚远。

第十六章

复归其根

致虚极，守静笃，万物并作，吾以观复。夫物芸芸，各复归其根。归根曰静，是谓复命。复命曰常，知常曰明，不知常，妄作，凶。知常容，容乃公，公乃王，王乃天，天乃道，道乃久。没身不殆。

【译文及相关的注】

遵循自然之道的静是排除各种干扰的根本，面对名利萦绕的社会现实，静更是需要极力突出和强调的。静由心始。尽量使内心虚静到极点、并坚守住那份静笃。由此心态看待和对待自然，万物会在自然中生长、发展，且遵循着往复循环的规律。万物尽管纷纭变化，最后都各自回到根本。这种没有外在干扰的周而复始符合静的原则，维护着属于我们的使命。维护了属于我们的使命就能达到恒常发展，认识了恒常发展叫作聪明。不认识恒常发展，而轻举妄动、妄加干预，必定有凶险。认识了恒常发展的人才能宽容，能宽容的人才能大公，能大公的人才能赢得天下归从，只有天下归从才能符合自然之道。符合自然之道才是大道，并能恒久，终身也不会遇到危险。

《庄子·在宥》："万物云云，各复其根。"河上公注："得道之人捐情去欲，五内清净，至于虚极。守清净，行笃厚。"王弼注："动作生长。以虚静观其反复，凡有起于虚，动起于静，故万物虽并动作、卒复归于虚静是物之极笃也。"

【智慧点拨】

把一些道理理想清楚，才会产生包容、宽容的心；有包容、宽容的心，才有可能做到公正、公平、公开，做事正派，其他亦如此。或者说，把一些道理想清楚的“知”很重要，“知”对，行则对；知错，行必错。孙中山先生所说的“知难行易”从这个角度来说是有道理的。或者说，理论很重要，理论指导错误，行动会错得更远。

“把一些道理想清楚”，就需要“虚极”“静笃”。对于老子的“致静”、“复命”、“知常”表达了事物运动的否定之否定规律，二千多年后的黑格尔将之写成名著《小逻辑》。人们只有虚心观察万物循环往复之变，才能找出规律，发现行动方向，对自己怎么做事、做什么事、为什么做事有明确的认识和了解。真正的包容是不必包容，让他来去自由、自然生长。

【“可道”的经典事例】

倒立而亡表达“夫物芸芸，各复归其根”的道理。佛家说芸芸众生有三苦，即苦苦、行苦、坏苦。苦苦，指的是生老病死，它本身就是一种苦，这种苦是苦上加苦。行苦，我们的身心世界总是迁流变化，思想在活动、生活在变化，受想行识，矛盾很多、疙瘩很多。坏苦，一切法无常。今天的美满可能明天就颠覆了，就“坏”了。有人称生、老、病、死、五阴炽盛、爱别离、怨憎会、求不得苦为八苦。佛家认为，用因缘法来认识芸芸众生之苦，把产生苦的缘断掉、因断掉，苦就会越来越少。认识到苦从缘起，缘起性空，苦而不苦。所谓智慧的人可以“知苦、断集、慕灭、修道”，认识四谛法门，离苦得乐。对于有修养的、禅定功夫很深的人来说，“归其根”之“根”是欢喜一生。面对死亡，有的双腿一盘，说几句告别话就走了；有的朝那里一站，说几句勉励弟子的话也走了。

一天，马祖的弟子邓隐峰说：“有的人作吉祥卧走了，有的人盘腿走了，也有的人站立在那里走了，有没有倒立而亡的呢？”弟子们回答说：“没有见过！”于是，这位邓隐峰祖师马上来个示范，一个反叉，脚朝天，头朝地，两手撑住在地上，顿时圆寂了。他的衣服也不会翻卷下来，还是顺着身体保持原样，真是稀有难得。西方国家有的公墓上写着幽默的话语，以平常心、欢乐心对待死亡。如一位拳击手死了，他的墓碑上写着“无论裁判数到几，我就是不起来！”整天干着苦活累活的工人死了，他的墓碑上写着：“终于下班了。”对于被追债的人死后，墓碑上写着："终于不要还债了。"

犹大亲吻背后的"妄作"。在耶稣常来祷告的客西马尼园，犹大引来一对罗马士兵，会同祭司长和法利赛人派的圣殿警卫队拿着武器、灯笼和火把。在路途上，犹大怕认不出耶稣，便与他们约定好以亲吻为暗号，说："我与谁亲吻，谁就是他，你们可以去拿住他。"犹大佯装无事地走到耶稣面前问候老师，并亲吻老师。耶稣被抓住了，耶稣说："现在是黑暗掌权了。"在将信赖自己的恩师耶稣绞死在十字架之后，犹大"得了无辜人的血钱"，然而，有一天，犹大的良心备受煎熬，终于在殿外吊死了。妄作，说明了"自作孽不可活"的道理。

第十七章

功成事遂

太上，下知有之。其次，亲而誉之。其次，畏之。其次，侮之。信不足，焉有不信焉。悠兮其贵言。功成事遂，百姓皆谓我自然。

【译文及相关的注】

四个层次描叙了不同的“统治者”的不同状态。第一层次是最好的统治者，人们仅仅知道有他就够了，不必想着去奉承和巴结；次之的层次是人们知道“统治者”且想着法子去亲近他、赞美他，以使自己得到保护；再次一等的“统治者”，人们不仅知道他且害怕他的权威；最次一层的“统治者”，人们看不起他，统治者不值得信任，人们自然就不相信他！最好的统治者是多么悠闲啊，他不轻易发号施令，事情办成功了，老百姓都说我们本来就是这个样的。

《庄子·德充符》：“常因自然而不益生”，等同于《道德经》第十七章、第二十四章、第二十五章、第五十一章、第六十四章的“自然”概念，第五十五章的“益生”概念。河上公注：“君信不足于天下，下则应之以不信，而欺其君也。”王弼注：“自然其端兆不可得而见也，其意趣不可得而睹也，无物可以易其言，言必有应，故曰悠兮贵言也，居无为之事，行不言之教，不以形立物，故功成事遂而百姓不知其所以然也。”

【智慧点拨】

在中共中央贯彻群众路线的禁令中有一条是“严禁向上级部门赠送土特产”。这个禁令很实在，因为在人类越来越有聪明智慧的背景下，传统的富含人情的送土特产也慢慢被人赋予变相行贿的内涵。向上级行贿，是因为畏惧上级，以此祈求上级眷顾自己；向上级行贿，是因为想亲近和赞誉上级，以此扩大自己的亲友圈益于自己。还是自然平淡些好，或者像不认识上级一样，即使认识，也是平等的关系。

中央的禁令实际上体现了无为、自然的精神。各级官员在习以为常的“土特产送礼不为送礼”的自欺欺人说辞中行贿赂之事，禁令要求禁止做这样的事，以后也不准做。传统中秋节、端午节、春节等都不准做这样的事，大家无为了，各个喜笑颜开，在节日里好好享受生活的乐趣。对于个人来说，哪些事可以禁做呢？要知道，减少一些负担就增加一些轻松，让无为成为积极向上的生活常态，方可恢复生活的本真。

【“可道”的经典事例】

居里夫人无私奉献故事表达了“功成事遂”的道理。居里夫人(1867—1934）出生于波兰。她少年时，家境贫寒，但十分好学。1891 年考入巴黎大学理学院，1895 年与法国物理学家居里结婚，留在法国工作。同年，德国科学家伦琴发现了 X 射线。1896 年，法国物理学家贝克勒发现铀矿物能放射出与 X 射线相似的射线。于是居里夫人投入对这种奇妙射线的研究中。她大胆推断，“镭”元素能够放射出更强的射线，只是需要从足够的沥青铀矿中提取。

在奥地利政府的支持下，1902 年，居里夫人成功提取了 0.1 克镭盐，测定了镭的原子量，发现镭的放射性比铀强 200 万倍，它不需要任何外力，就自然发光发热，国际放射学诞生了。1910 年，居里夫人分离出纯镭，后来又发现镭对于癌症具有治疗作用。1920 年，当有人问最想要得到什么的时候，居里夫人回答道：“我很想要 1 克镭作研究，但它的价格太高，我实在买不起。”问：“您不是把价值百万法郎的镭送给了巴黎大学实验室了么?”居里夫人回答：“不，那不是我的，那是属于实验室的。”后来，美国众多有识之士纷纷捐款，赠送 1 克镭给居里夫人，由总统亲自转赠。就在赠送仪式的前夜，居里夫人坚持要求修改赠送证书上的文字，她一再申明：“美国赠送我的这 1 克镭，应该永远属于科学，而不能成为我的个人财产。”她一生获得两次诺贝尔奖，可谓“功成事遂”，获得各界好评。

增加俸禄远离“自然”之道。在周朝兴起的时候，孤竹国有两位贤人，名叫伯夷和叔齐。有一天，当周武王知道两位贤人到了岐山南面时，便派弟弟旦前往拜见，跟他们结下世盟，增加俸禄二等，授予一等官职，且用牲血涂抹在盟书上埋入地下。伯夷和叔齐觉得这不是自己想要的道：“从前神农氏治理天下，祭祀虔诚而不祈求赐福；尽心治理百姓而不索取。上古贤士逢治世不回避责任，遇上乱世不苟且偷生。如今周人见商动荡，结盟征战以获取私利，远离高洁的品行。”于是，两人来到首阳山，终于不食周粟而饿死在那儿。

第十八章

大道仁义

大道废，有仁义；慧智出，有大伪；六亲不和，有孝慈；国家昏乱，有忠臣。

【译文及相关的注】

以下四个方面是有道理的：第一方面，大道废弃之后，才有仁和义来弥补；第二方面，各种聪明和智慧出现之后，自然就有狡诈虚伪了；第三方面，家庭的六亲不和睦，才显出孝慈的重要；第四方面，国家出现昏乱，才有出现忠臣的身影，否则就不存在所谓的忠与不忠之分了。

“大道废，有仁义”，衍生《庄子·骈拇》“多方乎仁义而用之者……而非道德之正也”，《庄子·马蹄》“道德不废，安取仁义……毁道德以为仁义，圣人之过也”。河上公注：“大道之时，家有孝子，户有忠信，仁义不见也。大道废不用，恶逆生，乃有仁义可传道。”王弼注：“甚美之名，生于大恶，所谓美恶同门。六亲，父子、兄弟、夫妇也。若六亲自和，国家自治，则孝慈忠臣不知其所在矣。鱼相忘于江湖之道则相濡之德生也。”

【智慧点拨】

庄子将老子的思想进行概括，说“圣人不死，大盗不止”。在所谓的仁义礼智信大行其道的时候，很多人利用仁义礼智信之名行盗贼之实，严重歪曲了仁义礼智信，变成大盗。当然，仁义礼智信的产生背景，也确实是大道废，是“智慧出”，是“六亲不和”，是“国家昏乱”。事实如此！只有尽可能地让仁义礼智信向道的方向靠拢。

选美也好，评奖也好，少数的选中者喜、评上者喜，而大多数没选中者、大多数没评上者忧。选美也好，评奖也好，所谓的美上更美、优上更优，增加热情也好、动力也罢，不适宜太多。否则适得其反，扼杀太多积极性、丧失太多公平公正的机会，因为追逐的人们会像歪曲仁义礼智信一样，歪曲了所谓选美、评奖的标准。而所谓的监督机构又难以跟上，甚至连监督机构的监督机构也难以跟上，使得歪曲的事、歪曲的歪曲的事更多。

【“可道”的经典事例】

木马计故事表示了“国家昏乱”的因素。古希腊文学中最早的史诗是《荷马史诗》，兼具现实主义和浪漫主义色彩，是欧洲叙事诗的经典范例，由希腊盲诗人荷马以小亚细亚口口相传的史诗短歌为基础编写而成。在《伊利亚特》中讲述了特洛伊战争第十年发生的事情。希腊联军统帅阿伽门农和大将阿喀琉斯之间为了一个女人发生的冲突事件，因为女人使得“国家昏乱”，差点灭亡。阿伽门农强行占有了阿喀琉斯的女奴，阿喀琉斯不堪忍受欺辱，发誓不再参加战斗，于是希腊联军节节败退。在希腊联军屡次失败，并且连阿喀琉斯好友帕特洛克罗斯也战死疆场时，阿喀琉斯无比悲痛，决定参战，最终取得胜利。

木马计故事说明，首先，女人是“国家昏乱”的起因。公元前13世纪，特洛伊国王的儿子帕里斯拐走了古希腊斯巴达国王墨涅依斯的妻子、最美丽的女子海伦。斯巴达国王觉得是奇耻大辱，请他的哥哥阿伽门农帮他复仇。阿伽门农统率希腊各小国，拥有10多万人马、1000多条战船，浩浩荡荡开赴特洛伊城，希特战争爆发。然而，战争一打就是九年，希腊人没有能够胜利。其次，贪欲是“国家昏乱”的根本。第十年，希腊将领奥德修斯想出一条妙计。有一天，希腊联军的战舰突然离开了，平时喧闹的战船变得寂静无声。特洛伊人发现，希腊军撤走了，海滩上只留下一只巨大的木马。木马是希腊人用来祭祀雅典娜女神的，难道希腊人故意制作这么大的木马使特洛伊人无法拉动而烧掉木马从而惹怒天神么？

这时，有一个希腊人在海边被抓住了，就说了这个意思，建议特洛伊人将木马拉进城，会带来神的赐福，于是，特洛伊人想贪得奇功，愿意接受这个礼物。他们把城墙拆开了一段，才勉强把这只巨大的木马拉到城内。深夜，那个被抓住的希腊间谍走到木马边轻轻敲了三下，藏在木马里的希腊士兵一个个跳了出来。他们杀死了城门边的守军，打开城门迎进大批希联军。一鼓作气，将特洛伊城掠夺一空，海伦也被带回了希腊。“当心希腊人的礼物”是“挖心战”的同义语。

第十九章

见素抱朴

绝圣弃智，民利百倍；绝仁弃义，民复孝慈；绝巧弃利，盗贼无有。此三者，以为文不足，故令有所属，见素抱朴，少私寡欲。

【译文及相关的注】

人们喜欢附加一些东西，使自己活着很累，如整日奔赴所谓的“圣”和“智”“仁”和“义”“巧”和“利”等各种各样的名利交加的学问知识。应该抛弃那些所谓的“圣”和“智”、所谓的高尚和智慧，人民可以获取百倍的利益；应该抛弃那些所谓的仁和义，人民才能恢复孝慈的天性；应该抛弃那些所谓的巧和利，盗贼就能自然消灭。当然，这三条作为法则还是不够的，所以还要使人们的认识达到精神皈依的最高境界：保持素朴，减少私欲。

《庄子·胠箧》：“故绝圣弃智，大盗乃止。”《庄子·天地》：“夫明白太素，无为复朴。”《庄子·天道》：“无为也而尊，朴素而天下莫能与之争美。”《庄子·山木》：“少私而寡欲。”《庄子·骈拇》：“骈于明者乱五色——骈于聪者乱五声。”《庄子·在宥》：“故曰：绝圣弃智，而天下大治。”

河上公注：“绝巧者，诈伪乱真也，弃利者，塞贪路闭权门也。上化公正，下无邪私。”高寿彝注：“杜绝抛弃虚伪和欺诈之社会风气，使百姓返本归性，六亲和睦，人民互爱。天下之乱始于迷本而失性，唯无名之朴可以镇之。”

【智慧点拨】

生活作风素朴些，私人欲望尽可能少些。做到再有钱也不浪费、奢侈，再多勾起贪欲的尤物出现也不神往。那钱多了干什么呢？那不是傻瓜吗？钱多了捐公可获得“赠人玫瑰手有余香”的真幸福，欲望少了落得个安宁静怡之心，何乐而不为呢。否则的话，我们的欲望像狮子大开口，或者说人心不足蛇吞象，会让自己寝食难安，陷入无穷无尽的挣扎、斗争甚至恐怖之中，得不偿失。

自我降到最低，才足以升起真正的我；欲望减到最少，才能鼓起生命的真实动力。

【“可道”的经典事例】

庄子拒官故事表现了“见素抱朴”的道理。有一天，庄子正在濮水边钓鱼，一边钓鱼一边想着往事。不同于张仪、苏秦、孔丘、孟轲、惠施等人整日揣摩君王之心，也不同于姜太公用直钩明钓鱼暗钓君主心，“一朝选在君王侧，六卿将帅无颜色”，自己只为钓些小鱼改善生活罢了。这时，有两位楚国使者来请庄子，说是奉楚王之命请庄子入朝拜相。庄子见鱼儿刚好要上钩，却被打扰了，头也不回地说：“听说楚国从前有只神龟，光彩照人，可惜是已死的神龟，被大王用精美的竹器盛着，盖上华丽的丝巾，高高供在庙堂上。对于这只龟来说，是喜欢被这样死后高高供着快乐，还是生前爬在烂泥里摇头摆尾、自由自在快乐呢？”两位使者不假思索回答道：“当然是活在烂泥里快乐。”庄子说，请让我在烂泥中生活吧。据说，宋王也曾派人前往庄子处，带了厚礼，想委以重任。庄子说：“在祭祀中拿来作牺牲的牛尽管打扮得那么漂亮，喂养得那么周到，但总有一天，被牵到大庙之中，被宰杀，然后供到祭台上。对于牛来说，宁愿做个荒野之中的孤犊，不需要任何装饰，也比被摆到祭台上强。”庄子再次拒绝了为官。

庄子辞去漆园吏之后的一天，乡人曹商劝庄子为官，就不必靠卖草鞋为生，且照样可以读书、求道、游山玩水。庄子说：“你见过猪身上的虱子么？猪虱是最愚蠢最可怜的。因为它将猪毛之间的空隙作为广宫大囿，一高兴，就来到乳间股脚之下漫游，以为自己生活很幸福。可一旦屠者鼓臂布草，手操烟火，烧尽猪毛，还没反应便同猪毛一起化为灰烬了。”曹商没听明白庄子的意思，说庄子不仅为天下担忧，还为猪虱子担忧。于是庄子再举一例。有个叫无端的人，专门喂养宫廷里的供祭祀用的猪。有次新送来一头小猪，在猪圈里拼命叫唤，企图逃跑。无端对猪说：“我将用上等饲料喂养你三个月，然后十日戒，三日斋，然后恭恭敬敬地结束你的性命，将你的肩尻粉碎于雕俎之上。但我知道，你肯定想着宁可吃糟糠，在木栏下转悠，也不愿到雕俎之上送死。”无端知道小猪的心思，可轮到自己的时候又忘了。第二天，宫里传下命令，让无端每天吃得、睡得像君主一样，还有众多美女任其享用。但是，君主死后，他必须陪葬。无端居然忘乎所以地答应了。所谓“为猪谋则去之，为己谋则取之”，不能把高官厚禄看得太重了。

战国时，秦国原先比中原各诸侯国都落后。公元前 361 年，秦孝公即位，拜商鞅为左庶长主持改革。商鞅怕改革的法令百姓不信，就叫人在都城的南门上竖立一根三丈高的木头，并告示：“谁能把这根木头搬到北门去的，赏金十两。”大家觉得此木头谁都可以拿得动，根本用不着十两赏金，谁也没有去搬移。商鞅又将赏金提高到五十两。可是，大家更加觉得不近情理，仍旧没有人去搬。突然，有一人跑出来去搬了，一直搬到北门。商鞅立即派人奖赏五十两金子。简简单单的一件事一下子轰动了秦国，“左庶长的命令不含糊”的话传开了。于是，商鞅起草的新法令也被百姓所接受。商鞅对百姓以诚相待，通过一点一滴小事展现“见素抱朴”，从而赢得了百姓的信任。

第二十章

与众不同

绝学无忧。唯之与阿，相去几何？善之与恶，相去若何？人之所畏，不可不畏。荒兮其未央哉！众人熙熙，如享太牢，如春登台。我独泊兮其未兆，如婴儿之未孩。儽儽兮若无所归。众人皆有余，而我独若遗。我愚人之心也哉！沌沌兮！俗人昭昭，我独昏昏；俗人察察，我独闷闷。澹兮其若海，飂兮若无止。众人皆有以，而我独顽似鄙。我独异于人，而贵食母。

【译文及相关的注】

负的法则很重要。比如减除掉、抛弃掉那些奸诈的学问知识才能免除忧患。为了某种目的的所谓唯诺与违背，本质上究竟相差多少呢？所谓的美丽善良与邪淫丑恶，本质上究竟相差多少呢？人们所害怕的东西，就是我们所害怕的。这样的知闻见识自古以来就是如此，还没有个尽头！在这样的知识法则之下，众人兴高采烈地奔赴着，如参加盛大的宴席，如春天去登台眺望美景。唯独我自己摒弃那些所谓的学问知识，以负的法则待人做事，淡淡的无动于衷，如还不会发笑的婴儿。那些人疲倦，如无家可归的样子！众人那些所谓的学问知识实在太多，而唯独我什么也没有，保持愚人的心肠，混混沌沌！众人都是那么清醒，我却混混迷迷；众人那么精明，我却什么也不知道。丛林法则中的那些学问知识辽阔无边，如大海狂风般无尽无休。众人都有立足世间谋生的能耐，唯独我愚笨无能。而从实质上看，我和人们都不一样的地方在于，我遵守负的法则，减除负累的学问知识，这样以道的精神汲取为贵，才是道的追求呀。

《庄子·山木》："绝学捐书。"《庄子·知北游》："老聃曰：渊渊乎其若海。”河上公注：“我独泊然安静未有情欲之形兆也。如小儿未能答偶人时也。我乘乘如穷鄙，无所归就。”王弼注：“众人无不怀有去，盈溢胸心，故曰皆有余也，我独廓然无为无欲，若遗失之也。”

【智慧点拨】

弗洛伊德说，我分本我、自我、超我三种，连一个我有时都很难界定是哪一个我，何况世间形形色色的人呢。每个人都是独立的、不同的我，独异于人，“我独异于人”，因此，把自己的我做好就行了，“走自己的路，让别人去说吧”说的就是这个意思。当然，要确保的一点是，自己走的路是正道、合乎大道的路，我是正常生理状态、心理状态的我，而不是封闭的我、偏邪的我。

自己成为俗人时，以“有以，余，昭昭，察察”之名利享乐为动力；自己成为高人时，以“愚，鄙，昏昏，闷闷，匮”之淡泊名利清净无为为价值追求和理想境界；就看自己处于什么样的缘中了。有时当爸爸需要给予，当儿子却得到很多。

【“可道”的经典事例】

“愚人之心”没有什么不好。《庄子》曾记载一个残疾人的故事。他叫支离疏，长得畸形。他驼背佝腰，下颌靠拢肚脐，肩膀高过脑顶，颈椎突出、指向高空，五脏处于高位，两腿贴着胸膛，可怜之极。有一天，朝廷派人来征兵了，很多人家都关上大门，不愿意送壮丁上战场，支离疏却大声喊：“我要当兵，为国家杀敌。”朝廷派来的人听了很高兴，给他嘉奖，当然，因为他是残疾人，没有同意其参军要求。支离疏获得很多好处。第一，他做事认真，可以替人缝补或占卜算卦谋生；第二，官府招募官兵，他高呼爱国口号，不怕被送上前线；第三，摊派劳务，他因残疾而免派；第四，抚恤贫病，他获取米柴很多。他的故事就像栎树一样。有一天，一位姓石的师傅带着徒弟们路过齐国的曲辕，看到一棵神木，是很大的栎树。树身粗大、腰围百尺，能高齐山顶。师傅径直走过去了。徒弟们却流连忘返，绕树徘徊。师傅说，此树肯定是坏树才得以保全，无人问津才长寿至今。它做船会沉入海底，做棺材会很快腐烂，做家具会破裂，做柱子会引来白蚁。而山楂树、梨树、橘树等能结佳果的佳木被人们上下采摘，使得大枝小枝枯萎，常因世俗糟蹋而短命夭折。“愚人之心”真的很好。

有一天，吴王乘舟溯江而游，来到众猴戏耍的山前。众猴见人来，纷纷逃向树林。却有一只猴子不逃，来回跳跃于树枝之间，卖弄技巧。吴王拿箭搭弓，连射数箭，猴子敏捷地避开了。吴王更怒，命令随从百箭射击，灵猴惨死。吴王叹曰：“谁让你这么敏捷、能耐呢，不该傲视我，要知道‘绝学无忧’。”

“绝学”的是足迹。孔子对老子说：“我研究了《诗》《书》等六部书，熟悉旧时的典章制度。我进见七十二国君，陈述治国之道，都拒绝我的主张，是人难以说服呢？还是道理难得彰明呢？”老子说：“六经只不过是先王留下的陈旧遗迹，并非先王遗迹的本原。你所说的只是足迹，都不是本原的鞋，怎么行呢？”

第二十一章

唯道是从

孔德之容，惟道是从。道之为物，惟恍惟惚。惚兮恍兮，其中有象；恍兮惚兮，其中有物。窈兮冥兮，其中有精；其精甚真，其中有信。自古及今，其名不去，以阅众甫。吾何以知众甫之状哉？以此。

【译文及相关的注】

大德的形态，与道是一致的。道这个东西，好似恍恍惚惚的形体。惚啊恍啊，惚恍之中依稀却有形象；恍啊惚啊，恍惚的背后蕴藏实物；深啊远啊，深远之中透出精气，这种精气是那么的真实可感。从古到今，它的名字不被忘去，因为人们都是根据它的特性来体认万物的。我怎么知道万物开始的复杂状况呢？也是借此而知。

《庄子·大宗师》："玄旻闻之于参寥，参寥闻之于疑始。"玄、旻用来形容道体的。《道德经》第一章"同谓之玄""玄之又玄，众妙之门"，第六章"玄牝之门，是谓天地根"，第二十一章"窈兮旻兮"均形容道体，庄子用作复合词，描述道体。《道德经》第一章"无名，万物之始"，第十四章"能知古始，是谓道纪"，庄子用"疑始"将问题向前推溯。

"真"字在《道德经》中出现3次，具有双重含义，一是对道体的形容，如第二十一章"其精甚真"、第四十一章"质真若渝"；二是对道德品行的揄扬，如第五十四章"其德乃真"。《庄子》中"真"字60多次，大部分是对人类高尚情操的推重之意，甚或视理想人格者为"真人"。《庄子·大宗师》"反其真"，意味着返归自然，"真"意为"真际"，含有"大道自然"的意思。《庄子·至乐》"芴乎芒乎，而无有象乎"，同于《道德经》第十四章"无物之象，是谓恍惚”，第二十一章“惚兮恍兮，其中有象”。

《庄子·徐无鬼》：“德总乎道之所一。”“德”为各人所得的道，德统属于大道的同一性中，同于《道德经》第二十一章“孔德之容，惟道是从”。河上公注：“有大德之人无所不容，能受诟浊，处谦卑也。大德之人不随世俗所行，独从于道也。”王弼注：“以无形始物，不系成物，万物以始以成，而不知其所以然。故曰恍兮惚兮，惚兮恍兮其中有象也。”

【智慧点拨】

在恍惚中有象，在糊涂中有认真，因此难得糊涂成为多少人羡慕不已的目标。当然，如果恍惚中无象，糊涂中只有糊涂，那种恍惚就是真恍惚、那种糊涂就是真糊涂。此处的象、认真有时确实不好把握，似水中月，似雾中花。领悟好了，人的一言一行、坐卧起立，无处不道，以恍惚、糊涂的方式达到“世事洞明皆学问，人情练达即文章”的效果。自然大道是无名、无形、无情、无象的，只是个自然而已。

【“可道”的经典事例】

匠人锛污的故事说明了“其精甚真”的道理。庄子云游荆楚大地，结识了南方的一些技艺高超的乐人、技人。鼓瑟竽箫齐鸣好不宜人，漆匠制作的凤纹漆盘、虎座飞鸟充满楚地巫风的神秘感，这里说说技人的故事。楚国有一个泥瓦匠刷墙师傅郢，能够穿着长袍大袖刷墙，不仅速度极快，且袖袍上不污染半点白痕迹。他有一位技艺更神的木匠师傅匠石。一天，泥瓦匠刷墙师傅郢的徒弟不小心，溅了一滴石灰浆在他鼻尖上。他的职业荣誉感让他不愿意擦掉此滴石灰浆。待石灰浆干透之后，凝聚成白痕一点，于是请来木匠师傅匠石。师傅郢马步站立，双手叉腰，大声说：“请锛掉吧！”师傅匠石手握长柄锛子，侧身挥臂，旋转成风，闭紧眼睛，用灵耳倾听，慢慢逼近郢的鼻尖，只听“嚓”的一声，鼻尖上的白痕不见了，而鼻尖丝毫无损，郢面不改色、心不跳。自然真人也。匠人不愿随意擦掉石灰浆的职业追求之“真”与锛掉石灰污的精湛技艺之“真”形象地刻画了其职业操守。

顺和随顺表现了“恍兮惚兮，其中有物”的道理。一天，庄子一行走在山中，见一棵大树十分茂盛，伐木的人停留在树旁却不去砍伐。弟子们问是什么原因。庄子说：“因为其不成才而能终享天年。”庄子在朋友家留宿，朋友叫仆童杀鹅款待，在一只能叫、一只不能叫的两只鹅中选择不能叫的杀。第二天，弟子问：“大树不成才能终享天年，鹅因不成才被杀掉，怎么做才是最好呢?”庄子说：“处于成才与不成才之间，无赞誉无诋毁，时而像龙腾飞时而像蛇蛰伏，在恍惚的万相背后一切以顺和为度量，不为役使，这是神农、黄帝的处世原则。”

第二十二章

委曲求全

曲则全，枉则直，洼则盈，敝则新，少则得，多则惑。是以圣人抱一，为天下式。不自见故明，不自是故彰，不自伐故有功，不自矜故长。夫唯不争，故天下莫能与之争。古之所谓曲则全者，岂虚言哉！诚全而归之。

【译文及相关的注】

人有时只有以委屈的方式才能保全，以弯曲的方式才能伸直，以低洼的方式才能充盈，以破旧的方式才能生新。以少取的方式才有收获，因为多取反而弄得迷惑。因此，圣人使用这一原则作为天下的事理和模式。人不固执己见才能看得分明；人不自以为是才能是非昭彰；人不自我夸耀才有功效；人不自高自大才能长久不衰。正因为不与别人争利益而获得民心，所以天下就没有人能争得过他。古时所说的这些以委屈的方式保全等话，怎么能是空话呢！真正能全部做到它，就能赢得天下归。

《庄子·天下》："己独曲全"，同于《道德经》第二十二章"曲则全"。河上公注："曲己从众，不自专，则全身也。"王弼注："自然之道，亦犹树也，转多转远其根转少，转得其本，多则远其真，故曰惑也，少则得其本，故曰得也。"

【智慧点拨】

争什么呢？人生苦短，连到底是六十岁退休还是六十五岁退休一时都难以定夺。离六十岁退休还有多少年呢？三十多年也好，二十多年也罢，放在历史的长河中观看，三十多年、二十多年是多么的短暂。因此，不要过分去争名利，随其自然最好。请看，古时帝王将相皆成黄土，今日贪官污吏皆入囚牢。消极吗？碌碌无为吗？显然不是。不争指的是在看透人生之后的坦然心态，合法的竞争、正常的争夺恰恰是生活充满活力的源泉。在不争心态下进行的合法竞争、正常的争夺才是合法的竞争、正常的争夺；相反，如果在争的心态下进行合法的竞争、正常的争夺就很难排除非法的手段、非正常的途径，那么就不是合法的竞争、正常的争夺了。所以说，“不争，故天下莫能与之争”。理直不一定要气壮，有时的曲折却是周全。“藏”不是一种遮掩，而是让自己安静，默运造化，好好生长。

【“可道”的经典事例】

颜回去卫国为官故事说明了“不自矜”的道理。《庄子·人间世》载，有一天，深受孔子倚重的颜回拟去卫国任职前请教于孔子。颜回说：“卫国君主作风独裁、处事不慎重，独行残暴且听不进评判意见，所以我要去医好卫国的绝症，利益苍生。”孔子担心地说：“颜回呀，你尚没有纯熟的道理能纠正暴君的行为，却要去做利益苍生的事，你还没有走出名利的影响。贪爱美名有可能使德行毁坏，智力宣扬的结果是争强好斗。如果足够聪明，就会凸显君王的愚笨；如果君王听不进别人意见说再多也没用；如果君王能听得见别人意见，肯定已有许多贤人了，也就不需多一个。”孔子举例说，夏桀杀关龙逄，商纣王杀比干，因为关龙逄、比干贪得美名，违逆君主，以自己的“高尚”映射出夏桀、商纣的丑恶、无知，损害了夏桀、商纣的美名，因而招来杀身之祸。远古时，丛枝国、胥国、敖国因贪名利被尧帝所灭，有扈国因贪名利被夏禹所灭。其实尧帝、夏禹也要名利呀。面对卫国暴君，你有何依凭呢？颜回回答说：“外表端正而内心虚豁、做事勤敏又始终如一。”孔子说：“你这样还是没办法纠正卫君的顽固不化以及表面同意而内心不采纳状况。”颜回说：“内心耿直固守，表面屈从俯就，既顺从自然之道又与古人同类，借古鉴今可以了吧。”孔子说：“效仿古人，顺应时事但效果仅限于此，不能感化君主的。”孔子给出妙方：第一，斋戒清心，去除心中的成见与想当然，不要想着试图去说服谁；第二，不为名利而动摇自己，能进言则进言，不能进言则闭口，言行处于“不得已”。我们很多时候自我“矜持”、自我彰显，从而引来麻烦不断、问题成堆。

第二十三章

同于道者

希言自然。故飘风不终朝，骤雨不终日。孰为此者？天地。天地尚不能久，而况于人乎？故从事于道者，道者同于道，德者同于德，失者同于失。同于道者，道亦乐得之；同于德者，德亦乐得之；同于失者，失亦乐得之。信不足，焉有不信焉。

【译文及相关的注】

同于道较好，比如少说合乎道的自然法则。一般而言，狂风刮不到一个早晨的时间就停，暴雨下不到一整天会止，谁使它这样？是道的天地法则。天地兴起的狂风暴雨尚且不能持久，何况人呢？所以，对于那些追求道的人来说：求道就会与道相同，求德就会与德相同，求失就会与失相同；与道相同的人，道也乐意接纳他；与德相同的人，德也乐意接纳他；与失相同的人，失也乐意接纳他。信任度岌岌可危，话说得再多，也会有不诚信的事情发生！

河上公注："天地至神，合为飘风暴雨，尚不能使终朝至暮，何况于人欲为暴卒乎？"王弼注："失累多也，累多则失，故曰失也。行失则与失同体，故曰同于失也。"

【智慧点拨】

有人说，给他足够长的杠杆，他可以把地球撬起来，从理论层面说是可以的。桌上有一个苹果，很多人都想拿起来吃，只要这样想，从理论上说是完全可以的，谁都可以吃这个苹果。可惜的是，大家都没有动手，只在想着怎么拿、什么时候拿等事。这时，有一个人来了，拿起苹果就吃了。为什么那个拿起苹果就吃的人不是自己呢？理论上的事与实践结合起来才有意义，这与"同于道者，道亦乐得之；

同于失者，失亦乐得之”是一样的道理。如果整天想着自己不行，那做事的结果肯定也是不行；如果想着成功，便会认真准备，其结果肯定也是成功。从内在方面确认，相信自然天成，就会自然天成。

【“可道”的经典事例】

苏轼观屎的故事说明“同于道者，道亦乐得之；同于德者，德亦乐得之；同于失者，失亦乐得之”的道理。苏轼与佛印禅师缘分很深。有一天苏轼与佛印禅师互观。佛印禅师说：“我看见你就像看见一尊佛。那你看我的模样是什么样的?”苏轼自以为自己佛学修养也不差，就想戏弄一下禅师，说：“我看你是一坨屎。”禅师听后，微微笑了一下，说：“其实我们平时所说的爱者与被爱者都是一个人，都是心中的自己而已。我们所看见的就是自己心中想的。出家人心中想着的只有佛，而你心中想着的一坨屎，所以你看我是一坨屎。”苏轼听闻，羞愧难当，自愧不如。故事表达了镜子的意思，对于恶语相向也要做到“他非我不服非”，这点与“从事于道者，同于道；德者，同于德；失者，同于失”同理。

揣摩内心体现“信不足”。有一天，伯昏瞀人看见列御寇神色惶恐地从齐国回来，问出了什么事？列御寇说，“我曾经在十家卖饮料的店子里饮用，却有五家都事先准备好送给我。饮料的获利那么微薄，他们都细致揣摩我的内心打算。我的外在神采已暴露我的需求，内心至诚已不被重视了。如果大国的国君将重担托付给我，那是多大的风险!”不久，伯昏瞀人前去看望列御寇，见门外摆满了各地前来拜访的人的鞋子，摇摇头说：“你何必用显迹于外的做法让人感到你的与众不同呢，那些人细巧迷惑的言辞是毒害人的，离心境虚无而自由翱翔的状态实在很远。”

第二十四章

自是不彰

企者不立，跨者不行，自见者不明，自是者不彰，自伐者无功，自矜者不长。其在道也，曰余食赘行。物或恶之，故有道者不处。

【译文及相关的注】

不能急功近利。踮起脚跟的人站立就不稳当，跨大步行动就走得不顺。固执己见的人就看不分明，自以为是的人就彰显不出是非，自我炫耀的人就难有功效，自高自大的人就不能长久下去。从道的观点来看，以上六种情况应当说像剩饭赘瘤一样无益。谁都厌恶它，所以有道的人不会选择这样做。

《庄子·山木》："昔吾闻之大成之人曰：自伐者无功，功成者堕，名成者亏。"同于《道德经》第二十四章"自伐者无功"、第二章"功成而不居"、第九章"功成身遂"。河上公注："自以为是而非人，众共蔽之，使不得彰明。人自见其形容以为好，自见其所行以为道，殊不自知其形容。"王弼注："物尚进则失安，故曰企者不立。"

【智慧点拨】

余食赘行指的是多余的食物、画蛇添足的多此一举，我们都不喜欢这样。生活环境不好时想着环境改善，多吃大鱼大肉；生活环境好了之后想着环境改善，忌吃大鱼大肉，在超市购食物时，专选胆固醇少的、肉类少的、营养少的，好对付多余的肚腩和日益趋向不正常的体检指标数值。其他事亦如此，让人处于折腾中，是时候换一种思维方式了。然后一步步走，行到水穷处，坐看云起时，亦是闲逸。

【"可道"的经典事例】

庄子抛尸荒野的故事说了"余食赘行，物或恶之"的道理。有一天，庄子病重，且一天不如一天。庄子的弟子们开始忙碌后事，问庄子该选择什么样的好木制作棺材。庄子说，不要葬礼、不要棺材，自己死后将身体抬到山上荒无人烟的地方，随便一扔就行了，这叫回归自然，不要多余的东西，这也不是有意弘扬所谓节约理念。天地做棺材，日月作双璧，星星为珍珠，万物为殉葬品，多好呀。弟子们更加难过了，说：“我们怎么能扔下你不管呢，因为天上的秃鹰和乌鸦会啄食您的肉体啊！”庄子说：“你们为什么这么偏心呢？将尸体扔山中怕被秃鹰和乌鸦啄食，可是用棺材装尸体埋葬还是被蝼蚁类吃掉，你们不是分明将我的尸体从秃鹰和乌鸦口中夺过来送给蝼蚁么？又有什么必要呢？”在现代社会很多人盲目追求口味、生活的享受以致盲目的行为，其实一切多余的东西、画蛇添足的行为，都是与人类的幸福背道而驰的，都是“物或恶之”的。

论资排辈时的“自矜”。钱钟书在《读〈伊索寓言〉》中把年轻人分为两类。一类是和我们年龄相差极多的小辈，我们可以容忍且愿意给予保护，也可显示出我们的尊严；第二类是比我们年轻得不多的后生，只会惹得嫉妒和恨，我们不能通过倚老卖老获得尊严，我们的年龄也换不来他们的怜悯。“譬如一个近三十的女人，对于十八九岁女孩子的相貌，还肯说好，对于二十三四的女性们，就批评得不留情面了。”小孩子总能得到大人喜欢，而大孩子跟小孩子之间就避免不了冲突。一切人事上的关系，只要涉及年辈资格先后的，全证明了这个分析的正确。

第二十五章

道法自然

有物混成，先天地生，寂兮寥兮，独立不改，周行而不殆，可以为天下母。吾不知其名，字之曰道，强为之名曰大。大曰逝，逝曰远，远曰反。故道大，天大，地大，王亦大。域中有四大，而王居其一焉。人法地，地法天，天法道，道法自然。

【译文及相关的注】

有一物体混然而成，出生在天地之前。它无声、无形，能独立存在却不随外在改变而改变；它不停地循环运行而不止息，可称作天下万物的根本。我不知道用什么名字来概括它才准确，姑且称它为道吧，道表示的就是大的意思。道如果大到无边就会逝去，逝去就会离我们越来越遥远，过于遥远反而可以返回本原。道为宇宙循环发达的动力，所以有了道大、天大、地大、王大的特性。宇宙中重要的“四大”中，人居其一。人遵从土地的法则为法则，土地遵从以天的法则为法则，天以道的法则为法则，而道以自然的法则为法则。

《庄子·大宗师》：“见独，而后能无古今。”《庄子·则阳》：“道者之为公，因其大而号以读之。”同于《道德经》第二十五章“字之曰道，强为之名曰大”，第十六章“容乃公，……道乃久”。《庄子·则阳》：“万物殊理，道不私”的命题，“道不私”即“道者为公”，喻道的普遍性。河上公注：“道大者，包罗天地，无所不容也，天大者，无所不益也，地大者，无所不载也，王大者，无所不制也。”王弼注：“混然不可得而治，而万物由之以成，故曰混成也，不知其谁之子，故先天地生。”

【智慧点拨】

一直以为自己很了不起，很多事都可以做，后来发现很多事不能做，自己没有什么了不起。怎么办才是正确的呢？老子说人要效法大地、效法上天、效法道、效法自然。而我们的科技活动好像与大地、上天、道、自然不完全一致，而我们仍然需要科技。总体而言，从方向的角度来说，老子说的几个效法完全是正确的，我们没办法逃脱大地、上天、道、自然对我们的束缚，只有按照其规律行为、办事，或者说，在"大事"上要听从；但从具体的方法措施来说，我们可以发挥人的主观能动性，从"小事"上做些与大地、上天、道、自然不完全一致的，比如科技之类的东西，换个说法叫在规律的范围内发挥人的能动。人在能力强了之后，仍然要坦然面对失败、他律等对自己的约束，也是一个明证。

注意发展的向度，用"圆环式的思考"去替代"单线式的思考"，具体的生长、普遍的发展、脉络的清晰，便自自然然地出现。

【"可道"的经典事例】

紫柏夜读的故事说明了"不知其名"的奥秘。明朝紫柏尊者又叫真可，是明末四大高僧之一（紫柏、憨山、莲池、蕅益）。有一天，紫柏看书，一直看到太阳下山。到了掌灯时分，憨山大师虽然没有点灯，他依然看书，书上的字非常清楚，一点不模糊。这时，憨山大师夜行来此，问了句："天色已黑，你怎么还在看书呀？"紫柏顿时起了分别心，是呀，天色已晚了。当下眼前一黑，什么也看不见了。据说，唐朝时新罗国元晓大师来中国求法。在边远的山区，没有旅店可投靠，于是几个人露地而宿，实在太渴了，就模模糊糊到处找水喝，突然找到一个很小的坑，里面有一点水，他们拼命喝，感觉甘甜舒服。到第二天早上一看，原来那水是从棺材里面流出来的尸水。当下众人起了分别心，呕吐不止。

"道法自然"方无忧。孔子一生灾难很多，幼年丧父、少年丧母、中年丧妻、晚年丧子，在鲁国两次遭到冷遇，在卫国被铲削掉所有的痕迹，在宋国遭受砍掉坐阴之树的羞辱，在商周后裔居住的地方走投无路，又被久久困在陈国、蔡国之间。一天，孔子问渔父："我屡次遭遇人生不幸和诋毁的原因是什么？"渔父说："客观上，没办法改变的事实顺其自然，无所谓不幸。主观上，人有八种毛病，事有四种祸害。不是职内的事也要兜着去做叫揽；没人理会还要说叫佞；迎合对方叫谄；不辨是非、巴结奉承叫谀；喜欢背后说人坏话叫谗；离间故友叫害；称誉伪诈、败坏他人叫匿；不分好坏、撷取合己意的东西叫险。管理国家大事随意钓取功名的叫贪得无厌；自恃聪明自私自利叫利欲熏心；越劝说越错叫犟头犟脑；认同己见打击异己叫自负矜持。清除八种毛病，不再推行四种祸患，保持真性，还身外之物与他人，道法自然，方可无忧。”

第二十六章

轻则失根

重为轻根，静为躁君，是以圣人终日行不离辎重。虽有荣观，燕处超然，奈何万乘之主，而以身轻天下？轻则失本，躁则失君。

【译文及相关的注】

稳重是轻率的根本，安静是躁动的主宰。因此，圣人能做到稳重和安静，终日行走却保持稳重，体察百姓生活艰辛。他们虽有看似荣耀的生活，却能以超然的心态看待这些。为什么身为大国的主导者，有时却轻率地对待天下的人和事情呢？要警惕，轻率必然丧失根本，躁动必然丧失主宰。

河上公注："人君不重则不尊，治身不重则失神，草木之花叶轻故零落，根重故长存也。人君不静则失威，治身不静则身危。龙静故能变化，虎躁故夭亏也。"王弼注："凡物轻不能载重，小不能镇大，不行者使行，不动者制动，是以重必为轻根，静必为躁君也。以重为本故不离。"高明注："虽有营建之楼台亭榭以供享用，彼乃超然物外，乐于燕居，安闲静处。"

【智慧点拨】

超然是生活中常见的态势，阿Q以超然的方式解决了被小D打败后的极度失落心理，美国以超然的方式入侵被诬陷拥有"生化武器"的伊拉克等中东国家，阿拉伯世界一些人以宗教的名义获得超然的智慧，随时准备以自杀爆炸作为报复。这样说，"超然"也是双刃剑。当然，这里的超然更多的是指积极的一面，在功成名就之后看淡名利，燕处超然，使得自己稳重、静怡、谦逊，符合长远发展的需要。对于乞丐来说，以乞讨为生、自得其乐的超然，境界也未免太低了些。

【“可道”的经典事例】

托尔斯泰负重前行的故事凸显“虽有荣观，燕处超然”的重要性。列夫·托尔斯泰（1828—1910），出生名门望族，是俄国彼得大帝时承袭下来的贵族，2岁丧母，9岁丧父，82岁离开妻子，然而这些“负累”不影响他贵族的生活和创作的激情。他创作的《战争与和平》《安娜·卡列尼娜》《复活》等巨著呼唤人性复活，主张自尊、道德完善，他的一生负重前行，伴随着三种搏斗：与写作困境搏斗、与欲望和信仰搏斗、与妻子索尼娅“至死方休”地搏斗。托尔斯泰是大男子主义，喜欢散步，却从不与妻子一起；看到妻子与别的男人交谈，又嫉妒愤怒；妻子为他生了13个孩子，帮他抄写3000多页的《战争与和平》无数次；妻子有一次连续照料生病的托尔斯泰9个多月，但妻子生病，他却不屑过问。面对充满激情的爱的宣言表白时，妻子的解释是：“他爱我，但只是在夜里，从来不在白天。”妻子的嫉妒心也极强，婚后托尔斯泰有无数女性崇拜者，索尼娅常“卧床一天，茶饭不思，几乎流了一天眼泪”。

托尔斯泰“交代”自己婚前曾和庄园的一个女工有个私生子。索尼娅便做梦都想杀了“那个孩子”，甚至在40年后她仍然耿耿于怀，她说：“总有一天我会嫉妒得自杀。”1877年托尔斯泰接触中国先秦诸子思想，尤其是受老子《道德经》的思想影响巨大。老子清心寡欲的处事原则和淡化六欲、调和六情的修身之道，为托尔斯泰所推崇。最后，他终于想开了，在临去世那年，离开了共同生活48年的妻子，去过一种平民的生活，获得短暂的解脱后去世了。

第二十七章

知人善用

善行无辙迹，善言无瑕谪，善数不用筹策，善闭无关楗而不可开，善结无绳约而不可解。是以圣人常善救人，故无弃人；常善救物，故无弃物，是谓袭明。故善人者，不善人之师；不善人者，善人之资。不贵其师，不爱其资，虽智大迷，是谓要妙。

【译文及相关的注】

五个“善”很深奥。一为善于行路者，能不留辙迹给追赶者；二为善于言谈者，能不留话柄给小人；三为善于计算者，不用筹策能算出展现快捷；四为善于锁门者，不用锁具上锁别人却不能打开；五为善于捆绑者，不用绳索束缚别人却不能逃脱。因此，圣人掌握了“五善”原则，用于救人，就没有不能救的颓废之人；用于救物，就没有不能救的废弃之物。能推而广之、善待一切，这就叫作大聪明。所以，善人是恶人的老师，恶人是善人的借鉴，不尊重老师、不汲取可借鉴之资，虽自以为明智，而实际上却很糊涂，此为道最精深奥妙的道理。

《庄子·天地》：“行而无迹，事而无传”，类同于《道德经》第二十二章“善行无辙迹”。河上公注：“善行道者求之于身，不下堂，不出门，故无辙迹。”

【智慧点拨】

“人尽其才，物尽其用”说的是对善或不善都要给与尊重。苏格拉底说的“人是无知的”，人不会因有知而犯罪，也就是说，那些犯罪者或不善人事出有因、事出无知、事出无奈等，从而原谅他们，给予他们知识就可以改变。这是一个角度，另外一个角度是，即使不善者不是因为无知而是在有知的情况下因品性恶劣所致不善事，也要尊重他们，因为他们可以给我们借鉴，借鉴他们品性恶劣的原因和形成的过程，从而完善自我。这样说的话，不善人也有其有用之处。

但是，对不善的人也要尊重，并视作借鉴，有时真的很难做到。除了“好人有好报、坏人有恶报”很多时候都实现不了给人很大打击这点之外，还有其他因素让好人愤怒。比如不善人是变态的、分裂的、价值观异化得很严重的，这时怎么办呢？第一，不尊重他，避而远之；第二，尊重他，把他当作自己的镜子，提醒自己、纠正自己。不要嫌弃那些对你顶礼的人，没有他们的低下，哪有你的尊贵呢？

【“可道”的经典事例】

《左传·昭公十年》载：有一天，郑国的子产生重病了，他对继任者太叔说：“我死，子必为政。唯有德者能以宽服民，其次莫如猛。夫火烈，民望而畏之，故鲜死焉。水懦弱，民狎而玩之，则多死焉。故宽难。”意思是，我死后，你执政时要注意，只有那些德行高的圣贤才能用宽厚的政策使得人民顺从。其次的话，就不如用严厉的政策。因为火猛烈，百姓害怕，于是因火丧失的人少。而水因柔弱，人们经常轻视并玩弄，因此每年溺水死亡的人很多。也就是说，推行宽和的政策很难。后来，太叔执政后，果然如此。太叔不忍严厉政而采取宽政。不久，郑国的盗贼开始变多了，聚集抢劫了。太叔后悔自己不该采取宽厚的政策。于是，派兵攻打盗贼，盗贼才慢慢变少了。

孔子闻听后，说：“好呀！政策宽厚会让百姓怠慢，怠慢了要用严厉来纠正。施行严厉了人们又受到伤害，于是再施行宽大。宽大和严厉相互调和，政治逐渐变得清明。”《诗经》说，“民亦劳止，汔可小康；惠此中国，以绥四方。施之以宽也。勿从诡随，以谨无良；式遏寇虐，惨不畏明。纠之以猛也。”用宽大施与人民，不要纵容欺诈与虚伪，严防不良；制止劫掠和肆意残杀，用严厉纠正宽和。在政策的严厉与宽厚之间如何巧妙契合，并天衣无缝，凸显了“善行无辙迹”的艰难。

第二十八章

知雄守雌

知其雄，守其雌，为天下谿。为天下谿，常德不离，复归于婴儿。知其白，守其黑，为天下式。为天下式，常德不忒，复归于无极。知其荣，守其辱，为天下谷。为天下谷，常德乃足，复归于朴。朴散则为器，圣人用之则为官长。故大制不割。

【译文及相关的注】

知道什么是强势的雄，却安守柔弱的雌，甘作天下柔弱的沟溪。甘作天下柔弱的沟溪，永恒的德就不会离失，回复到婴儿所代表的柔弱的最佳状态。明知什么是明亮，却安守黑暗、敢于处于黑暗不利的地方，作天下人生存的一种模式。作天下人生存的模式，永恒的德就不会丢失，回复到“无极”之极的原初状态。明知什么是荣耀，却安守卑辱，像天下低端的川谷一样。甘作天下低端的川谷，永恒的德才可以充足，才能回复到淳朴之地。淳朴之原则“形而下”用之就成为工具之器，圣人们用此工具之器发挥作用、体现本领。所以，真正的“守朴”是完整的，是理论与实际结合的典范。

“无极”概念为老子首创。《庄子·大宗师》“挠挑无极”，《山木》“既雕既琢，复归于朴”。河上公注：“白以喻昭昭，黑以喻默默。人虽自知昭昭明白，当复守之以默默，如暗昧无所见，如是则可为天下法式，其德常在。人能文天下法式，则德常在己，不复善忒。德不差忒，则长生久寿，归身于无穷极也。”王弼注：“雄先之属，雌后之属也，知为天下之先也，必后也。是以圣人后其身而身先也，溪不求物，而物自归之。婴儿不用智而合自然之智。”

【智慧点拨】

孩童时代的乐趣渐渐消失，因为我们已逐渐长大成人，于是我们逐渐远离最初的想法。离开得越远，对于所谓的成功来说，可能越近，最终陷入成功的窠臼不能自拔。很多人反思，孩童时代的乐趣应该被找回，孩童时代的真善美需要大力弘扬。否则我们的道德脆弱不堪，建立在脆弱不堪道德之上的法律也是捉襟见肘、无所适从。“朴”真的很重要。

得意时要有失意时的意志，失意时要有平常心。放开过多的“权、利、名、位”，才有可能找回初衷。

【“可道”的经典事例】

呵护穷弱的尊严体现了“为天下谷，常德乃足”的道理。特雷莎1910年出生于南斯拉夫的一户农家。至今那里仍被贫穷、混乱和民族矛盾所困扰。她小小年纪就开始思考人生，12岁时感悟到天职是帮助穷人，她把自己的一切都献给了穷人、病人、孤儿、孤独者、无家可归者和垂死临终者；她从12岁始，至87岁去世，只为受苦受难的人活着。她创建的组织有4亿多美元资产，世上最有钱的公司都愿意捐款给她；她手下有7000多名正式员工，其追随者分布在100多个国家，受到众多的总统、国王、传媒巨头和企业巨子的仰慕和敬爱，然而，她住的地方只有一部电话是唯一的电器；她穿的衣服总共才三套，且自己洗换；她穿凉鞋却没有袜子。她没有钱，也不去挣钱，不去募捐，然而她比一般的慈善家能更深地走进穷难者的内心，这就是几十年如一日地为穷难者带去爱心，让他们感到自己有尊严、感到自己被人爱！她愿意为这些人下跪。她放弃自己安适的修女和教师生活，穿上穷人的衣服，一头扎进贫民窑、难民营和各种各样的传染病人之中。

她与她的追随者们一道收治被遗弃的危重病人并给予细心护理，让孤苦的濒死者在爱抚中得到临终的关怀，按照死者的宗教信仰和风俗习惯办理后事。她的追随者们为了让服侍的对象觉得有尊严，也效仿她，穿上穷难者的衣服，过着穷难者一样的生活，以便成为他们的朋友。她说：“除了贫穷和饥饿，世界上最大的问题是孤独和冷漠……孤独也是一种饥饿，是期待温暖的爱心的饥饿。”特雷莎被称为“贫民窟里的圣人”，她获得世界80多个国家元首、政府和各大领域的机构及国际组织颁发的各种荣誉和奖项。1979 年获得诺贝尔和平奖。然而，她建议诺贝尔委员会将授奖宴会取消，用节省下来的钱帮助穷难者。她想法设法打听哪里可以出售奖牌，以便将出售所得资助穷难者。她成立的仁爱教会逐渐获得广泛支持，如“特雷莎嬷嬷合作者国际协会”也是以“祈祷、克己和为穷苦人服务”为工作原则，将“为天下谷”的低调、生命尊严这一永恒话题表现得感人至深。

第二十九章

去甚去奢

将欲取天下而为之，吾见其不得已。天下神器，不可为也。为者败之，执者失之。故物或行或随，或嘘或吹。或强或羸，或挫或隳。是以圣人去甚，去奢，去泰。

【译文及相关的注】

将要用妄为的办法治理天下的人，我看他是得不到的。天下的道之所以神圣，是因为不去妄为。那些妄为的人注定要失败，那些想把利益和控制权等据为己有的人肯定不成功。一切事物有前行的有后退的，有轻嘘的有急吹的，有强壮的有瘦弱的，有小挫的有全毁的，是对“为”的理解不同而得出的不同结果。所以，成大事者，要去掉那些“甚”（做事过分）、“奢”（生活奢华）、“泰”（态度傲慢）所表现出的各种极端的、奢侈的、过分的主观想法和举措，远离妄“为”。

河上公注：“人乃天下之神物也。神物好安静，不可以有为治。以有为治之，则败其质朴。强执教之，则失其情实，生于诈伪也。”王弼注：“物事逆顺反复不施为执割也。圣人达自然之至，畅万物之情，故因而不为，顺而不施，除其所以迷，去其所以惑，故正不乱，而物性自得之也。”

【智慧点拨】

中等最好，个头高的需点头哈腰才能够得着，个头矮的需踮脚仰首才能够得着，两方面的努力只有一个中等的目标，比上不足、比下有余的最佳状态。或行或随，或嘘或吹，或强或羸，或挫或隳，只求一个中等便心安。然而，对于中等的定性很难，如梅州跟广州比的话，房价算低；广州与北京、上海比的话，房价不高；北京、上海与纽约比的话，房价还有很大上涨空间；于是，这个中等个头一个劲地向上、再向上，没有停止的迹象。所以，人们要“去甚，去奢，去泰”。

学会说“好在有我”，缺了我这件事做不好；“可以没有我”，缺了谁地球都照样转，对于“我”的认识亦是“去甚”。

【“可道”的经典事例】

有一天，鲁迅被厦门大学创办人陈嘉庚先生聘为教授。后来，鲁迅由于待遇等方面问题与厦门大学产生矛盾，于是想离开，并放出狠话说：“缺了我，学校会办不下去的。”后来，厦门大学仍然办得不错，并在多年后成了全国名校。这个故事说明了“去甚”的道理，即使是名气再大的人物，其作用也具有局限性。

有一天，孔丘在去楚国的路上，经过一片树林时，看见一位驼背的老人弯着腰用长长的竹竿粘蝉。孔子停下来观看，发现老人粘蝉几乎是百发百中，如同在地上捡石子一样简单，于是询问技艺。驼背老人回答是因为做到了“用志不分、乃凝于神、物我合一”。在粘蝉的竹竿上放置两个泥丸，尽量用双手稳托，不让泥丸落地，坚持练习半年的话，粘蝉的成功率十有六七；如果能放三个泥丸而不落地，其成功率就有十之八九了；如果继续下去，能够放置五个泥丸不落地，粘禅就如随手拾物了。

不管天大、地广、物众，唯身、手、心如树木之根一样又稳又静，在千变万化的繁杂中心思所及唯蝉翼之知。普通的长竹竿却成为“天下神器”，一般人“不可为”、不可“执”的原因在于执着太多、想法太多。

第三十章

不道早已

以道佐人主者，不以兵强天下，其事好还。师之所处，荆棘生焉。大军之后，必有凶年。善有果而已，不敢以取强。果而勿矜，果而勿伐，果而勿骄，果而不得已，果而勿强。物壮则老，是谓不道，不道早已。

【译文及相关的注】

用道辅佐君主的人，不以军事暴力在天下逞强，因为以军事暴力在天下逞强容易引起不好的回报，留下后遗症。比如被军事暴力肆掠过的地方，就会长满荆棘、没有庄稼收成。被军事暴力肆掠过之后，必定有凶荒之年在等着。可是，适当的军事存在也是必需的，只不过善于用武的理由是只求个天下太平的好结果就行了，绝对不敢用武逞强。用道辅佐君主的人，在面对好结果时，不矜持自高；他们在面对好结果时，不夸耀宣扬；他们在面对好结果时，不骄傲气盛；他们在面对好结果时，往往看成是出于不得已的客观情事使然；他们在面对好结果时，更不会去没事找事、逞强显本事。一句话，任何事物在壮大强盛的表象下面必定隐藏着衰老颓废的因子。这些所谓的“强”不合乎“道法自然”、万物均和的生存法则，与道的精神不吻合，必然会早早消亡。

河上公注：“当果敢谦卑，勿自矜大也。当果敢推让，勿自伐取其美也。”王弼注：“为始者务欲立功生事，而有道者务欲还反无为，故曰其事好还也。”

【智慧点拨】

物壮则老是有道理的。壮年是年富力强的时候，精力最充沛、创造力最强，有经验、有认识，然而，也是最艰难的时候，因为压力最大，上有老、下有小，且需面对即将来临的衰老、身体器官的衰化、记忆力的减退。当然，每个阶段都有每个阶段的烦恼，少年有成长的烦恼、青年有婚姻选择的烦恼、老年有面对死亡的烦恼，壮年是人生的顶点，是太阳站得最高的时候，是花团锦簇迷乱人眼的时候，也是下坡开始的时候，这种压力大于其他阶段，或者说，站在最高处，恰恰是最危险的地方。所以老子选择“壮则老”为例说明“勿矜，勿伐，勿骄，勿强”的道理。

【“可道”的经典事例】

苏格拉底勇敢赴死的故事说明“果而勿强”的道理。“西方三圣”之首的苏格拉底（公元前469—前399）为古希腊哲学研究开创了新方向，将研究对象由自然转移到社会和人本身。苏格拉底所谓的“认识你自己”以及以道守道的精神在今天仍然具有价值。有一天，他在雅典法庭上大声疾呼：“雅典人啊！我尊敬你们，热爱你们。我要教诲和劝勉我遇到的每一个人……你们不能只关心金钱和地位，而不关心智慧和真理。你们不要总想着人身和财产，先要改善你们的心灵。金钱买不到美德，但美德可以创造美好事物。这就是我的教义，不管你们如何制裁我，我绝不改变自己的信仰。”他不停询问国王、哲学家、文学家、诗人如何能“认识你自己”，什么是幸福、美德、真理、正义等，在不停的问答中，对话者的自相矛盾之处自然显露出来，从而使人们获得正确的看法。

在以煽动青年罪被处死时，苏格拉底知道国王的决定是错误的，但从遵从的角度而言，不能违背，于是拒绝了门人想救走自己的想法，选择了英勇就义，因为这也是道德和法律的一部分。苏格拉底以自己的死唤起人们对于道德和法律的认识，并做到“果而勿强”。

第三十一章

有道不处

夫佳兵者，不祥之器。物或恶之，故有道者不处。君子居则贵左，用兵则贵右。兵者，不祥之器，非君子之器。不得已而用之，恬淡为上，胜而不美。而美之者，是乐杀人。夫乐杀人者，则不可以得志于天下矣。吉事尚左，凶事尚右。偏将军居左，上将军居右，言以丧礼处之。杀人之众，以哀悲泣之。战胜，以丧礼处之。

【译文及相关的注】

那些锋利的兵器是不吉祥的东西，整个天下都厌恶它，所以有道的人不依靠它。君子安居时以左边为大，打仗时就以右边为大。因为兵器是不吉祥的东西，非君子的东西，不得已时才用它，所有看轻一些为好。不要把战争胜利看成是美事。如果看成美事，就属于乐于杀人之类了。乐于杀人的人，就不可能得志于天下。一般情况下，吉庆事以左边为大，凶丧事以右边为大，但为了表达“反战”的价值取向，人民选择偏将军在左边、上将军在右边的做法，就是说用办丧事的规矩来处理战争事务。战争杀人众多不是好事，在不得已的情况下要带着悲痛的心情参加，即使战胜了也要用办丧事的规矩来处理。

《庄子·天道》：“夫虚静恬淡寂漠无为者，天地之本，而道德之至。”“虚静”“恬淡”“无为”等均是《道德经》政治哲学的概念，如三十一章“恬淡”。河上公注：“偏将军卑而居阳位，以其不专杀也，上将军尊而居阴位，以其专主杀也。上将军居右，丧礼尚右，死人贵阴也。”王弼注：“兵者惊精神，浊和气，不善之器。”

【智慧点拨】

胜，以丧礼处之，因为胜是以“杀敌一千，自毁八百”为代价获得的。历史上崇尚战争的最终结果都不如人意。如文景之治反对战争，以道家休养生息为主，辅以谦卑谨慎，以和平方式收复乱地，使南越王不再称帝，从而成为盛世。而汉武帝倚恃武力，进攻匈奴，长年征战，战功无数，然而，自我伤亡也很大，财力大损，结束了汉朝的盛世局面，开始走向衰败。拿破仑也好、希特勒也罢，等待他们的永远只有失败。美国的霸权主义者，日本右翼对侵略战争的美化，难道还不应该警醒吗？获得巨大成功当以巨大谦虚抑之而不应该肆意扩张，处于巨大失败境地当以自信填充更大的空间而不应该畏缩不前，均衡为上，故有“佳兵”不祥之说。

【“可道”的经典事例】

有心射故事说明“胜而不美”的道理。传说，列御寇箭法过人。有一天，伯昏无人让他表演连续射箭。列御寇抽箭、上弦、拉弓，让人在其左臂上放置一杯水增加难度，只见他放箭、抽箭动作神速，向远处的一棵树射去，箭箭中的，杯水无一滴溅出。伯昏无人拍手称赞。这时，伯昏无人走过来说：“你这是有心射箭，但不是更高境界的无心射箭。”于是让列御寇试试看。只见伯昏无人登高山、踏悬崖，走向百丈深渊的边上，坐在崖上，回转身来，让列御寇试试无心射。列御寇参不透人、物无别这点，于是难以在崖边下手，汗流浃背地说：“不敢不敢！”尽管列御寇能够射出百发百中的好箭，可以称得上是具有功利性和人我分别的“胜”，但他还没有达到淡化功利和人我无别的“美”的境界。

墨子故事说明“兵者，不祥之器”的道理。战国初期，楚惠王欲攻打弱小的宋国，并派公输班制作云梯。墨子知道后，来见公输班，说：“北方有个人欺辱我，请你帮助杀掉那个人，我可以给你许多金子。”公输班很不高兴，说：“我是仁义之人，不随便无故杀人。”墨子说：“既然如此，为何要帮助攻打宋国呢？”墨子见到楚王，说：“如果有人不吃自家的美食，却去偷邻居的糟糠。这个人怎样呢？”楚王认为此人一定是爱偷盗之人。墨子说：“楚国富甲一方，宋国一无所有。攻打宋国，与那爱偷盗之人无有差别，战争绝对不是什么好事！”最终墨子说服楚惠王放弃了战争。

第三十二章

知止不殆

道常无名，朴虽小，天下莫能臣也。侯王若能守之，万物将自宾。天地相合以降甘露，民莫之令而自均。始制有名，名亦既有，夫亦将知止。知止可以不殆。譬道之在天下，犹川谷之于江海。

【译文及相关的注】

道知道适可而止，所有没有永恒固定的名称，虽然呈现为朴散的状态，看上去力量弱小，可是天下却没有谁能支配它。侯王如果能以道办事，万物将会自动归从。大家都知道，天地之气相合，就会下雨。人们没有指使它，它却自然均匀有序。开始有制度就有了与之相应的名称，名称既然有了，就要适可而止，否则易毁掉名称，所以，知道适可而止就不会有危险。这样的道才为天下所归，就像江海为一切河流所归指一样。

河上公注："道能阴能阳，能驰能张，能存能亡，故无常名也。道朴虽小，微妙无形，天下不敢有臣使道者也。"王弼注："川谷之求江与海，非江海召之，不召不求而自归者，世行道于天下者，不令而自均，不求而自得，故曰犹川谷之与江海也。"

【智慧点拨】

天地相合，以降甘露，只要让天地自然发展，其创造力会源源不断，甘露也会永远不断。人亦如此，十三亿人是个很大的概念，如果每个人能在"自然"法则的呵护下，获得充分发展的机会，相信定会智力无穷、前景灿烂。然而，应试教育的高度统一模式对"自然"法则形成挑战，小学、中学甚至大学，危害"自然"的因素在功利的窠臼里大行其道。少数如江如海的谦逊者，在小心翼翼地试探着自然法则，在缝隙里将创造力托起，形成一轮充满希望的太阳。而大部分人大部分时间在现实的名利场里沉浮、挣扎。

心灵要回归本源，便能剥落对语言的执着。知其所止，不是在现象上去止住，而是用理想去转移。能放下就放下，不能放下就以遗忘的方式放下。

【“可道”的经典事例】

庄子论鱼故事表达了“朴虽小，天下莫能臣”的道理。有一天，惠施约庄子去濮水游玩。庄子带着学生蔺且前往。此时，秦国派张仪来向西推进的第一站魏国鼓吹连横政策。惠施主张合纵抗秦，结果惠施孤掌难鸣，且梁惠王越发不信任惠施了。庄子不知内情，看到水边鱼儿快乐游水，就说“儵鱼出游从容，是鱼之乐也”。惠施当即反对，说：“你不是鱼怎知鱼儿快乐?”庄子说：“你不是我，怎知我不知鱼儿是快乐的?”惠施说：“正因为我不是你，所以不知你，而你不是鱼，所以也不知鱼儿是快乐的。”庄子说：“请回到开头吧。你开头问我，你怎么知道鱼儿是快乐的?这句话说明你知道我知道鱼儿是快乐的。”其实，在庄子看来，人生只要没有过多的欲望，简简单单的，就像鱼儿这样的朴实之乐足够了，何必整日想着战争获益以及被迫陷入各种名利的纠缠中呢?“朴”素的快乐看似微小，却是天下最重要的事。

那些远离“天下莫能臣”的“朴”。一天，有人请教庄子：“为什么像比干那样的忠臣没有好下场呢?像夏桀那样的暴君也没有好下场呢?”庄子告诫说：“外物不可求呀！忠良之士关龙逄被斩杀，比干被剖心死，箕子被迫装疯；而谀臣恶来同样不得善终，暴君夏桀和商纣身毁国亡。国君希忠臣，忠臣却不被信任，伍子胥漂尸江中，苌弘流放而死。孝己愁苦而死，曾参悲切一生。这些不顺和恐惧源于内在淳朴中和之气、清虚淡泊之心境缺失的结果。”

第三十三章

自知者明

知人者智，自知者明。胜人者有力，自胜者强。知足者富，强行者有志，不失其所者久，死而不亡者寿。

【译文及相关的注】

能认识别人的叫作智，能认识自己的才叫作明。能战胜别人的叫有力量，能战胜自己的才叫刚强。知道满足的人会富有，坚持做到的人就是有志气，不迷失本性的人就能长久存活，死而不被遗忘就算得上长寿。

河上公注："能知人好恶，是为智。人能自知贤与不肖，是为反听无声，内视无形，故为明也。"王弼注："知人者，智而已矣，未若自知者，超智之上也。胜人者，有力而已也。明用于己，则物无避焉；力用于己，则物无改焉。"

【智慧点拨】

"知己知彼，百战百胜"认为，己和彼双方都很重要。而"知人者智，自知者明"却认为自知好于知人，也就是认识自己比认识别人重要。我们喜欢做的一件事是议论他人，津津乐道；评论是非，见眉毛见眼睛。其根本原因是认识自我不够。这也是很多人喜欢探听别人对自己所作所为意见的原因。孔子说的"人不知而不愠，不亦君子乎"说的类似，自己认识自己、自己相信自己、自己祝福自己最重要。

真正的智慧是自照照人，清楚地了解别人是以自身为起点展开的。当然，强者不随自家的躯壳起念，强者重要的在于认识自我并做到放下。

【“可道”的经典事例】

禅师饮茶故事阐述“自知者明”含义。净慧法师讲一个故事，说明知识层面和实相层面之间的关系。“有一天，我在津津有味地喝茶，各位也都看见了我在喝茶，但喝的感受与看的感受是不同的两码事。看的人会问：‘你喝的是什么茶，茶的滋味如何，茶是凉的还是热的?’……于是，就有一连串知性的问题在脑子里打转。这是从看的角度来说的。对于喝茶人来说，有没有这些问题呢？没有。因为他是直接接触到茶，他完全理解茶是什么味道，所谓‘如人饮水，冷暖自知’。”自知的是事物的本质、事物的真相。我们了解事物都是在事物的共相上去了解。事物的共相是知性层面，自相才是事物的本质，是事物本质的当体。了解共相使我们能够把握一切事物共同的特点，但要深入了解每一个具体的事物，不仅仅要共相，还需了解自相。事物的自相或个性是此一事与彼一事的区别所在。共相能掌握一切事物的平等性，自相才能了解一切事物的差别性。对于张三、李四不同名称的人笼统地叫“人”，就没有人答应你，因为“人”是共相。只有把自相差别分辨出来，喊张三或李四，他才会答应你。尽管平等性与差异性、共相与自相、共性与个性不可分离，但了解自相有时更重要。

不“知足”者危险。曹商为宋王出使秦国，获赐车辆一百多乘。有一天，曹商向庄子炫耀说：“尽管我曾身居里巷，编鞋为生，但我善于抓住机会，使得车乘达到百辆之多，你要向我学习。”庄子不以为然地说：“听说秦王有病召医，能破脓疮溃散疖子的获车一乘，凡舔治痔疮的人获车五乘，疗治部位越下的获车乘越多。你是舔痔疮获车乘的吗?”再有一次，有人从宋王处获车马十乘，向庄子炫耀。庄子说：“河上有个靠编织苇席为生的人家，一天，他的儿子潜入深渊，得到一宝珠。父亲知道后令锤坏这颗宝珠。因为这宝珠出自潭底黑龙的下巴下面，赶上黑龙睡着了，若黑龙醒来，多么危险呀。如今宋王也是睡着了，待他醒来，你的小命可能就没了。”

第三十四章

终不为大

大道泛兮，其可左右。万物恃之而生而不辞，功成不名有，衣养万物而不为主。常无欲，可名于小；万物归焉而不为主，可名为大。以其终不自为大，故能成其大。

【译文及相关的注】

大道广泛施爱，左右逢源，与我们相伴。万物依靠大道生存而大道从不说，万物依靠大道成功而大道不据己有。大道养育万物却不自以为主宰。因经常没有欲望，故在很多方面道可称为渺小；引来万物归附道却不自以为主宰，其精神伟大。因为道始终不自以为伟大，所以成就了伟大。

《庄子·应帝王》："老聃曰：明王之治，功盖天下而似不自已，化贷万物而民弗恃……而游于无有者也。""功盖天下而似不自已，化贷万物而民弗恃"是《道德经》第三十四章"万物恃之以生而不辞，功成而不有"的变文。"化贷万物"即第四十一章"道，善贷且成"。"无有"连用见于第四十三章，庄子借之描述没有任何外力干预的理想状态。河上公注："道虽爱养万物，不如人主，有所收取。道匿德藏名，泊然无为，似若微小也。"王弼注："道泛滥无所不适，可左右上下周旋而用则无所不至也。"

【智慧点拨】

"不自为大，故能成其大。"如果自小却以为大，就会对别人构成挑战，最终化大为小以至于虚无，天下太平。如果自大，却不自以为大，处处谨慎小心，或主动削弱自己的大，就不会对别人构成挑战，反而赢得别人的称赞，成全了大。小、大之间，往往只一念之差，便有天壤之别的不同结果。

不要在末节上竞争，要在本源上培植，呼应参赞天地之德。具体地生长一点点，比理论上说的十万八千里要好。

【“可道”的经典事例】

凤凰高洁品性表现“常无欲”的道理。有一天，庄子从赵国来魏国，见魏国布告上有通缉庄子的信息。原来是魏相惠施害怕庄子争夺相位的诬陷之举。庄子讲了一个故事给惠施听。他说：“在南方，凤凰鸟品性高洁，一般情况下非梧桐树不栖息，非竹子的果实不吃，非早晨的露水不饮。一天这只凤凰正从南海飞向北方，被猫头鹰看到了。猫头鹰此时嘴里正叼着一只发臭的死老鼠，认为这只凤凰会抢夺自己口中的死老鼠，于是惊慌失措，发出‘吓！吓！’的声音。我就是凤凰，你的官位就是那死老鼠呀。”凤凰的“无”欲成就了其品性高洁之“大”。

为什么要“无欲”呢？为什么“无欲”之“小”能获“万物归焉”之“大”呢？佛家经典之母《心经》说，“舍利子！色不异空，空不异色，色即是空，空即是色。受、想、行、识，亦复如是”，说的是凡夫身心世界的五种基本构成要素五蕴的根本是空性、是无性。“诸法空相，不生、不灭，不垢、不净，不增、不减。是故空中无色，无受、想、行、识。”“无眼、耳、鼻、舌、身、意，无色、声、香、味、触、法”，说的是在真空当中，缘生无自性，此六根六尘都是无相的。“无眼界，乃至无意识界”说的是十八界，指的是眼界、耳界、鼻界、舌界、身界、意界，再有色界（可视物）、声界（声音）、香界（气味）、味界（食物）、触界（引发触觉之物）、法界（意识所缘境界），以及眼识界（视觉）、耳识界（听觉）、鼻识界（嗅觉）、舌识界（味觉）、身识界（触觉）、意识界（思维认知），其结果仍是空、是无。“无无明，亦无无明尽，乃至无老死，亦无老死尽”，讲的是十二因缘，缘觉的生活境界；“无苦集灭道”讲的是声闻的生活境界，“无智亦无碍”讲的是菩萨的生活境界。所有的一切境界最终都归于“无”，这才抓住了根本、抓住了其“大”。

不偏心说明“大道泛”。庄子快要死了，弟子们问庄子该选择什么样的棺木。庄子说：“以天地为棺，日月为连璧，星辰为珠玑，万物都是陪葬品。直接把尸体扔山里就可以了。”弟子说：“那乌鸦和老鹰会啄食先生的尸体。”庄子摇头说：“弃尸山中怕乌鸦和老鹰吃，用棺材装好埋在地下被蚂蚁吃，你们非要想着用棺材，剥夺尸体被一部分动物吃的权利而让给另一部分动物，这不是偏心是什么？”

第三十五章

视之不见

执大象，天下往；往而不害，安平太。乐与饵，过客止。道之出口，淡乎其无味，视之不足见，听之不足闻，用之不足既。

【译文及相关的注】

谁掌握了道的精神实质，天下百姓就投靠谁。即使所有百姓都投靠了也相安无事，得到的是安宁、和平、幸福。诱人的声色美食只能一时留住人的脚步，却不符合道的精神实质。道是那种说出来淡而无味的东西，看也难看清，听也听不明，但用它却用不完。

河上公注：“万民归往而不伤害，则国安家宁而致太平矣。治身不害神明，则身安而大寿也。”王弼注：“无形无识，不偏不彰，故万物得往而不害妨也。”

【智慧点拨】

“执大象，天下往”说的是抓大、放小。毛泽东称赞叶剑英“吕端大事不糊涂”。吕端是宋朝宰相，一日，听到有人在背后议论自己长相丑陋，随从要抓此人砍头；吕端立即制止，且嘱咐随从千万不要告诉议论者是谁。如果知道议论者的名字，以后可能会做出对他不公平的事来，这是放小。叶剑英抓大体现在两件事上，一是长征途中及时指出张国焘分裂阴谋，从而在最关键时刻挽救了党，使得分裂阴谋没有得逞；二是“文革”后与革命前辈一道彻底粉碎“四人帮”。尽管后一件毛泽东已不可能知道，但对于叶剑英的评价还是合适的。

【“可道”的经典事例】

“王敦如厕”的故事说明了“视之不足见”的道理。《世说新语·纰漏第三十四》：“王敦初尚主，如厕，见漆箱盛干枣，本以塞鼻，王谓厕上亦下果，食遂至尽。”说的是王敦与公主刚结婚时，有一次去上厕所，看到了厕所里的漆箱中装着用来塞鼻的干枣，王敦以为，这些用来除味的枣子是厕所里陈列的水果，供人吃的，于是把它吃光了。王敦如厕完后，回到屋里，见到婢女们在准备洗澡水，用金澡盘盛水，在琉璃碗中放着用来改善水味的澡豆，于是将这些澡豆倒进水中喝了，他认为是干粮呢。“视之不足见”告诉我们真正的道是需用心体味的。

第三十六章

柔弱胜刚

将欲歙之，必固张之；将欲弱之，必固强之；将欲废之，必固兴之；将欲夺之，必固与之，是谓微明。柔弱胜刚强。鱼不可脱于渊，国之利器不可以示人。

【译文及相关的注】

想要收敛必先使其扩张，想要削弱必先使其增强，想要废弃必先使其兴盛，想要夺取必先给与。这叫作精深的明见，因为柔弱往往会战胜刚强，就像鱼不能离开深渊、国家的好武器不宜到处示人一样，是道的取向。

《庄子·胠箧》“故曰：鱼不可脱于渊，国之利器不可以示人”直接引用《道德经》。河上公注：“先强大之者，欲使遇祸患。先兴之者，欲使其骄危。先与之者，欲极其贪心。”王弼注：“足其张，令之足，而又求其张，则众所溪也，与其张之不足，而改其求张者，愈益而己反危。”

【智慧点拨】

柔弱胜刚强的例子太多，但也有更多刚强胜柔弱的例子。“狭路相逢勇者胜”的勇者应该就是刚强，但为何听到这句话的人的第一感觉认为是对的呢？因为触及内心中柔弱的一面。在一般情况下，柔弱的一面给人温暖、妥帖，而刚强的一面给人突兀、刺激，二者一阴一阳构成万物变化生存的法则，谁也离不开谁。但我们处于思考和内心平静的时候，会倾向于跟思考和内心的平静靠得很近的柔弱，就像有人说作家总是忧伤的一样，因为在快乐时人的写作冲动会减少太多。

对于隐微之明、奥秘之理，默首体会，自有一番天地。柔性的颠覆比刚性的斗争更有力，因为此颠覆是一种生长。

【“可道”的经典事例】

拿破仑“泄密”表现了“将欲夺之，必固与之”的道理。1799年法国发生“雾月政变”后，奥军重新占领意大利北部，对法国构成极大威胁。拿破仑认为，必须投入新的强大军团，才能打败奥军，于是秘密组训一个6万人的军团。但是，组训军团的蛛丝马迹被英奥等国的间谍察觉了。想要“辟谣”，反而欲盖弥彰，还不如顺水推舟，设法造成敌人错觉。于是，拿破仑故意将组训预备军团的消息公之于众，故意“泄露”一些关于军团编制、实力等的虚假信息，“与之”。

1800年，拿破仑正式宣布：军团将在第戎地区集结，并亲自前往检阅。同时，拿破仑偷偷将主力秘密转移到新的隐蔽地点，在第戎地区只保留少量部队供间谍“刺探”。这样，各国间谍在第戎“证实”了军团的存在，却没有发现正规军，都是些不堪一击的老弱病残，编制不齐、军纪松懈。拿破仑高调检阅了第戎的部队，引起内外一致的嘲讽。拿破仑甚至让一些“特务”对此推波助澜，让许多人觉得，预备军团不过是拿破仑为了牵制奥军编出来的圈套。奥军统帅梅拉斯一再强调：“原来威胁我们的预备军团不过是一群乌合之众，法国人太小瞧我们了。”同时，隐藏了实力的预备军团在法国南部作好了进攻意大利的准备，在拿破仑的亲自指挥下，于1800年6月大获全胜，在马伦戈决战中打败了梅拉斯，迫使奥军求和，结束了第二次反法联盟中的法奥战争，使反法联盟彻底瓦解。

第三十七章

无为而为

道常无为而无不为，侯王若能守之，万物将自化。化而欲作，吾将镇之以无名之朴。无名之朴，夫亦将无欲。不欲以静，天下将自定。

【译文及相关的注】

道以无为的方式做着天下一切事。侯王如果能守住无为这一原则，万物将自动归化于他。归化后如果有私欲发作，就用“无名之朴”来镇服。无名之朴也就是减少欲望。减少欲望天下可以安静，于是天下就会自然稳定。

“无为”在《道德经》全书中共出现十多次，全部是就政治层面说的。庄子将“无为”提升到一种自由自在的人生境界。《庄子·大宗师》：“逍遥乎无为之业。”《庄子·应帝王》：“无为名尸，无为谋府；无为事任，无为知主，治者要行无为之政，不可居名、主谋。”“道常无为而无不为”见于《道德经》第三十七章；“无形”见于第十四章“无状之状，无物之象”，第四十一章“大象无形”；“信”见于第二十一章，如“道之为物……其中有精……其中有信”。老子书中没有“情”字。

《庄子·大宗师》：“夫道，有情有信，无为无形。”《庄子·在宥》：“故君子不得已而临莅天下，莫若无为。”此“无为”指的是不得已。《庄子·在宥》：“从容无为而万物炊累”，消解统治者的干预意识。《庄子·至乐》：“故曰天地无为也而无不为也。”河上公注：“侯王若能守道，万物将自化效于己也。”王弼注：“化而欲作，作欲成也。吾将镇之以无名之朴，不为主也。”

【智慧点拨】

无为，而无不为，这不是一句逻辑不通的话吗？无为的结果只能是无为；无不为即有为，有为的结果只能是有为，就像说一是一说二是二一样，明确的前后逻辑一致是我们语义表达的基础。然而，文学的表达和艺术的表达是另一回事。老子这里的表达是文学的表达和艺术的表达。无为的是表象，而无不为即有为的结果却不是表象，而是本质。一般人追求仁义理智信，而老子无为即不追求仁义礼智信，那么结果必然是没有仁义礼智信，但这个结果却是离道更近了。这种文学的表达和艺术的表达可跳出一个逻辑层面的限制，汪洋恣肆，无限美妙。生活中如何汲取呢？

无贪无求即至福，真正的德从此处立起，通于自然大道，这叫道德；道生之，德畜之，以自然之德获得的优越是优越，不是对他人的压抑。

【“可道”的经典事例】

唐代宗小题小做的故事说明了“冲气以为和”的道理。《道德经》说：“万物负阴而抱阳，冲气以为和。”老子将阴阳理论合在一起，如《易经》所说的“太极生两仪，两仪生四象，四象生八卦”，其中的太极即是混沌未开、浑然一体的统一体，阴阳二气及万物都因和而安宁并生生不息。这种和的理解，在生活中指的是谦逊和虚心，所谓“满招损，谦受益”，“天道忌盈，卦终未济”。郭子仪是唐代中兴的名将，因平定安史之乱有功，被封为汾阳王，其子郭暧被招为驸马，显赫一时。有一次，郭子仪过寿，家人和亲朋好友都来祝寿，唯有儿媳升平公主仗着自己的公主身份不肯拜寿。郭暧失去面子，遂与公主发生争吵，并给了公主一个耳光。盛怒之下，郭暧指着公主说：“你不就是仗着父亲的天子身份么？我的父亲功劳很大，只是淡泊名利，根本就瞧不上天子的位子。”此话一出，无疑将招来杀身大祸。

升平公主觉得丈夫没把自己放在眼里，甚至连天子都不放在眼里，怒气难挡。她跑回皇宫，向父亲告状，痛斥郭暧“犯上作乱”的罪行。唐代宗听完公主诉说后，不但没有生气，反而一团和气地安慰女儿，说：“郭暧说的话，你不懂。他父亲确实是不想做天子，否则天下哪里会归我们家所有呢?”并要公主赶快回家去，向公公赔罪。郭子仪听说儿子与公主吵架后，把儿子郭暧囚禁起来，入朝请求皇上治罪。唐代宗说：“俗话说‘不痴不聋，不做家翁’，小两口在闺房中吵架时说的气话，怎能当真呢？这样太小题大做了!”

这件事，表现了唐代宗十分高明的御臣手段和处事谋略。他以和气浑圆的容忍态度对待郭暧的口出狂言，并没有以上压下。当然，他这样做的前提是郭子仪平日里从没有居功自傲的表现，且主动请罪，这才化解矛盾，冲气以为和。

第三十八章

上德不德

上德不德，是以有德；下德不失德，是以无德。上德无为而无以为，下德为之而有以为。上仁为之而无以为，上义为之而有以为，上礼为之而莫之应，则攘臂而扔之。故失道而后德，失德而后仁，失仁而后义，失义而后礼。夫礼者，忠信之薄而乱之首。前识者，道之华而愚之始。是以大丈夫处其厚，不居其薄；处其实，不居其华。故去彼取此。

【译文及相关的注】

上德不过分看重德的表面，却有德的实质。下德忙于德、应付德的各种表面形象，却没有德的实质。上德以无为的方式做着天下一切德事。下德做一些表象的事却自以为是。上仁有所表现，却淡化仁；上义有所表现，并突出他的义；到了上礼，有所表现却得不到响应了，于是伸出胳膊强迫别人来响应。由是观之，失去了道然后才有德，失去了德然后才有仁，失去了仁然后才有义，失去了义然后才有礼。礼这个东西，是忠信不足的表现，往往是混乱的肇始。所谓先见之明的人，是道的虚华，是愚昧的开始。因此，大丈夫立身淳厚而不浅薄，处世踏实而不虚华，所以要舍弃后者、采取前者。

《庄子·知北游》："故曰：失道而后德，失德而后仁，失仁而后义。礼者，道之华而乱之首也。"《庄子·庚桑楚》："静则明，明则虚，虚则无为而无不为也。"虚、静、明等概念见于《道德经》第十六章，"无为而无不为"见于第三十七、第三十八章。河上公注："法道安静，无所施为也，言无以名号为也。"王弼注："下德求而得之，为而成之，则立善以治物，故德名有焉，求而得之，必有失焉，为而成之，必有败焉。”

【智慧点拨】

“处其实，不居其华”说的是重内容轻形式，重实的轻虚的。鲁迅笔下的阿Q想要表达爱情。有一天，他早早守候在佣人吴妈必经的路旁。见吴妈走来了，阿Q战胜了内心的忐忑，鼓足勇气，突然站到吴妈身前挡住吴妈的去路，说“我们爱情吧，我们困觉去吧”。这个求爱的结果是可想而知的，吴妈吓得不轻逃走了。王蒙先生在解释这段时替阿Q惋惜，说如果阿Q不要这么实在，提什么“困觉”，而应读读徐志摩的爱情诗，再模仿几句“星星月亮”“杨柳青萍”之类的，也就是在形式上多做文章，结果很可能是成就了一段美满的姻缘。王蒙先生认为形式有时比内容更重要。当然，内容和形式二者结合是最好的。老子说的“实”和“华”不是在一个层面说的。对于“处”和“居”来说，当然是“实”重要，而在其他场合，比如在人际交往以及言语方面，很多时候“华”会更显自尊，更加有用。

“道”是带着你走的心中的主意；“德”要求依照正直的心来做，直入本源，不必挂碍；“仁”要求彼此真诚感应、融为一体；“义”是按照自我完善要求做成的规则。

【“可道”的经典事例】

王倪谈标准说明了“处其实，不居其华”的道理。《庄子》载，有一天，贤士啮缺请教他的老师王倪关于万物的是非标准。王倪以三个问题开示。第一，久睡潮湿，人患腰疼甚至半身瘫痪，泥鳅不至于；高睡大树，人怕坠落，猿猴不至于；因此，三种动物的寝歇标准难以统一。第二，人吃牲畜，麋鹿吃草，蜈蚣爱吃蛇，猫头鹰和乌鸦爱吃老鼠；因此，五种动物的膳食口味难以统一。第三，母猿猴与狗头猴交配，麋找母鹿交合，泥鳅追鱼求偶；毛嫱与西施，人见人爱，鱼见沉水而躲、鸟见高飞而逃、麋鹿见了掉头跑走；因此，此四种动物，谁的美色兴趣也难做共同标准。从社会角度看，仁义是共同的是非标准；从个人看，仁义标准的见解不同。就像评理，找到的第三者具有倾向性又如何避免呢？完全没有倾向性又怎能裁判呢？观点等同于你我又怎样呢？再请第四者评判，越发糊涂，不如以“天倪”来调和是非，用发展变化的观点容忍是非。是里有非，非里有是，对里有错，错里有对。每个人活着都有自己的生活方式、是非标准，在“处其实，不居其华”的智慧里，忘掉天年、齐观生死，忘掉仁义、齐观是非，畅游于无穷的境界，寄托自己于永恒的不能穷尽的境域。

鲍叔牙替管仲着想的故事说明了“处其厚，不居其薄”的道理。古时候，齐国的鲍叔牙、管仲是好朋友。在年轻时，管仲家里很穷，还需奉养母亲。鲍叔牙知道后，就找管仲合伙做生意，却不用管仲出资金，在赚钱后分钱时，管仲分的却比鲍叔牙要多。鲍叔牙站在管仲的立场说：“管仲家里穷又要奉养母亲，多拿点是应该的。”每当打仗进攻时，管仲都躲在最后面，大家骂管仲贪生怕死，鲍叔牙却说：“管仲不是怕死，而是孝心让他这么做的，他必须留下命去照顾母亲。”后来，齐国发生内乱，管仲为了让公子纠当上国王，想暗算公子小白，结果没有成功。公子小白当上国王后，鲍叔牙却推荐管仲担任宰相，说：“当初管仲要杀您，不能怪他，他是为了帮他的主人纠才这样做的。”管仲为相后不负众望，将齐国治理得非常好，这就要感谢鲍叔牙“处其厚，不居其薄”的道德品质。

第三十九章

以贱为本

昔之得一者，天得一以清，地得一以宁，神得一以灵，谷得一以盈，万物得一以生，侯王得一以为天下贞。其致之。天无以清将恐裂，地无以宁将恐废，神无以灵将恐歇，谷无以盈将恐竭，万物无以生将恐灭，侯王无以贵高将恐蹶。故贵以贱为本，高以下为基。是以侯王自谓孤寡不谷。此非以贱为本邪？非乎？故致数誉无誉。不欲琭琭如玉，珞珞如石。

【译文及相关的注】

道简洁如一。自古以来得到一的往往符合道：如天得到一就清明，地得到一就安宁，神得到一就有灵，洼坑得到一就充盈，万物得到一就繁衍滋生，侯王得到一就能领导天下。他们都是从得到一达到的境界。反之，天不能保持清明恐要破裂；地不能保持安宁恐要废弃；神不能保持灵验恐要消失；洼坑不能保持充盈恐要枯竭；万物不能繁衍滋生恐要灭绝；侯王不能保持高地位恐要垮台。所以，贵以贱为根本，高以下为基础。所以，侯王自称为“孤家”“寡人”“不毂”。这不是以贱为根本吗？难道不是这样吗？所以，追求过多的荣誉实际就是没有荣誉，不想做高贵的美玉，只做普通的基石最好。

“天得一以清”之一表示道的整体性特征，《庄子·齐物论》所说的“道通为一”是由认识论引申出来的，指的是宇宙整体，将老子的“玄之又玄”的道提升为宇宙精神，以达至人生的最高境界。

《庄子·至乐》：“故曰：至乐无乐，至誉无誉”同于《道德经》第三十九章“至誉无誉”。《庄子·至乐》：“天无为以之清，地无为以之宁”是“天得一以清，地得一以宁”的变文。河上公注：“必欲尊贵，当以下为本基，犹筑墙造功，因卑成高，下不坚固，后必倾危。”王弼注：“一，数之始而物之极也，各是物之生，所以为主也，物皆各得此一成。”

【智慧点拨】

孤、寡、不谷的自称，就像农村孩子取名阿猫、阿狗、阿猪、阿贫是为了孩子好养活一样，侯王们也是为了好坐江山。据说，精神病院里的病人从来都说自己没病，而经常说自己病很严重却找不到病源的人很多都是没病的，这种事情很奇怪却很多。从一个极端走向另一个极端，这些人不愿意当中等的人、平凡的人，有时过于患得患失了，能做到“宠辱不惊”吗？当然，老子这里褒奖的不是中等，而是“贱”和“下”，高贵以“低贱”衬托出来。

【“可道”的经典事例】

孙叔敖论贵贱说明了“贵以贱为本”的道理。富、贵、寿、善、名、利都是相对的东西，不能提供真正的依靠。有一天，正如日中天的楚国令尹孙叔敖下野了，被贬为庶民。这是他第三次下野，可谓起落无常。只不过，孙叔敖能做到“不以物喜，不以己悲”。他任高官时从不炫耀；他被贬职时，面无忧色。别人不解地问：“你由高贵之身一下子变为卑贱之躯，为何不忧闷呢？”孙叔敖答道：“当初的富贵是冲着令尹这个官职而来，还是冲着孙叔敖这个人而来，是难以清楚的。如果冲着令尹官职而来，那么富贵就根本与我无缘；如果是冲着我孙叔敖个人而来，那么当了令尹就不值得炫耀。贵贱之间难以区分，何况贵最终是以贱为本的。”百里奚是虞国大夫，国破后流落秦国。秦穆公让他住牛棚，他便住牛棚，让他养马，他就把马养得很好。后来，秦穆公发现了他品性高尚，就把他提拔当了宰相，他就把宰相做好。百里奚知道，当初自己“只值五张羊皮”的身价不能说明什么。从万物本身看，万物自以为贵而相互鄙视；从流俗看，贵贱都是由外来而不在自己；从差等看，万物自大面就皆大、自小面就皆小；从功用看，自有就一切皆有、自无就一切皆无；从趋向看，自顺则一切皆对、自逆则一切皆错。尧和舜因禅让而成为帝，燕王哙和燕相子之却因禅让而绝灭；商汤和周武王因争夺而成为王，白公胜却因争夺而灭绝。可见，禅让和争夺的体制、唐尧和夏桀的行为，其可贵可贱是有时间条件的。顺和时代的就是高义，违逆世俗的就是篡夺，要讲究具体问题具体分析。

基督为门徒洗脚体现“高以下为基”。在基督教《最后的晚餐》的故事中，逾越节上，耶稣先知说：“我将遇难，出卖我的人子就和我同桌。”犹大假惺惺地说：“不是我吧。”基督没有直接揭穿。门徒们问：“以后谁是最高最大的呢?”基督将水倒在盆里，为门徒们一个个洗脚。基督说：“你们尊我为师、为主，我为你们洗脚是应该的。你们之间也应该如此相互帮助。为别人服务的、最低的往往才是最大的。”

第四十章

有生于无

反者，道之动；弱者，道之用。天下万物生于有，有生于无。

【译文及相关的注】

平衡法则为道的最高法则，正反相对、强弱相向。正反往复，自然大道行动不息，柔弱温顺、运用无穷，天下有千万个分别的事物，生起于人们有形有象的执着分别。这有形有象的执着分别又生起于无形无象的混论合一。与正相比、与强相对，向相反的方向变化也是道的运动，道的柔弱呈现也是道的功用。从表象上看，天下万物生于实体之“有”；而从本质上看，万物实体之“有”生于虚体之“无”。

《庄子·应帝王》：“无名人曰：汝游心于淡，合气于漠，顺物自然而无容私焉，而天下治矣。”“无名”在《道德经》第一章、第三十七章“无名之朴”、第四十章“道隐无名”。“淡”的概念源于第三十五章“道之出口，淡乎其无味”，为政要自然无私的方针见于第七章“无私”、第十九章“少私”。《庄子·天地》：“老聃曰：……有形者与无形无状而皆存者尽无。”第四十章“大象无形”、第十四章“是谓无状之状”。《庄子·知北游》：“老聃曰：夫昭昭生于冥冥，有伦生于无形。”第四十章“有生于无”。《庄子·庚桑楚》：“入出而无见其形，是谓天门。天门者，无有也，万物出乎无有。”“天门”出自《道德经》第十章，万物所从出的道。《庄子·庚桑楚》：“始有无，既而生有，生俄而死；以无有为首……熟知有无死生之一守者。”庄子将老子的万物发生论引向人的生死由来解释。河上公注：“反，本也。本者道之所以动，动生万物，背之则亡。”王弼注：“高以下为基，贵以贱为本，有以无为用，此其反也，动皆知其所无，则物通矣，故曰反者道之动也。”

【智慧点拨】

反是道的运动，而正是否也是道的运动呢？反正是一体两面，但人们往往是注重正、忽略反，所以有这样的强调。弱者道之用，强者是否也是道的功用呢？弱强是相对的概念，但人们往往注重强、忽略弱，所以老子强调弱的功用。在有与无的关系上是无更为根本，而老子又说无有二者“同出而异名”，实质二者是平等的关系。“有生于无”指的是从现象来看的结果，有形的东西生于无形的东西。

一条线团成一个圆时，原先的两端就成同一个点！“无”具有无限的张力、无限的各种可能性。

【“可道”的经典事例】

“鸡生蛋”逻辑故事说明了“有生于无”的道理。中国道家哲学的最高境界是“无”，“大道无门”。佛家密宗认为“无”字“本不生”。因为万法皆因缘所生，是众缘和合，众缘中还有众缘，一直追溯到无始。我们的任何一次“上课”这样的缘点可以追溯到前前无始，或后后无终。其他文化认为有始。如印度婆罗门教认为世界是梵天创造的，那是一个开始，梵天是谁造的？就不能继续追溯；基督教、天主教也认为万事万物有个开始，是上帝造的。上帝是谁造的？不能追溯。

有一个故事说，在美国的学校里，孩子们上宗教比较学的课程，老师提问：“佛家和基督教有什么不同？”学生回答：“佛家认为第一个鸡蛋是鸡生的，一直可以追溯到前前无始的地方，所谓‘无始终，无内外，强立名，为法界’；基督教和天主教认为第一个鸡蛋不是鸡生的，而是上帝生的。”美国一手拿着原子弹一手指着朝鲜说：“你要再研究原子弹，我就用原子弹炸死你。因为只有我能够拥有原子弹，你不能拥有原子弹。”中国说：“我国已签署《核武器不扩散条约》，并向世界承诺：第一，中国不对无核国家使用核武器；第二，中国不会率先使用核武器。”朝鲜说：“中国的逻辑是靠得住的，美国的逻辑其实质是霸权主义、强权政治。只有美国为首的西方国家不以核武器威胁我们，我们才放弃研制核武器；你们的威胁只会加大我们研制核武器的决心。”

第四十一章

道隐无名

上士闻道，勤而行之；中士闻道，若存若亡；下士闻道，大笑之，不笑不足以为道。故建言有之：明道若昧，进道若退，夷道若纇。上德若谷，大白若辱，广德若不足，建德若偷，质真若渝。大方无隅，大器晚成，大音希声，大象无形。道隐无名，夫唯道善贷且成。

【译文及相关的注】

道的高深在于坚持己相，不因外界认识的改变而改变。对于道的认识，有三种状态。第一种为上士，学习道的理论并努力去实践；第二种为中士，接触道的道理后，觉得道似乎既有道理又无道理、若隐若现难以把握；第三种为下士，听闻道的言论后，觉得不对、嘲笑之。第三种情况更易见道的不易，道在某些方面的表现不被嘲笑那就不是真正的道了！所以古人说过：从道的广阔和宽容面来说，道敢于呈现“另类”的特性：如光明的“道”好像黑暗，前进的“道”好像后退，平坦的“道”好像坎坷不平，崇高的“德”好像低洼川谷，洁白好像存污垢，广大的“德”好像存不足，刚健的“德”好像存怠惰，质地纯净好像浑浊。最大的方形反而没有边角，重大的器具往往制成得很晚，最大的声音好似无声，最大的形象反而无形。“道”幽隐而无以名状，但是正是这样的“道”，坚持己相，善于使万物得以完成。

《庄子·寓言》：“大白者辱，盛德者不足。”河上公注：“下士贪狠多欲，见道柔弱，谓之恐惧，见道质朴，谓之鄙陋，故大笑之。不为下士所笑，不足以名为道。”王弼注：“知其白而守其黑，大白然后乃得。”

【智慧点拨】

建德若偷说的是实情，原因在于现实界与本质界的巨大差异。本质界的建德往往被现实界某些人所歪曲、诽谤，所以只有小心翼翼如偷般的行事，才有可能达到理想的效果。换个角度说，建德是个深奥的过程，建德者往往缺少自信，生怕做得不够，于是以试探的方式、以偷偷摸摸的方式进行；或者说，已做好最坏的心理准备，万一建德失败，因为是偷偷的方式，随时可以撤身退出，也不丢什么面子。

大道不避崎岖，何路非大道也；大道在看不见、听不进中获得生长的空间。

【“可道”的经典事例】

“诺曼底”计划表现了“道隐无名”的道理。二战期间的诺曼底登陆计划在“隐蔽”中实施。1944 年，近三百万美英盟军海陆空将士在英伦之岛集结，准备横跨英吉利海峡，从法国西北部的诺曼底登陆，再与东线的苏联军队配合夹击德军。为了迷惑德军，盟军摆开“迷魂阵”：由电影制片厂的布景道具师设计的“登陆艇”“弹药库”“飞机大炮”等布置在英国东南沿海一带，并让间谍到处收集法国加莱海岸的详细地图；另有一支“一百万”人的军队准备进攻加莱……种种信息的目的只有一个：让德军认为盟军将从加莱登陆。

奉希特勒之命赶来的德军元帅隆美尔下令在加莱准备防线，将最精锐的十五集团军集中到这一地区。1944 年 6 月 6 日凌晨，载着三个空降师的 3000 多架运输机、滑翔机，自英国的 20 个机场同时起飞，飞向诺曼底海岸。4000 多艘舰船和无数登陆艇，在飞机掩护下，驶出基地，开始了著名的“诺曼底登陆”。此时的德军仍蒙在鼓里。英美空军对德军海岸的 10 多个堡垒和防御工事投下 7600 多吨炸弹。傍晚时分，盟军的 10 多个师都已上岸。6 月 12 日，盟军在诺曼底的几个滩头连接成一条阵线，打破了希特勒鼓吹的“大西洋铁壁”，加速了法西斯德国走向灭亡。

第四十二章

负阴抱阳

道生一，一生二，二生三，三生万物。万物负阴而抱阳，冲气以为和。人之所恶，唯孤寡不谷，而王公以为称。故物，或损之而益，或益之而损。人之所教，我亦教之。强梁者不得其死，吾将以为教父。

【译文及相关的注】

大道之生，“不可言说”，混沌为一；“不可言说”分裂为二，转为“可说”；“可说”，参合天地，成就为“说”；“说”必有指，指向对象、构成的“万物”。万物存在，载阴柔而环抱阳刚，养其虚灵之气以为调和。道和气积中，产生万物一切。概而言之，道首先产生统一体“一”，统一体“一”产生对立的两个方面“二”，对立的两个方面“二”产生第三者“三”，第三者“三”按道的原则衍生万事万物。具体地说，万物内部都蕴涵道的因素，包含着阴阳两个对立的方面，它们在交往更替中得到统一和谐。举例说明，人们所厌恶的就是“孤家”“寡人”“不谷”这些词汇，而强势的王公们却用这些谦卑词汇称呼自己。这符合道的统一和谐原则。所以，一些事物被贬损却得到增益，相反被增益却受到贬损。人们所教导我的，我亦以之教导别人，对于“孤家”“寡人”“不谷”来说，强暴的人不得好死！我要把这句话作为教育人的宗旨。

据陈鼓应先生考证，《道德经》中“道”字出现约70处，在《庄子》一书中则出现300多处。老子的“道”作为万物的本原和依据、生活准则、人伦政治的标准。庄子继承道的本体及宇宙论意义，提出气化论来补充老子的宇宙生成论。《老子》第四十二章“道生一”、

第三十九章“天得一以清”之一表示道的整体性特征，《庄子·齐物论》所说的“道通为一”是由认识论引申出来的，指的是宇宙整体，将老子的“玄之又玄”的道提升为宇宙精神，以达至人生的最高境界。

《庄子·天地》：“泰初有无，无有无名；一之所起，有一而未形。物得以生，谓之德。”阐释《道德经》第四十二章“道生一”理论讲述的道创生万物的历程。“一”即“道生一”之“一”，“无”“有”“无名”见于第一章，老子用“天下万物生于有，有生于无”进行论证。

《庄子·田子方》：“至阴……至阳……两者交通成和而物生焉。”第四十二章“万物负阴而抱阳，冲气以为和”。《庄子·田子方》：“无为而才自然。”河上公注：“道始所生者一也。一生阴与阳也。阴阳生和、清、浊三气，分为天、地、人也。天、地、人共生万物也，天施地化，人长养之。”王弼注：“何由致一？由于无也。由无乃一，一可谓无已，谓之一，岂得无言乎？有言有一，非二如何？有一有二，遂生乎三。从无之有数尽乎斯，过此以往，非道之流。故万物之生，吾知其主，虽有万形，冲气一焉。”

【智慧点拨】

损之而益或益之而损，说的都是平衡的辩证法。万物都以阴阳平衡为最高准则，于是益者遭嫉妒、诬陷、打击；损者获同情、施舍、呵护。相对于仇富、仇强的现实而言，老子倾向于损者，即孤、寡、不谷者，而益者或所谓的强梁者的结果都不好。当然，对于主观上的损还好办些，如果客观上一直处于损者的地位怎么办呢？除了客观上可能会获同情、施舍、呵护之外，主观上适当的“益”或“强”也是需要的。

用语言名号下标签之前，正是存在事物生长的过程。损之可益与益之可损，自然有一种持平原则，人间福分亦是如此。

【“可道”的经典事例】

《世说新语·纰漏第三十四章》载，谢虎子“上屋熏鼠”的故事说明了“人之所教，吾亦教之”的道理。据说，有一次，为了熏老鼠，一个叫谢虎子的人爬上自家的屋梁上点燃熏烟来熏死老鼠，结果是完全没有必要。被邻居知道后，此事迅速传开了。人们都笑话谢虎子愚笨。谢虎子的儿子谢朗每当听说这件事时，都笑得人仰马翻，当然他不知道故事的主人公是自己的父亲。他还多次把这个故事讲给父亲听。谢安明白谢朗并不知道这件事说的是谁，于是趁着与他谈话时说:“世上有人拿上屋熏鼠的事情来诽谤中郎官，还说是我和他一起做的呢。其实没有这样的事。”谢朗觉得这样对谢安很不礼貌，于是懊恼羞愧，一个月都闭门不出。这里，谢安假托自己做过这事，借以开悟谢朗，可以称为“德教”。与大多数人的教育方法一样，“人之所教，吾亦教之”。

火车上，来自城市的一个小孩和一位农民坐在一起。见这位农民第一次买了易拉罐饮料，却不知怎么打开饮用。正左右为难、反复琢磨时，这个小孩见状，默默无言，自己从包里拿出自带的易拉罐，在农民面前轻轻地打开了，以“无言之教”教会了农民打开易拉罐的方法，也避免了直接“挑明”带来的尴尬。

第四十三章

不言之教

天下之至柔，驰骋天下之至坚，无有入无间，吾是以知无为之有益。不言之教，无为之益，天下希及之。

【译文及相关的注】

天下最柔弱的东西，能驾驭天下最坚硬的东西、自由驰骋。天下无形的力量能跨越空间的阻隔，进入没有空隙的东西里面。我因此认识到道所倡导的无为的益处。无言更能教导、无为更有益处，天下人很少能够比得上它。

河上公注：“至柔者水也，至坚者金石也。水能贯坚入刚，无所不通。”王弼注：“虚无柔弱，无所不通，无有不可穷，至柔不可折，以此推之，故知无为之有益也。”

【智慧点拨】

不言之教，很多时候都是这样。那么，有言之教呢？在生活中，有言之教可能更多更广泛。但有一个问题是，真正能达到教育实效的往往是无言的部分、不言的部分。各种讲座各种知识铺天盖地，听者很多是在表层活动，听了就忘这样的事太多。只有一些不言的东西浸入内心和大脑深处，形成识见。或者说，要善于在不言中即在思考中获得教育，真正启迪内心的都由思考得来。

【“可道”的经典事例】

中国古代四大美人之一的王昭君，名嫱，字昭君，汉元帝时期宫女，西汉南郡秭归人。晋朝时为避司马昭讳，又称“明妃”。王昭君天生丽质，琴棋书画，无所不精。公元前 36 年，汉元帝昭示天下，遍选秀女，王昭君为南郡首选。王昭君进宫后，因自恃貌美，不肯贿赂画师毛延寿，毛便在她的画像上点些瑕疵，王昭君便被贬入冷宫三年，无缘面君。

公元前33年，北方匈奴首领呼韩邪单于主动来汉朝，对汉称臣，并请求和亲，以结永世之好。汉元帝尽召后宫妃嫔，王昭君挺身而出，慷慨应诏。在呼韩邪单于临别前的大会上，昭君丰容靓饰，元帝大惊，不知后宫竟有如此美貌之人，意欲留之，而难以失信，便赏给她锦帛二万八千匹、棉絮一万六千斤及黄金美玉等贵重物品，并亲自送出长安十余里。王昭君肩负着汉匈和亲之重任，告别长安于第二年初夏到达漠北，受到匈奴人民的盛大欢迎，并被封为“宁胡阏氏”。

昭君出塞后，汉匈两族团结和睦，国泰民安，展现出欣欣向荣的和平景象。公元前31年，呼韩邪单于亡故，留下一子，名伊屠智伢师，后为匈奴右日逐王。按照匈奴“父死，妻其后母”的风俗，王昭君以大局为重，忍受极大委屈嫁给呼韩邪单于的长子复株累单于雕陶莫皋，又生二女。公元前20年，复株累单于又死，昭君自此寡居。一年后，33岁的绝代佳人王昭君去世，厚葬于归化（呼和浩特老城）郊外，墓向南建造，遥望家乡。依大青山、傍黄河水，后人称为“青冢”。昭君为了国家的利益，远离家乡和亲人，以柔弱之躯肩负着汉室与匈奴和平之重任，“天下之至柔，驰骋天下之至坚”。昭君乃女中英豪，而备受人们敬重。

第四十四章

知足不辱

名与身孰亲？身与货孰多？得与亡孰病？是故甚爱必大费，多藏必厚亡。知足不辱，知止不殆，可以长久。

【译文及相关的注】

人们往往离道越来越远。比如，人的名声与身体相比哪个更亲切？人的身体与财产哪个更重要？一些名利的得到和丧失对于人的身体来说哪个更有害？所以，过分爱惜所谓的名必招致更大的“费”，过多追逐所谓的利必有更严重的“亡”。知道名的满足就不会遭到侮辱，知道逐利的适可而止就不会遇到危险，就可以长久安全。

河上公注：“甚爱色，费精神，甚爱财，遇祸患。所爱者少，所费者多，故言大费。生多藏于府库，死多藏于丘墓。生有功劫之忧，死有掘冢探柩之患。”王弼注：“甚爱不与物通，多藏不与物散，求之者多，攻之者众，为物所病，故大费厚亡也。”

【智慧点拨】

名声与身体哪个更重要的问题，有时很难回答。杀身成仁是儒家的主张，身死了名留下，获得名的长久。道家老子认为，追逐名利不惜摧残身体，为了房子车子不惜做房奴车奴，过多了就不好。只有去掉“甚爱”“多藏”，做到“知足”“知止”，这样才能长生，益于人的身体健康。至于名声要不要追逐，当然是在不伤身的情况下，尽力为之即可。还有，什么样的名声为名声呢？名声的标准与“甚”“多”是相关的，以一般认为的“甚”“多”为自己理解的“甚”“多”好了。

【“可道”的经典事例】

儒者盗墓故事表达了“名与身孰亲”的道理。有一个叫胪传的大儒，专门干一些掘墓盗宝的勾当。即使在夜里行盗也不忘礼仪、赋诗言志。一天深夜，胪传带弟子来挖一个贵族的墓坑。弟子们十分卖力，待到撬开棺材时天快亮了。这时负责在墓外望风的胪传往墓里喊话："东方作矣，事之如何?"答曰："未解裙襦，口中有珠。"胪传兴奋地说："徐别其颊，无伤口中珠!"

庄子认为，如此披着虚伪的礼仪真是绝美的讽刺。这个愚蠢的人要求完美，想方设法去除一些去除不掉的东西如自己的影子和脚印。此人抬腿去踢影子时影子就不见了，想快些离开自己的脚印，越奔跑脚印越多。其实，只要安静地坐在树下，影子和脚印都会消失于无形中。儒者的亲"名"遮挡不住其亲"身"的实质，何必执着于那些虚伪的"名"呢?

第四十五章

大成若缺

大成若缺，其用不弊：大盈若冲，其用不穷。大直若屈，大巧若拙，大辩若讷。躁胜寒，静胜热，清静为天下正。

【译文及相关的注】

完美成功的东西好像有缺陷，但它的作用不会缺失；完好盈满的东西好像虚缺，但它的作用不会穷竭。最挺直的好似弯曲，最灵巧的好似笨拙，最好的口才好似说话迟钝。走动能战胜寒冷，安静能克服炎热，清净内视为天下的最高法则。

《庄子·胠箧》："故曰：大巧若拙。"直接引用。

《庄子·达生》中一则纪渻斗鸡的故事说明了老子的"大巧若拙，大辩若讷"。河上公注："春夏阳气躁疾于上，万物盛大，极则寒，寒则零落死亡也。言人不当刚躁也。秋冬万物静于黄泉之下，极则热，热者生之源也。能清能静则为天下之长，持身正则无终已时也。"王弼注："大盈充足，随物而与，无所爱矜，故若冲也。"

【智慧点拨】

不善于表达的人，听到"大辩若讷"这句后非常兴奋，因为终于有知音了。每当听到别人动听的演讲、口若悬河、头头是道时，心里徒生郁闷。一方面，这些动听的演讲、口若悬河、头头是道是否真的有道理，否则就是乱说、诳语、假话，这种乱说、诳语、假话实在太多了；另一方面，这些动听的演讲、口若悬河、头头是道太流利了，没有给人留下多少空间。从表面看，好像很热闹，但实质空间小、缺张力。而"大辩若讷"就好很多，一方面，因讷，所以有较多的准备，乱说、诳语、假话的几率会大为降低；另一方面，因讷，在时间上给听者留下思索的空间，好像不流畅，但实质空间大，有张力。

留些笨拙给自己有两种可能：一是让自己有变聪明的可能；二是让别人有感知聪明的可能。

【“可道”的经典事例】

便处清洗故事说明“清静为天下正”的道理。净慧法师教导弟子们“六根清净成正觉”，不仅内心清净，在日常生活中也要讲究清净，比如便后需清洗便处。有一天，法师正津津有味地为弟子说法。有一位弟子忽然叫嚷肚子疼，要上厕所。法师允准。过一会儿，弟子归来就座。法师问：“清洗了么?”弟子答：“洗了。”法师问：“清洗干净了么?”弟子答：“洗干净了。”法师再问：“便处可以洗干净，可是再往里面怎么洗呢?”弟子不解。

法师说，佛家四念处就是在禅定中观察身、受、心、法四件事，即观身不净、观受是苦、观心无常、观法无我。不净观即观察我们这个由四大构成的身体臭皮囊，从本质上说是不清净的。不管身上、脸上涂抹多少化妆品，喷洒多少香水，打扮得多好，都是掩耳盗铃而已。知道身体不干净、皮肤不好、有斑点，所以要想方设法涂脂抹粉加以掩饰。这种心态就是苦的反应和表现，是苦上加苦。人身这具臭皮囊由地、水、火、风组成。肌肉、骨骼、头发、爪甲，由地大所成，死后还给地；涎液、唾沫、眼泪由水大组成，死后还给江河；呼吸、哈欠、动转，由风大组成，死后还给大风；温度、暖气由火大组成，死后变成自然界的火。吐的涂唾沫有味道、擤的鼻涕有味道、大小便臭气熏天，吃的好东西拉出来脏东西，在肚子里的样子可能更难看，不都是臭气熏天的一堆粪便吗？观身不净可以对治我们的贪欲心，所谓“六根清净成正觉”。只有根部真正“清净”了，“天下”方成“正”果。

第四十六章

知足常乐

天下有道，却走马以粪；天下无道，戎马生于郊。祸莫大于不知足，咎莫大于欲得，故知足之足，常足矣。

【译文及相关的注】

天下人行道时，其乐融融，战马都用来耕地；天下人不行道时，战争不断，怀孕的马也要在战场上生驹。人类啊，最大的灾祸是不知道满足，最大的罪过是贪得无厌。所以，知道满足的满足是真正的满足，才是消除战争的根本。

河上公注："罪莫大于可欲，好淫色也。祸莫大于不知足，富贵不能自禁止也。咎莫大于欲得，欲得人物，利且贪也。"王弼注："天下有道，知足、知止，无求于外各修其内而已，故却走马以治田粪也。"

【智慧点拨】

知足常乐，强调要知道满足。这里有个度的问题，即知多少为足呢？如果把不足当足，或者把足当成不足祈求更高的足为足，都是不对的。只有把合理尺度范围内的足当成足，然后知道这样的足，这样的知足常乐才是有道理的。

欲望会生长出力量，但又会牵引出更大的毁灭性的制服力量的力量，要慎重。

【"可道"的经典事例】

前秦王苻坚发动政变推翻堂兄苻生即位时，前秦的经济形势也极其困难。由于战乱不息，天灾连年，出现了国库空竭，民生凋敝。为了迅速扭转百废待兴的萧条局面，苻坚决定偃甲息兵，励精图治，重用汉人王猛，推行一系列政策与民休息，加强生产，令国家强盛起来，接着以军事力量平燕定蜀，擒代吞凉，消灭北方多个独立政权，成功统一北方，并攻占了东晋的蜀地，与东晋南北对峙。

公元383年，苻坚不顾王猛的临终嘱咐，不听从朝中大臣的劝阻，执意发动淝水之战意图消灭东晋，但最终前秦大败给东晋谢安、谢玄领导的北府兵，国家亦陷入混乱，各民族纷纷反叛独立，苻坚最终亦遭羌人姚苌杀害。故老子说："祸莫大于不知足，咎莫大于欲得。"

第四十七章

不行而知

不出户，知天下；不窥牖，见天道。其出弥远，其知弥少。是以圣人不行而知，不见而名，不为而成。

【译文及相关的注】

道的理论很高深，致使不出大门的人，就能知道天下事理；致使不望窗外的人，就能看到天下道理。远离道的世俗之人走出去越远，知道的道理越少。所以圣人看起来好像不需要通过经历就能知晓，不需亲见就能明了，不去做就能成功，主要是因为吃透道的理论。

河上公注："圣人不出户以知天下者，以己身知人身，以己家知人家，所以见天下也。天道与人道同，天人相通，精气相贯，人群清净，天气自正，人君多欲，天气烦浊，吉凶利害，皆由于己。"王弼注："事有宗而物有主，途虽殊而同归也。虑虽万而其致一也。道有大常，理有大致，执古之道，可以御今，虽处于今，可以知古始，故不出户窥牖而可知也。"

【智慧点拨】

"不出户知天下"，可以否定"文革"中"知识分子是臭老九"、需上山下乡改造这样的狂热误差。实践出真知，是没有问题的，然而，不出户的实践、书本阅读的实践往往却被歪曲为非实践。大学生在从事社会实践的同时，更多的可能还是学习书本的实践，或不出户的阅读实践，那里的知识储量会大得多，应该花大部分时间。通过书本知识来认识自己可能会更深认识自己，然后由己及他、由他及天下。认知是指向对象，但判断要回归内心，事情清楚了，还要心里明白。

【“可道”的经典事例】

万物相生相克原理表现出“不为而成”的道理。小小的细菌却是传染病的罪魁祸首，直至青霉素的发现才结束了传染病无法治疗的时代。青霉素是英国细菌学家亚历山大·弗莱明发现的。1928 年，弗莱明发现，在培养皿中的葡萄球菌由于被污染而长出了一大团霉，而且霉周围的葡萄球菌都被杀死了。于是，他把这种霉团接种到无菌的琼脂培养基和肉汤培养基上。结果发现，肉汤里的霉菌生长很快，形成一个个暗绿色的霉团，后将其过滤所得的分泌物叫青霉素。青霉素是能应用于全身的抗菌药物，能有效抑制葡萄球菌、链球菌和白喉杆菌。后来，科学家又发现类似青霉素的物质如链霉素、氯霉素等，合称为“抗生素”。有了抗生素，人类的平均寿命延长了 10 年。但是，抗生素却不能对付病毒引起的如感冒、肝炎、脑炎、麻疹等疾病。

病毒是比细菌更小、用电子显微镜才能看清的病原体，又称“滤过性病毒”。1957 年，科学家艾斯克斯和林登曼发现，任何病毒感染生物体时，生物体的组织细胞会产生“干扰素”来干扰病毒的新陈代谢，从而达到抵抗和消灭病毒的目的。后来得知，干扰素是由不同氨基酸按照一定数目和排列次序组成的蛋白质。这种蛋白质会在病毒体内产生两种对病毒不利的酶。一种酶将磷酸盐引入病毒，组织病毒自身蛋白质的合成；另一种酶对病毒核酸起瓦解作用，组织病毒传宗接代。干扰素还能加强人体内专门吞噬癌细胞的天然吞噬细胞的能力，对骨癌、淋巴癌等十多种癌症都有效果。

自然链条一环扣一环，其相生相克原理要求我们只待认真研究并善于发现，就可“不为而成”。

第四十八章

为道日损

为学日益，为道日损。损之又损，以至于无为，无为而无不为。取天下常以无事，及其有事，不足以取天下。

【译文及相关的注】

远离道的活动很多。如求学问，如果方向偏离，学问越多、道却越少。因此，人们只有减少再减少那些远离道的各种活动，以至于达到“无为”境地，这样的话，虽然“无为”而实质上没有他所不能“为”的。治理天下经常以“无事”为原则，如果经常“有事”，从事远离道的活动，就不可能治理好天下。

《庄子·大宗师》：“相造乎道者，无事而生定。”庄子的“相造乎道”“登假于道”“两忘而化其道”等都是就人生境界言道，转化为一种泰然自足的生活情境或心境。《道德经》中“无事”一词指的是政治用语，第四十八章“取天下以无事”、第五十七章“以无事取天下”“我无事而民自富”。《庄子·养生主》：“吾生也有涯，而知也无涯，以有涯随无涯，殆已”，探究道这个究竟真实，必须去除可多可少的相对知识、积是成非的世俗偏见及个人特有的各种欲望，最好抵达无知、无欲、无为的地步。《庄子·知北游》：“故曰：为道者日损，损之又损，以至于无为。无为而无不为。”河上公注：“学谓政教礼乐之学也。日益者，为道所以去妄，故日损。知不极则损不全，故日益者，所以为日损也。”王弼注：“有为则有所失，故无为乃无所失也。”

【智慧点拨】

为学日益，为道日损，对于网络时代、信息时代的人来说有很强的针对性。知识和信息的掌握与学习太多太散太乱，对于真知却是极大的损害，真知少了，道的东西少了，功利、效率满天飞，人们如何得道得乐呢？有时睡了一天，思索了一下，觉神清气爽、方向明确，可能获益多于忙忙碌碌的一天又一天。

对于管理者来说，最重要的是不生事扰民，但要在无事中而有事。“休闲到梅州，享受慢生活!”这是中国梅州市提出的理念。慢生活是一种追求幸福的精神状态，并不拒绝快速发展，与“无事”并不拒绝“有事”的积极进取表达的是同一意思。

【“可道”的经典事例】

秦王嬴政掌权后，任用尉缭和李斯等人，积极推行统一战略，统一六国后建立了一统天下的君主专制大帝国，自称始皇帝。秦始皇废除分封制以后，建立了一套自中央到地方的郡县制和官僚制。又命书同文，车同轨，统一货币和度量衡。之后又南平百越，北击匈奴，修筑万里长城、阿房宫、秦始皇陵。因求长生不成，又焚书坑儒，崇尚法治，实行严法酷刑。但统一的秦国仅持续了15年。

面对秦律严苛，汉朝统治者吸取教训之后，采用相对宽松的政治。经过无休的战争和暴秦的统治，整个天下一片衰败，整个社会急需休养生息，追求无为而治的黄老学说受到了当时汉朝统治阶层的接纳采用，采取轻徭薄赋、与民休息等治国政策，之后才有了文景之治，体现了“无为而无不为”的道理。

第四十九章

圣人孩之

圣人无常心，以百姓心为心。善者，吾善之；不善者，吾亦善之，德善。信者，吾信之；不信者，吾亦信之，德信。圣人在天下歙歙，为天下浑其心。圣人皆孩之。

【译文及相关的注】

圣人无成见，往往以百姓的意见为意见。善良的人我善待他，不善良的人我也善待他、给其出路，就可以使整个社会的德行向善。讲信用的人我信任他，不讲信用的人我也信任他、给其尊严，就可以使整个社会诚信守诺。圣人治理天下的关键在于和和气气，使天下百姓心思归于浑朴。百姓都注意自己听到的和看到的圣人形象，以圣人的形象为指导，回复到淳朴无心、婴儿般的状态。

《庄子·德充符》："以其知得其心，以其心得其常心。"圣人对化解善者、不善者、信者、不信者相对的价值观，以宽容来启发人们的善与德：禀赋展现出德善，禀赋展现出德信。傅佩荣不认为"圣人皆孩之"的"孩"借"阂"（闭）义，即圣人要闭塞耳目之聪明，因为与开头说的"以百姓心为心"难以一致。河上公注："圣人重改更，贵因循，若自无心。百姓心之所便，圣人因而从之。"王弼注："各因其用，则善不失也，无弃人也。"

【智慧点拨】

不信者，吾亦信之，那我不就是傻瓜了吗？老子的语言艺术性很强，很多时候所说的前后不在一个层面。对于"不信者"应该是不信的结果，才符合因果法则；但老子说的"吾亦信之"是在道德层面说的，对于"不信者"也给予尊重，并不是信任"不信者"讲的话，而是给予尊严，所以说是德信。

善辈、信辈，都会以“浑合”、敬畏的心对待其他，正因为心中有他人，才是超越的自我。

【“可道”的经典事例】

林肯用人之道体现了“不信者，吾亦信之”的道理。美国南北战争期间，美国总统林肯在选拔将领时总是优先考虑没缺点的人，后来发现，这些修养好、没有缺点的统帅却没有什么才华，相继被南方军打败。林肯认真反思发现，对方的将领中，从杰克逊起，几乎都有明显的缺点，可同时却又有各自的特长。于是，林肯调整用人思路，任用一些“不信者”，如任命素有“酒鬼”之称的格兰特为北方军的统帅，开始为人们所反对，认为是“昏君”用“庸才”，可最终的事实证明，对于格兰特的任命成为美国南北战争中北方军胜利的转折点，格兰特连连打胜仗，最终打败了南方军。

唐太宗仁心感化的故事说明了“德善”的道理。玄武门事变之后，唐太宗李世民觉得，仁心是最重要的治国法则。有一天，唐太宗看到一份关于牵挂的奏折。奏折上说，全国共有三百九十名死囚将于秋天问斩，他们请示可否提前问斩，好早些结束对家里的牵挂煎熬。于是，唐太宗打算将所有死囚放归，等他们安排好后事之后再回狱中服刑，以一个月为限。人们为唐太宗的仁慈之心而感动，但也担忧，万一死囚再犯罪怎么办，死囚逾期不回怎么办？结果是这些放归的死囚按期全数归还，且无一例再犯罪，他们对皇上高呼万岁。皇上大赦天下，将这些死囚全数释放，做到“德善”。

第五十章

摄生之道

出生入死。生之徒十有三，死之徒十有三。人之生动之死地，亦十有三。夫何故？以其生生之厚。盖闻善摄生者，陆行不遇兕虎，入军不被甲兵，兕无所投其角，虎无所措其爪，兵无所容其刃。夫何故？以其无死地。

【译文及相关的注】

纵观人的一生，从出生到死亡的过程中，长命的占十分之三，短命的占十分之三，本来可以长命却过早死去的也占十分之三。这是为什么？因为人们太想长命、太想生活优厚了。听说善于保护生命的人，在陆地上行走不会遇到牛和老虎，在战争中不会遭到杀伤，牛用不上它的角，老虎用不上它的爪，兵器用不上它的刃。这是为什么？因为“善摄生者”不到有死亡、有危险的地方去。

《庄子·知北游》：“生也死之徒”，同于《道德经》第五十章、第五十七章“死之徒”。河上公注：“出生谓情欲出于五内，魂定魄静，故出。人死谓情欲入于胸臆，精劳神惑，故死。”王弼注：“十有三，犹云十分有三分，取其生道，全生之极，十分有三耳，取死之道，全死之极，亦十分有三耳，而民生生之厚，更之无生之地焉。”

【智慧点拨】

动之死地，亦十有三，说得太好了，由此，我们可以安顿下来，不要想着法子折腾不已。因为十分之三的这样的人，为了获得更好，总是没完没了的运作、活动，结果在运作、活动中死去了、失败了，得不偿失。现在的社会躁动不已，机遇太多、运作太多，没完没了的折腾让处于各种竞争中的各方都疲于奔波、力不从心。老子的这句经典可谓一语道破梦中人。

三个“十分有三”，总共是十分有九，还有十分有一呢？应该是“善摄生者”，以“无生”为养生的善摄生者没有死地，难度很大，但是十分有益，尽管能做到这一点的人实在是太少了。

藏起杀机，消化杀气，可以“无死地”，可以“保生”。有天有地，是生命之所高的源头。

【“可道”的经典事例】

啐、啄同时说明了“善摄生”的道理。《坛经》第七品《机缘品》说的是施行教化时的“机”与“教”结合的问题，释迦牟尼说的“观机逗教”，即观察根基，包括宿世的善根、文化背景、家庭影响社会教育、个人秉性等，再施行教育，要求“机教相扣”的同时，还需“啐啄同时”。母鸡孵化小鸡达到一定时候，小鸡在蛋壳里成熟了需要出来，这时候，小鸡在里面用嘴嗑蛋壳，叫“啐”；母鸡在外面也同时帮忙嗑，叫“啄”。啐和啄同时进行，不能早或晚了。善知识接引学人的时候也应当看好时节因缘，根基和时机合一，因缘具足，施教才会成功。每个人的根基不同、环境不同，因此“善摄生”对于时机的把握、火候的掌握上也有所差异。

蜗牛国战争背离“摄生”。一天，齐威王违背了与魏惠王订立的盟约。魏惠王大怒，想派人刺杀齐威王；将军公孙衍觉得刺杀不如用二十万大军攻打更光彩；而季子认为王业的基础是休战，战争的伤害太大；华子指出主张讨伐、反对讨伐、评说讨伐齐国的人都是拨弄祸乱的人。华子引见戴晋人。戴晋人对魏王说：“有叫蜗牛的小动物。在蜗牛的左角有个国家叫触氏，右角有个国家叫蛮氏，为争夺土地而战争不断，死尸无数，追赶败军回撤需十五天才罢。这些追逐小利之事背离了摄生、远离了摄生。”

第五十一章

尊道贵德

道生之，德畜之，物形之，势成之。是以万物莫不尊道而贵德。道之尊，德之贵，夫莫之命而常自然。故道生之，德畜之：长之、育之、亭之、毒之、养之、覆之。生而不有，为而不恃，长而不宰，是谓玄德。

【译文及相关的注】

大道诞生万物，恩德养育万物，物种区分万物，形势成就万物。因而万物没有不尊重道而珍贵德的。道之所以被尊重，德之所以被珍贵，就在于它不加干涉、命令而顺应自然。所以大道诞生万物，恩德养育万物，使万物得到生长、发育，使万物得到安定、保护，使万物得到养育、繁殖。生养万物而不据为己有，帮助万物而不自以为是，使万物长大而不自以主宰，这就是玄妙的德。

河上公注："道生万物，德，一也，一主布气而畜养之，一为万物设形象也。"王弼注："物生而后畜，畜而后形，形而后成。何由而生？道也。何得而畜？德也。何由而形？物也。何使而成？势也。唯因也，故能无物而不形；唯势也，故那个不物而不成。凡物之所以生，功之所以成，皆有所由。有所由焉，则莫不由乎道也。故推而极之，亦至道也。随其所因，故各有称焉。"

【智慧点拨】

生而不有，为而不恃，长而不宰，可谓自然界的生存法则。山中百兽之王老虎在幼虎长到一定程度后，将幼虎无情地赶出家门，让其获取独立生存的本领，自此以后互不来往。老虎在三个阶段尽其职责，将虎家族基因相传：一是温情生养，无尽呵护；二是为幼虎奔波劳累、搜寻食物；三为使幼虎长大、教其独立谋生的本领，最后忍痛割爱，将虎仔赶出去，终生再不相见。人类的家长们对其子辈的情缘难以割舍，过分的溺爱是家长的情感需要还是孩子的生存需要呢？

用认知去定位，用智慧去观照，用德性去成全，用大道去消融。

【“可道”的经典事例】

丽姬悔哭的故事说明了“势成之”的道理。《庄子》载，艾国封疆大吏的女儿丽姬堪称国色，有沉鱼落雁、羞花闭月之美貌。有一年，国破家亡了，晋国人在征伐丽戎时俘获了她。丽姬伤心欲绝，整天以泪洗面，痛苦不堪。后来国王看上了她。当她在晋国王宫，与晋侯同睡三面雕栏的华丽软床，吃着各种美味佳肴，被宠爱有加，生活非常幸福时，丽姬后悔当初不该那么伤心地哭。人生在世，或生富贵家，或生贫穷身，或盗国之盗不为盗，或屋内小偷被判刑，一切皆因“形势”成就人。

苏轼的朋友王定国有一歌女叫柔奴，清秀可人，善于应对。后随王定国迁至岭南，多年后归京城。苏轼拜访王定国时见到柔奴，问她：“岭南的风土应该不好吧？”没想到的是柔奴却答：“此心安处，便是吾乡。”苏轼听后，感慨万千，作诗一首：“万里归来年愈少，微笑，笑时犹带岭南香。试问岭南应不好？却道：此心安处是吾乡。”对当时来说，偏远荒芜的岭南不是一个好地方，但柔奴却处之安然，且看上去比以前更加年轻漂亮、散发岭南梅花的清香，是心灵之安、善于随“势”调和的结果。

上古时代，舜住在历山，五世为庶人，生活在“父顽、母嚣、象傲”的家庭环境里。父亲和弟弟想霸占他的房子，在他修理房子的时候放火烧他；在他挖井时想用土埋他；弟弟要霸占他的妻子；继母百般刁难……然而，舜对父母孝顺，与弟弟友善。在家里人要加害自己的时候，及时逃避；在情况稍有好转的时候，回到他们身边，所谓“欲杀，不可得；即求，常在侧”。舜可谓“玄德之人”。

第五十二章

天下有始

天下有始，以为天下母。既得其母，以知其子；既知其子，复守其母，没身不殆。塞其兑，闭其门，终身不勤。开其兑，济其事，终身不救。见小曰明，守柔曰强。用其光，复归其明，无遗身殃，是为习常。

【译文及相关的注】

天下事物都有个始端，并把这个始端当作天下事物的根本。已经得知了万物的根本“母”，就能以此认识万物“子”。既然认识了万物“子”，还必须坚守着万物的根本“母”，就一辈子没危险。堵塞感官欲望，关闭偏邪门径，终身安逸、无病；开启欲望，济成各种私事，终身不可救治。察见细微叫作明，守持柔弱叫作强。用外在事物的光亮反哺内在道的明，不给自身带来祸殃，可谓是熟习常道。

《庄子·在宥》“慎汝内，闭汝外”，是《道德经》第五十二章“塞其兑，闭其门”的变文。河上公注：“用其目光于外，视时世之利害。复当反其光明于内，无使精神泄也。内视存神，不为漏失。人能行此，是谓习修常道。”王弼注：“为治之功，不在大。见大明，则小乃明。守强不强，守柔乃强也。”

【智慧点拨】

闭其门，与睁眼看世界好像相反。其实，闭其门，与前面提到的“足不出户，知天下”的意思是一致的，我们环球旅游，固然是好，见多识广，然而更多的知识获取方式读书即足不出户的方式却更重要，二者要有机结合起来。我们睁眼看世界，敞开门户观看花花世界的时间不少，可却忘了“闭其门”来潜心思考花花世界的重要性。很多人不愿独处的根本原因即在此。

打开感官，开启执着，心向外奔驰，世间虽美，却也很快衰颓。因为自照而明白的更能长久。

【“可道”的经典事例】

法律教授趣说法律说明了“见小曰明”的道理。将复杂化为简单，删繁就简是今天多少部门梦寐以求的目标。

美国一位叫哈罗德·伯尔曼的法学教授就是这样追求的，因此他的授课深入浅出、妙趣横生。一次，他到某中学讲授法律类型及使用范围，打比方道：一个孩子说：“这是玩具，别动它。”——这是财产权，合法的财产不可侵犯。一个孩子说：“你答应过我的，不要反悔。”——这是合同法，每一个人都要对自己的承诺负责。一个孩子说：“你先打我的，你应该道歉和罚站。”——这是刑法，伤害他人或侵犯他人合法权益，就应受到惩罚。一个孩子说：“爷爷奶奶给的零花钱我不能独吞，我必须要上交一部分给妈妈。”——这是税法，任何人收入的一部分要上缴政府。一个孩子说：“我要把你做的事全部告诉老师。”——这是诉讼法，私下解决不了的纠纷，就必须通过诉讼的途径。一个孩子说：“爸爸说不可以，我们还是不要去做吧。”——这是宪法，最具有法律的权威，任何其他法律条文或组织规范都不可挑战它。哈罗德通过孩子们日常生活中的语言，解释了深奥繁杂的法律知识，从微小中见出明理。

第五十三章

盗夸非道

使我介然有知，行于大道，唯施是畏。大道甚夷，而民好径。朝甚除，田甚芜，仓甚虚。服文彩，带利剑，厌饮食，财货有余，是为盗夸。非道也哉！

【译文及相关的注】

假使我有点知识，行走于大道上，做事、走路都显出畏惧的样子才对。大路本来很平坦，而一些人却喜欢走捷径、投机取巧。于是，朝政很腐败，农田很荒芜，仓库很空虚。而官员们穿着锦绣衣服，带着锋利宝剑，吃厌了精美饮食，占有过多的财富，这叫作盗窃大贩，根本就不是道呀！

“盗夸”在《韩非子·解老》中作“盗竽”，指的是“盗魁”，所谓“竽为众乐之倡，一竽唱而众乐和。大盗倡而小盗和，故曰盗竽”。河上公注：“好饰伪，贵尚华。尚刚强，武且奢，多嗜欲，无足时。百姓不足而君有余者，是由劫盗以为服饰，持行夸人，不知身死家破，亲戚并随之也。”王弼注：“大道荡然正平，而民犹尚舍之而不由，好从邪径，况复施为，以塞大道之中乎？故曰：大道甚夷，而民好径。”

【智慧点拨】

知识丰富能力很强的高人，走在路上，却是战战兢兢的样子，生怕碰到解决不了的问题。其实，越是高人，越是谦虚和谨慎，因为知识无涯、天外有天；相反，一知半解的人却表现出无所畏惧的样子，如“初生牛犊不怕虎”说的只能是一种精神一样，其结局是可想而知的，早就成为虎口的美食了。到底选择结局很糟的精神闯劲还是选择

"唯施是畏"的谦虚和谨慎呢？

行在大道，担心歧出邪路。小草的哲学虽小，但却庄严而伟大。

【"可道"的经典事例】

明末清初思想家黄宗羲被誉为"中国思想启蒙之父"。其父黄尊素乃东林七君子之一，因弹劾魏忠贤被削职下狱，受酷刑而死。后来黄宗羲终为父鸣冤、庭锥奸党。他从学于著名哲学家刘宗周，得蕺山之学。后参加复社兴学，明亡后组织"世忠营"抗清，兵败后隐居著书讲学。他非常博学，对经学、史学、文学、历法、数学都有独到的研究。他的政治理想主要集中在《明夷待访录》一书中。

他在《明夷待访录》的首篇《原君》中指出君主应负担起抑私利、兴公利的责任，而不应高高在上，处处独尊。他提出设立宰相以及设校议政来限制君权过分膨胀，他有着"天下为主，君为客"的民本思想，主张"天下大公""齐之均之"，反对君主集权专制。这与老子提倡"畏"、反对"盗"的思想一致。

第五十四章

以身观身

善建者不拔，善抱者不脱，子孙以祭祀不辍。修之于身，其德乃真；修之于家，其德乃余；修之于乡，其德乃长；修之于国，其德乃丰；修之于天下，其德乃普。故以身观身，以家观家，以乡观乡，以国观国，以天下观天下。吾何以知天下然哉？以此。

【译文及相关的注】

善建的不可拔除，善抱的不会脱落，子孙遵照这个道理来从事祭祀活动就不会断绝。用这个道理修身，他的德就会纯真；用这个道理治家，他的德就会波及；用这个道理治乡，这乡的德就会长远；用这个道理治国，这国的德就会丰厚、盈多；用这个道理治天下，天下的德就会普及到百姓中去。所以，由此及彼，以个人之身去认识他人之身，以自己的家去认识他人的家，以自己的乡去认识他人的乡，以自己的国去认识他人的国，以已知的天下去认识未知的天下。我怎么会知道天下是这样的呢？就是用这种类推的方法。

《庄子·应帝王》："其德甚真。"河上公注："以修道之身，观不修道之身，孰亡孰存也。以修道之家，观不修道之家也。以修道之乡，观不修道之乡也。以修道之国，观不修道之国也，以修道之主，观不修道之主也。"王弼注："以身及人也。修之身则真，修之家则有余，修之不废，所施转大。"

【智慧点拨】

"善建者不拔"的"不拔"意思是"行"，于是有建设银行将其改为"善建者行"，写在墙上，经过字体编排，突出"建行"两个大字，确实很有创意。现在不仅是经济领域的善建，开发商们一栋栋拔地而起的高楼，极大地改变了城市面貌，也满足了农村城镇化改善居住环境的需要；精神领域如何善建呢？新华书店的昔日辉煌不再，诗琴书画的文化氛围不再，读书无用的呼声日益高涨，何时迎来精神领域的“建行”？

“观”是对比而视，是清净的观赏，是如其所如的让它生长。

【“可道”的经典事例】

“六尺巷”的故事说明了“德修”的道理。清康熙年间名臣张英凭借着肯吃亏的“不争”之德赢得康熙的信任和器重，也赢得其家乡乡邻好友的夸赞。张英是安徽桐城人，他在京城做官时，家眷仍然住在老家。一次，张英老家的邻居吴氏私自占用张家的一块空地，张家想让吴家让出来，吴家不肯，于是两家互不相让。张英的家人写信到京城，让官人出面干涉。张英当时任正一品的文华殿大学士，想争这样一块本来就属于自家的土地绝对是易如反掌。他的家人终于等到张英的回信，是这样的一首诗：“一纸书来只为墙，让他三尺又何妨。万里长城今犹在，不见当年秦始皇。”

张英胸襟广博，认为不该为这点小事伤了和气。他的家人收到信后，马上让出三尺土地，以表示不再争执。邻居吴家得知后，很钦佩张家的大度，竟然也让出三尺土地，于是空出的六尺土地被后人称为六尺巷，传为美谈。中国有句俗话“一让两有，一争两无”，人生在世，利益欲望无止境，处处与人争夺，斤斤计较，势必活得太累，人际关系也会变得很糟糕。

第五十五章

物壮则老

含德之厚，比于赤子。蜂虿虺蛇不螫，猛兽不据，攫鸟不搏。骨弱筋柔而握固，未知牝牡之合而全作，精之至也。终日号而不嗄，和之至也。知和曰常，知常曰明，益生曰祥，心使气曰强。物壮则老，谓之不道，不道早已。

【译文及相关的注】

蕴涵德性深厚的人，好比纯洁的婴儿。面对纯洁的婴儿，我们不会有成见，故“蜂虿虺蛇不螫，猛兽不据，攫鸟不搏”。纯洁中有坚持符合道的法则。婴儿筋骨虽柔弱，而小拳头却握得很牢固。婴儿不知道男女交合之事，而生殖器常常勃起，在纯洁柔弱中见出精力充沛。婴儿整天号叫啼哭而喉咙却不沙哑，表现出淳和之极。认识淳和的道理能够恒常，认识到恒常能够慧明。因此，贪图过多的生活享受叫作祸殃，以过多的欲望支配精气的活动叫作逞强。这样的话，事物好似壮大了实则却是走向衰老，可以说是离道甚远，而离了道往往很快夭亡。

“未知牝牡之合而全作，精之至也”，指的是精气。《庄子·大宗师》“有骇形而无损心，有旦宅而无耗精”，亦指精气。河上公注：“含怀道德之厚者也，神明保佑含德之人，若父母之于赤子也。”王弼注：“赤子无求无欲，不犯众物，故毒蛇之物无犯之人也。含德之厚者不犯于物，故无物以损其全也。”

【智慧点拨】

战争释放了少数人身上多余的力比多，然而，随着和平进程的加速，战争已渐渐不得人心，裁军休战成为主流。更有一种先进的方式替代战争将那些人身上的力比多释放掉，这就是足球运动。尽管足球场上的火药味很浓，但那毕竟不是摧毁地球家园、摧毁人生命的战争，那是精神上的战争，技术上的战争，协同能力上的战争，不流血的战争。在所有的竞技体育项目中，足球的拼杀性最强，因此最受欢迎。足球与战争赋予了释放力比多功能上的相同。为了让休战的情绪延续，在足球赛开始的仪式上，每位运动员手里都牵着一位儿童上场。天真纯朴的儿童会将童心传递给他们，以含德之厚的稚嫩传给好战的他们。这是足球比赛这样设计的初衷。在我们的心魔肆虐的时候，想一想童真！

和谐，不破裂，不迫切，让他来，让他去，为“常”态。和气，是如其所如的喜怒哀乐，并不是无喜怒哀乐。

【“可道”的经典事例】

庄子借粮故事表达了“知常曰明”的道理。庄子反对孔孟说的仁义礼，推崇的是自然通透的天籁、率真，如扶摇九天的大鹏、怒气冲冲的螳螂、自得其乐的斥鴳、河中喝得肚皮溜圆的鼹鼠。一天，庄子家无米下锅，妻子西妩深感“巧媳妇难做无米之炊”，让庄子找朋友去借粮食。于是庄子前往还有交情的监河侯家借米。监河侯知道庄子穷，以后不一定能还得上，就讲“授人以鱼不如授人以渔”的道理，说现在借米，吃完了还是穷，不如待来年收割后借田地更好，实际是婉言谢绝了。庄子说那就不必了，并说了个故事给监河侯听。

庄子说，有一次在大路上的车迹里有两条干枯得快奄奄一息的小鱼在大喊“救命呀救命呀”，向路人寻求一杯水活命，可路人却说，我不能给一杯水给你，我可以从长计议，回头闲时挖一条河过来，才能真正解决问题。小鱼说那不必了，没等河渠过来早就死了。所谓的仁义礼是靠不住的，不如自力更生、相濡以沫吧。乡人曹商从秦王那里得到一百辆车的赏赐，“一悟万乘之主而益百乘”后，便到庄子目前显摆，劝庄子“识时务者为俊杰”，多向仁义礼低头。庄子毫不客气地还击道，听说大王们赐宝的多少主要看违背人性的程度，百辆车的赏赐需用口中舌头多年多次舔吸着秦王股沟中长脓的痔疮才得来。对于人情世故、巴结领导等，庄子是深知的，然而他不去主动追逐，因为他太“明”了。

第五十六章

知者不言

知者不言，言者不知。塞其兑，闭其门，挫其锐；解其分，和其光，同其尘，是谓玄同。故不可得而亲，不可得而疏；不可得而利，不可得而害；不可得而贵，不可得而贱，故为天下贵。

【译文及相关的注】

真正的知者谨慎表态，随意表态的往往不是真懂。堵塞着过多的感官欲望，关闭通向外在纷争的门径，挫去锋锐，化解纠纷，调和光耀，混同垢尘，这叫作道的玄同。所以，这样的大和、玄同之道，是理想的生活状态。我们尽量淡化对他亲近，抑或对他疏远；尽量淡化使他得利，抑或使他受害；尽量淡化使他尊贵，抑或使他贱下。所以这样的和谐之道为天下所重视。

《庄子·胠箧》：“攘弃仁义，而天下之德始玄同矣”，是“绝仁弃义”的变文。河上公注：“知者贵行，不贵言也。驷不及舌，多言多患”。王弼注：“可得而亲，则可得而疏也。可得而利，则可得而害也。可得而贵，则可得而贱也。无物可以加之也。”

【智慧点拨】

“言者不知”，说的是喜欢夸夸其谈的人往往是没有多少知识的人，因为知识的广博让我们无从谈起。知识的听取对象情况、介绍知识的时间选取、知识范围的界定等，对于这些情况的综合掌握谈何容易，所以，很多场合是真正的知者尽量不说话，张口即错。只有无知者无畏，不顾知识的听取对象情况、介绍知识的时间选取、知识范围的界定等，随意而来、尽兴而去。真正会说话的人是话不在多而在精、在准、得体的人。

不要在一线的两端思考，而要“得其环中，以应无穷”。

【“可道”的经典事例】

问安被骂的故事说明“不可得而贵”的道理。《国语·鲁语下》载：有一天，公父文伯退朝回到家中，拜见母亲，见母亲正在纺织麻线，于是劝止说：“像我这样的家庭，母亲还要纺织麻线，恐怕让季孙们误解，认为我不能奉养母亲呢。”他母亲听闻后不高兴。她说：“我认为你见到我会说，不要荒废先人的功业。可你就说自求安逸的话，让我替你着急呀。‘昔圣王之处民也，择瘠土而处之，劳其民而用之，故长王天下。夫民劳则思，思则善心生；逸则淫，淫则忘善，忘善则恶心生。沃土之民不材，淫也；瘠土之民莫不向义，劳也。’选择贫瘠的土地让百姓居住，让他们勤劳耕作再任用他们，这样能长久地统治。勤劳才会思考，思考才会有善心，贪图安逸就会变得放纵，放纵就会变得产生邪恶心。居住在肥沃土地的百姓没有才能，因为易放纵；住在贫瘠土地的百姓无不向往正义，因为勤劳使然呀。当大官的也是这样，切记之。”特别是那些养尊处优环境中成长起来的人更应切记“不可得而贵”。而那些从贫困中经历的人相对而言，会更加珍惜机会，工作作风也会较为踏实。

第五十七章

以正治国

以正治国，以奇用兵，以无事取天下。吾何以知其然哉？以此。天下多忌讳，而民弥贫；民多利器，国家滋昏；人多伎巧，奇物滋起；法令滋彰，盗贼多有。故圣人云，我无为而民自化，我好静而民自正，我无事而民自富，我无欲而民自朴。

【译文及相关的注】

以正大光明的法则治国，以奇谲诡异的策略用兵，以不扰民的方法来对待天下。我怎么知道是这样的呢？以此：天下的禁令、忌讳越多，百姓就越贫困；百姓的锋利器械越多，国家就越混乱；百姓的巧妙技量越多，奇怪物品就越多；法令越突出彰显，盗贼就越多。所以圣人说：我无所作为而百姓自然顺化；我爱好虚静，百姓也自然端正；我不加干扰，百姓自然富足；我没有贪欲，百姓自然淳朴。

《庄子·应帝王》：“夫圣人之治也，治外乎？正而后行。”圣人之治的核心在于“以正治国”。《庄子·在宥》“汝徒处无为而物自化”，由老子的政治用语引申为养生学用语。《庄子·天地》：“故曰：古之畜天下者，无欲而天下足，夫为而万事化，渊静而百姓定。”《庄子·天地》“行言自行而天下化”，与“我无为而民自化，我好静而民自正，我无欲而民自朴”文句略异。河上公注：“我常无欲，去华文，微服饰，民则随我为多质朴也。”王弼注：“上之所欲，民从之速也。我之所欲，唯无欲，而民亦无欲而自朴也。此四者，崇本以息末也。”

【智慧点拨】

“人多伎巧”，现在的人太聪明了，可以将伎巧发挥得淋漓尽致。养猪可用瘦肉精，养鱼可用避孕药，种菜可用转基因，黄瓜可注催熟剂，奶粉可用化工品，药品可用皮鞋造，战争可用生化武器，文章可在百度抄，婚姻可用金钱买，爱情可用房子找，官位可用钞票捞，赢球可用上黑哨，怎么办？除了继续让法律履行职能外，好静之德、淳朴之德的德育势在必行。

用其机，不如浑其机；用其心，不如浑其心；浑朴自然，任其无为。

【“可道”的经典事例】

僧人背女子过河的故事说明了“我无为而民自化”。佛教中有一则故事，说的是两个和尚过河的事。一天，一位老和尚和一位小和尚师徒二人出外化缘，逢到山过山，结下山缘；遇到水过水，结下水缘。这时，只见前面一条大河挡住去路，在河边有一看似忧虑的美貌女子。师徒二人正准备下水过河，女子忽然请求帮忙，说这河水太深，自己一个弱女子难以渡过，师傅可否帮忙背自己过河。小和尚一听就呆住了，因为出家人戒律规定不得近女色。老和尚听后爽快答应，耸肩背女子，很快就过了河了。老和尚认为，别人为难时救助别人一把，是义不容辞的，也是佛教精神所弘扬的。过了河，女子答谢后走了。师徒二人继续赶路。老和尚心情舒畅，仍旧见山见水，见云见风。小和尚却埋头不语，默默深思。在走了十多里地之后，小和尚终于憋不住了，他不解地问道：“师傅，出家人不近女色，为何您刚才破戒，背那女子过河呢？”

原来如此，老和尚终于明白，小和尚是为这事困惑，于是，开解道：“儒家主张‘男女授受不亲’说的道理与佛家相似。有人询问孟子，如果孟子的嫂子落水，小叔子要不要下水救人呢？孟子是这样回答的，如果不救，富有仁爱之心的人同畜生何异？肯定要施救，施救是仁爱的最好表现，‘男女授受不亲’说的是一般状况下的主张，男女有别，利于礼的建立、仁爱的实施；而特殊情况下的下水救人，是‘权益之策’罢了，无可厚非。出家人讲究慈悲为怀，将那女子背过河也是‘权宜之策’，且心中无事，一切魔念自化。我自己早就忘了那女子的事了，只有你走了这么远的路还想着此事，看来心真是太重要了。”这些不正说明了“我无为而民自化”的道理吗？僧团是社会的一部分，他们在很多方面的“无为”恰好是社会需要大力弘扬的。

第五十八章

祸福相依

其政闷闷，其民淳淳；其政察察，其民缺缺。祸兮福之所倚，福兮祸之所伏。孰知其极？其无正？正复为奇，善复为妖，人之迷，其日固久。是以圣人方而不割，廉而不刿，直而不肆，光而不耀。

【译文及相关的注】

政治环境宽松，百姓就淳朴。政治环境紧张，百姓就狡诈。灾祸啊，往往是幸福倚靠的场所；幸福啊，往往里面内伏着祸端。谁知它最后结果呢？它没有定论。正大光明的可能复归为奇巧的状态，善良美好的可能复归为妖孽的状态。人们的迷惑，由来已久！因此，圣人虽方正但不会显出切割痕迹，虽锋利有端但不会伤人，虽坦直但不放肆、随意，虽光亮但不刺眼。

《庄子·在宥》：“淖约柔乎刚强。廉刿雕琢。”“柔弱”与“刚强”概念见于《道德经》第三十六章、第七十六章、第七十八章，“廉刿”语出第五十八章“廉而不刿”。《庄子·刻意》“光矣而不耀”，语出第五十八章“光而不耀”。河上公注：“圣人廉清，欲以化民，不以伤害人也。今则不然，正己以害人也。”王弼注：“善治政者，无形无名，无事无政可举，闷闷然卒至于大治，故曰其政闷闷也。其民无所争竞，宽大淳淳，故曰其民淳淳也。”

【智慧点拨】

福就是福，祸就是祸。至于福能转化为祸，或祸能转化为福，这是另外一件事。我们的幸福需要营造，因此没有理由不珍惜幸福，享受幸福的生活；我们的祸需要我们认识，需要没有理由不承担祸，饱受祸给人带来的痛苦。幸福时不必杞人忧天，为祸的即将到来担心害怕，从而减少了福的分量；祸来临时不必盲目乐观，为福的即将到来满心欢喜，从而减少了祸的分量。当然，还有另外一种更长远的看法，即老子所说的福祸相依的道理。幸福的人，为了更长远的幸福，早作打算，未雨绸缪，将可能的祸消灭在萌芽状态；为了不让祸扰乱心思，想一想转化的道理，为福的提前到来积极努力，对保持平常心极为有益。前面说的是普通人的想法，后面说的是高人的想法。

老子慈和体谅社会整体以及他人来求得自身利益的实现，而不是无所顾忌地无所不用其极，是“直而不肆”。一不是“不择手段”；二不是滑入相对主义窠臼。后来的庄子可能在相对性与绝对性、相对主义与绝对主义之间的关系方面倾向于前者多些。照亮人，但不要让其眼睛都睁不开，一片漆黑。“看不出来”的生长力量，是“默运造化”。

【“可道”的经典事例】

提倡“闷闷”“淳淳”。魏武侯治理国家很卖力，然成效甚微。一天，魏武侯向徐无鬼请教。徐无鬼说：“下等品质的狗禀性如夜猫，只顾填饱肚子即可；中等品质的狗总是凝视远方；上等品质的狗总是忘记自己的存在。好马的体态直的部分合乎墨线、弯的部分合于沟弧、方的部分合于角尺、圆的部分合于圆规，但最好的马具有天生材质，缓步似有忧虑、奔逸神采奕奕，超越马群却忘记自己的存在。”魏武侯大喜。徐无鬼指出是淳朴的话语说服了魏武侯。“如在越地流亡人看来，离开都城几天，遇到故友便十分高兴；离开十天整月，见到曾见过的人便大喜过望；一年后，见到同乡便欣喜如狂，所谓离开越久情义越深。逃向旷野在野草地生活的人，连听到人的脚步声都高兴不已呢，一定要培育人们的淳朴之心。”

第五十九章

长生久视

治人事天莫若啬。夫唯啬，是谓早服。早服谓之重积德，重积德则无不克，无不克则莫知其极，莫知其极，可以有国。有国之母，可以长久。是谓深根固柢，长生久视之道。

【译文及相关的注】

治理天下、对待人事不如吝啬、谦逊为好。吝啬、谦逊，可说成是早作打算、化解矛盾的方法。早作打算可说成是重视积德。重视积德就无往而不胜。无往而不胜的力量无法估量。这种无法估量的力量，可以管理国家。这就是治国的根本，这样的治理就可以长久，叫作根深蒂固。这是延长生命、永久视见的道理。

《庄子·在宥》："至道之精，窈窈冥冥……抱神以静，神将自正……无摇汝精，乃可以长生"，引申说明"长生"之道。《道德经》第四十五章"清净为天下正"描述老子的政治人生理想。《庄子·缮性》："深根宁极而待，此存身之道也"，类同于《道德经》第五十九章"是谓深根蒂固，长身久视之道也"。河上公注："治国者当爱民财，不为奢泰。治身者当爱精气，不放逸。"王弼注："唯重积德，不欲锐速，然后乃能使早服其常，故曰早服谓之重积德者也。"

【智慧点拨】

积德需要一个慢慢的过程，不能像临时抱佛脚的那些人。临时抱佛脚那些人把佛当作工具，在利用佛，平时不烧香，到了有事时才请求佛来帮忙。佛如果知道这一点，就是很灵的佛、是真佛，那么就不会上临时抱佛脚那些人的当，就不会去管他们的那些烂事；佛如果不知道这一点，就是不灵的佛、是假佛，那么就会上临时抱佛脚那些人的当，就会去管他们的那些烂事，但因为是不灵的佛、是假佛，管了也是没有用的。人的德行也是如此，重在积累、在长期的积累，不做临时抱佛脚的那些人！

不要那么慷慨，宁可俭约一些，使人的生命因节肃而有力量。长在枝叶的不必太在乎，当在乎的是长在泥土下看不见的部分。

【"可道"的经典事例】

比尔·盖茨的故事说明了"莫如啬"的道理（《哈佛家训·头等舱》）。据说世界富豪比尔·盖茨是从来不坐头等舱的。有人在经济舱看到他，就问他不坐头等舱的原因。比尔问："难道头等舱比经济舱飞得更快吗？既然速度也是一样，为什么非要花那个冤枉钱？"这说明比尔·盖茨确实是"啬"，他看中的不是头等舱带来的虚荣，而是实际效益。同等情况下，头等舱的昂贵完全是没必要的，是可以节省的。主张节俭成为公司的重要理念，这也是比尔·盖茨成为世界富豪的重要原因。

另一个美国富翁麦肯锡有不同的理解。他坐飞机时只坐头等舱。后来，他终于说了自己的原因。他说，在飞机上的头等舱里认识一个客户，就可能给自己带来一年的收益。据说，他在头等舱认识了许多社会名流，这些社会名流中有许多后来成为了他的客户。与那些整日里不知如何打发时间的人不同，对成功的商人来说，是不会那么轻易让时间溜走的，时间就是金钱、就是商机，如果在飞行的路上都能发现商机，确实是够"啬"的了。能给自己带来大量财富，如果不去利用，不是太可惜了吗？听说，后来的比尔·盖茨为了节俭时间，干脆买了专机乘坐，有了专机，节约时间上就能达到最大化了。他从另一面学会了"莫如啬"。

第六十章

治国若烹

治大国若烹小鲜。以道莅天下，其鬼不神。非其鬼不神，其神不伤人；非其神不伤人，圣人亦不伤人。夫两不相伤，故德交归焉。

【译文及相关的注】

治理大国好像煎烹小鱼，忌勤翻动。以符合道的原则来治理天下，那些有违道的精神的鬼怪之事就不再显得变化莫测了。不是鬼怪之事不再显得神秘莫测，而是即使它们神秘莫测也难以伤人。不仅它们的神秘莫测难以伤人，圣人也不伤人。这样圣人和鬼怪之事双方互不伤害，所以能彼此无事，天下人交归德事、和谐相处。

河上公注："烹小鱼不去肠、不去鳞、不敢挠，恐其糜也。"高延第注："《庄子》'一心定而王天下，其鬼不祟。'又云：'阴阳和静，鬼神不扰。'皆此义也。"王弼注："神不害自然也，物守自然则神无所加，神无所加则不知神之为神也。道洽则神不伤人，神不伤人则不知神之为神，道洽则圣人亦不伤人，圣人不伤人，则不知圣人之为圣也，犹云不知神之为神，亦不知圣人之为圣也。"

【智慧点拨】

美国前总统里根说过要学习老子"治大国若烹小鲜"这句经典名言，中国国家主席习近平也提到要学习老子"治大国若烹小鲜"之道。这至少说明两点，一是领导人都知道在家里怎么烹煮小鱼，看来都下过厨房，百姓听了后有亲切感；二是领导人都知道治理国家不宜折腾、不宜轻易变动政策，改革要有步骤，不能操之过急。我们作为百姓，说话办事也要注意两点，一是说话办事要有分寸，与目标不远，易达到目标；二是不要太突兀，要平缓渐进，有前提、有基础，心理准备充足。

自然大道的恩慈是：那会伤害你的也不伤你了。不要用“扫黑”的方式而要用“照亮”的方式。

【“可道”的经典事例】

什么是道？道就是从小事做起，道就是让尊严敞开。在加拿大魁北克省的一个小城，一个风雪交加的傍晚，鲁迪斯小心翼翼驾车去医院看望高烧住院的儿子。在不远处，他突然发现一个老者蹒跚的身影，鲁迪斯将车开到老者身旁，问“需要帮忙吗？”老者同意了，并上了车。老人说，是因为大雪，公交车停运而他没有车坐了。这时，车在一个斜坡上滑行，迎面突然有一辆轿车摇摇晃晃地驶了过来。为避让来车，鲁迪斯下意识地踩了刹车，但是，意想不到的事发生了，因急刹车加上雪地打滑，整个车身撞向一棵大树——等鲁迪斯醒来，发现自己已经躺在医院，自己只是断了两根肋骨，而搭车老人做了开颅手术，还在昏迷中。按照当地的法律，鲁迪斯要为自己的过失负责，即要承担老人70%的医疗费用，真是好心办出糟糕的事情。

老人在昏迷了二十多天后奇迹般地醒过来了。老人醒过来的第一句话出乎别人的意料，他说：“千万不要赔偿，要会感恩，善意都是美好的，我们不能辜负了好人的心！”老人的肺腑之言感动了在场的人，感动了整个小城。人们上街打出标语“让善意不再尴尬”“拯救爱心”的条幅，为仁慈的老人募捐。一时间，爱心像空中的雪花漫天而至，收到的慈善款超出了人们的想象。老人得知后，要求将这些善款全部捐出来，成立“爱心救助基金”，专门帮助那些因爱而遭遇尴尬的好心人。

多少年过去了，老人早已去世，然而以老人名字命名的基金却越来越多。人们这样评价老人：爱原本是喜悦的关怀和无偿的付出，当爱心遭遇法律的碰撞、善意遭遇扭曲时，是老人还原了善意的本来模样，让正“道”布满天下、人间，所谓“以道莅天下，其鬼不神”。在今天，分工过于细致、效率为先的情况下，道德滑坡成为必然，只有以“道”降临，人间的春天才会真正来临。

第六十一章

大国下流

大国者下流。天下之交，天下之牝。牝常以静胜牡，以静为下。故大国以下小国，则取小国；小国以下大国，则取大国。故或下以取，或下而取。大国不过欲兼畜人，小国不过欲入事人，夫两者各得其所欲，大者宜为下。

【译文及相关的注】

大国者宜谦卑处下，因为能成天下汇归之处，往往在天下慈柔如母之所。雌性经常以静胜过雄性，就在于她能静且居下。所以，大国谦下于小国，便可取得小国的信任；小国谦下于大国，便能取得大国的信任。因此，谦下可以信任人，抑或被人信任。大国不过分要求领导小国，小国不过分要求侍奉大国，大国小国都适当满足自身的要求。在二者的关系中，大国应特别注意谦下。

河上公注："柔谦和而不唱也，大国者，天下士民之所交会，女所以能屈男，阴胜阳，以其安静，不先求之也。阴道以安静为谦下。"王弼注："雄躁动贪欲，雌常以静，故能胜雄也，以其静复能为下，归物归之也。"

【智慧点拨】

中国、美国、俄罗斯是真正大国，在世界上这三个国家面积大、实力强。近代的中国处于水深火热中，然而终于摆脱了三座大山的重压，站起来了；两次世界大战的战火烧到了俄罗斯，俄罗斯取得战争的最后胜利；美国是后起之秀，在推行霸权主义政策时显示了它不可一世的蛮横。大国与小国之间关系尚可处理，但大国与大国之间关系如何处理呢？同样，老子说的"大国者下流，天下之交"，包括处理大国与大国关系。中国人骨髓深处流淌着道家的精神品质，谦逊、内敛、温和，尤其是对于与美国关系的处理一直非常谨慎。俄罗斯在苏联解体后，实力大为削弱，基本上对美国也是以谦和为主，尽管北约东扩至俄罗斯的家门口。问题是美国的霸权心态时不时露出来，尽管中美关系总体是好的，但好有限度，更进一步的友好取决于美国是否真心诚意“下”来。

舍去不必要的高傲，正视真正的卑下；卑下才能坤德载物。

【“可道”的经典事例】

鸭鹤修腿的故事说明“各得其所欲”的道理。《庄子》载，百姓为了私利而牺牲，士人为了名声而牺牲，大夫为了家族而牺牲，圣人为了天下而牺牲。虽然从事的事情不同、名声也各异，“各得其所欲”，但就通过牺牲以损害人的本性这点来说是共同的。臧因读书而让放着的羊丢了，谷因玩游戏而让放着的羊丢了，其结果是一样的。伯夷为博取贤名死在首阳山下，盗跖为了私利死在东陵山，就死了性命这点而言二者是一样的。有一天，有“好心人”看着鸭腿太短，乐于助人的心顿起，于是乘鸭子睡着时，偷偷地用木枝接在鸭腿上，并自豪地认为这是自己的杰作，喊道：“鸭子女士，快睁眼看吧，你长长的腿多么符合美的标准啊！”谁知道鸭子醒来后勃然大怒：“我对我的腿非常满意，谁让你随便改变大自然赋予我的美腿的结构的？赶快改回来！”鸭子的邻居鹤也遭遇同样的事情。那天早晨，鹤醒来后发现，自己的长腿被锯短了，非常痛苦，发出凄惨的悲鸣。可“好心人”却说：“考虑到你的腿太长，易于折断，帮你做了件好事呢。”其实，鸭的腿短，鹤的腿长，都是符合天性的正德，“各得其所欲”。

中国历史上自汉朝起以和亲的方式获得民族团结的例子很多，如昭君出塞、文成公主故事（贞观十五年，唐太宗将文成公主嫁与吐蕃英主松赞干布）、金城公主故事（唐高宗永徽元年，金城公主入西域，与尺带珠丹完婚）等。西汉武帝时，曾对匈奴发动十多次进攻，卫青、霍去病、李广等名将曾立下战功，然而“杀敌一千，自伤八百”

的战争始终困扰着双方。汉元帝即位时，匈奴的呼韩邪单于来长安，要求和亲，元帝送昭君出塞。昭君和亲，使匈奴和汉朝和睦相处六十多年，符合“大邦以下小邦，则取小邦；小邦以下大邦，则取大邦”的思想。

第六十二章

善人之宝

道者万物之奥，善人之宝，不善人之所保。美言可以市，尊行可以加人。人之不善，何弃之有！故立天子，置三公，虽有拱璧以先驷马，不如坐进此道。古之所以贵此道者何？不曰以求得，有罪以免邪？故为天下贵。

【译文及相关的注】

大道是自然万物归趋的奥秘之所。善人视之为法宝，不善之人也受它的保护。美好的言辞能得到人们的尊崇，善良的行为可以提升人的官位、职级。即使有人一时做出不善之事，道又怎能把他们抛弃呢？所以树立天子，设置所谓的三公大臣，即使接受美好的拱璧玉石以及珍贵的驷马车辆，又能怎样呢？还不如各行各业的人在对道的坐守中获得安逸。古先圣贤为什么要重视这个道呢？难道不是说，只要真心探求必定有所得，即使获了罪也可得到道的豁免吗？正因如此，所以道被天下人视为珍贵。

河上公注："美言者，独可于市耳。夫市交易而退。不相宜善言善语，求者欲疾得，卖者欲疾售也。"王弼注："以求则得求，以免则得免，无所而不施，故为天下贵也。"

【智慧点拨】

"尊行可以加人"指的是高尚的行为能赢得别人的尊敬、效仿。什么是尊行呢？尊行指的是高尚的行为即符合道的法则的行为，这样的行为对善人友好，对不善人也友好，或者说，不善人也能从中得到启迪。人们都要对高尚行为者及其行为嘉奖和鼓励，尤其是不善人更要如此。诗人顾城说"高尚是高尚者的通行证，卑鄙是卑鄙者的座右铭”，但愿后句改为“高尚是卑鄙者的座右铭”，卑鄙者应从高尚中获取更多，作为自己追求的目标。

大道无形，去掉了“形”，进到了“无”，才入乎“道”，最后入无所不在的“大”，这是无休止的过程。

【“可道”的经典事例】

《哈佛家训》载，“拥有自己的快乐‘湖水’”说明了“道者万物之奥秘”的道理，大道如湖水，能冲淡、稀释一切，又能包容一切。从前有个徒弟整天抱怨不停，一会儿说这个不好，一会儿说那个不行。师傅终于想出一个办法来教育徒弟。有一天，师傅让徒弟取一些盐来。师傅让徒弟将盐倒进水中喝，然后问他味道如何，徒弟吐出水说：“很咸。”师傅带着徒弟到湖边走走，让徒弟将盐撒进湖水中，然后让徒弟喝，徒弟喝了后，觉得一点咸味也没有了。

师傅握着这个整天爱抱怨的徒弟说：“人生的痛苦如同这些盐，这些盐的数量是固定的，只不过我们承载痛苦的容器可大可小，这样也就决定了痛苦的程度。所以，当我们感到痛苦的时候，不要用杯子去装，而要用一片湖一样大的心胸去装，把承受的容积放大，成为一片湖。”我们的那一片湖是道，可容纳善，亦可容纳不善，是万物和谐相处的法宝。

第六十三章

无为无事

为无为，事无事，味无味。大小多少，报怨以德。图难于其易，为大于其细。天下难事必作于易，天下大事必作于细，是以圣人终不为大，故能成其大。夫轻诺必寡信，多易必多难，是以圣人犹难之。故终无难矣。

【译文及相关的注】

以无为的方式来作为，以无事的方式来作事，视无味为有味，这是道的追求。因此，不管面对大小多少所谓的各种怨恨，要用德来报答，符合以上的“三无”追求。图谋克服困难要从容易处入手，实现远大理想要从细小处开始，天下难事必须从容易处做起，天下大事必须从细小处做起。因此，圣人始终不逞大，所以能完成大事。轻易许诺别人的要求，势必要失信，把事情看得很容易势必会遇到很多困难。故，圣人遇事总是看得困难些，所以最终没有困难，这也是“三无”追求的初原之一。

河上公注：“欲图难事，当于易时，未及成也。欲为大事，必作于小，祸乱从小来也。处谦虚，天下共归之也。”王弼注：“以无为为居，以不言为教，以恬淡为味，治之极也。”

【智慧点拨】

对一般人而言，报怨以德是一种反逻辑。正常的逻辑是以德报德，以怨报怨，这样才符合人情人性。然而，对高人而言，正常的逻辑是报怨以德，抱怨以怨表示最直接的针锋相对，品位不高。从经验教训来看，老子说的才是真理，因为怨太多，以怨报怨，永远没完没了，要从根本上化解矛盾，使和平早日到来，只有这句话有用。当今世界，美国超级强大，然而敌人也最多，就是因为美国以怨报怨的事做得太多。打压历史原因很复杂的中东地区，以武力活捉有怨于美国的别国国家元首。美国前总统里根说过要吸收“治大国若烹小鲜”的道理，不知他们有没有看到“报怨以德”的表述，难道还有比这更好的解决问题的办法吗？

不要再计划了，开始吧！有了第一步，就好端端地做起来了。可以慢些，但不能停歇，要绵绵若存的努力。

【“可道”的经典事例】

《史记·萧曹世家》载，曹参酒里乾坤、无为而治的故事说明了“为无为，事无事”的道理。曹参继萧何担任汉相国，但整日里嗜酒成性，不理朝政，到了无以复加的地步。不仅如此，朝中不少官员也是嗜酒如命，不理朝政。一天，几个官吏正在楼堂馆所饮酒，且伴以歌唱和叫喊，闹得动静很大。于是，曹参的随行人员故意带曹参到其他官员正饮酒的地方，目的是好让曹参制止这些喝酒行为。谁知曹参不但不制止，而且叫自己的部下摆酒设宴，痛饮高歌，与官员们应和。汉惠帝知道后，心中疑惑，不知相国为何这样。曹参向皇上禀明到：“请陛下想一想，从圣明英武来看，陛下能比得上汉高帝吗？”惠帝说：“我怎敢与先帝比呀！”曹参又说：“我的才能比萧何还要强吗？”惠帝说：“你好像不及他。”曹参答道：“皇上说得好呀。汉高帝和萧何平定了天下，制定了明确的法令，只要我们遵守这些法令就行了，这不是很好吗？”惠帝恍然大悟，连声称赞。实际上，曹参的为政措施是，清净无为，与民休息。他用此政治理念，使得汉朝大治，被百姓称颂。

第六十四章

慎终如始

其安易持，其未兆易谋，其脆易泮，其微易散。为之于未有，治之于未乱。合抱之木，生于毫末；九层之台，起于累土；千里之行，始于足下。为者败之，执者失之。是以圣人无为，故无败；无执，故无失。民之从事，常于几成而败之。慎终如始，则无败事。是以圣人欲不欲，不贵难得之货。学不学，复众人之所过。以辅万物之自然，而不敢为。

【译文及相关的注】

局面在安定时容易维持，事变还没有迹象时容易解决，事物脆弱时容易溶解；事物细微时容易消散。我们要在事件发生前就把它安排妥当，要在祸乱未发生以前就加以治理。合抱的大树由小树苗长成，九层的高台由积累的泥土筑起，潜力的远行由第一步开始。有作为就会有失败，有得到就会有损失。因为圣人无为就不会失败；无得就无失。人们做事往往在快成功的时候失败。谨慎办事要自始至终，因此圣人的欲望即没有欲望，不重视稀有的货物；圣人的学问即没有所谓的学问，故能补救众人常犯的过错。用以辅助万物自然发展不去妄加干涉。

《庄子·天下》：“得焉者失。”同于《道德经》第六十四章“执者失之”。河上公注：“治身治国，安静者易守持也。情欲祸患，未有形兆时易谋正也。”王弼注：“以其安不忘危，持之不忘亡。谋之无功之势，故曰易也。”

【智慧点拨】

“九层之台，起于累土”，我们都要站在高台之上，因为站得高，才能看得远，才能看到与理想的距离是多么近。然而，我们的目光远大也好、理想崇高也罢，都是建立在累土之上。伟大理想的高远和现实土地之近是两件紧密的事，我们每天都在做。理想，让我们抬起思考的头颅，没有这样的执着，我们便是卖横力的老黄牛，永远不看方向也没有方向；累土，让我们对于理想的实现自信十足，没有踏实的心思，我们的立足之土便窄之又窄，及至一切空中楼阁体系濒临崩盘。

懂得见微知著，见缝插针，不要让它势态扩大了。

【“可道”的经典事例】

遵从“万物之自然”。一天，公孙龙请教魏公子牟说：“我学习先王之道，懂仁义之行，能融汇异同、分析坚白，把不是说成是、不可以说成可以，已非常通达，可听了庄子的言论，觉得没地方张嘴了。为什么呢?”公子牟仰天笑了，说：“你没有听说过井里的蛤蟆吗？对于能齐着自己两腋和两腮的井水感到很满意，并邀请老龟参观。老龟看到不能容下自己一只脚的井说，即使是一千里也难以比拟大海的宽度和深度，大禹时代的十年闹了九次洪害，殷汤时代的八年七旱，都不能增加或降低东海的水位呢。”公孙龙张大了嘴，伸出的舌头都落不下了。牟说：“你就像蚊虫扛山、百足虫过河一样，不能胜任窥探庄子学说的。就像用竹管去窥探天的广度、用锥子试探地的厚度一样，你的见识太少了。像燕国寿陵少年到赵国邯郸学习走路一样，没有学会走路，连原有的技能都丢了，只好爬回来。你丢失自然的本性了。”

第六十五章

大智若愚

古之善为道者，非以明民，将以愚之。民之难治，以其智多。故以智治国，国之贼；不以智治国，国之福。知此两者，亦稽式。常知稽式，是谓玄德。玄德深矣，远矣，与物反矣，然后乃至大顺。

【译文及相关的注】

古时善于行道的人，不是教人民灵巧些，而是教人民淳朴些。人民之所以难治理就是因为他们智巧太多。所以以智巧治国是国家的灾害；不以智巧治国是国家的幸福。认识这两种治国的法则就是最好的模式。经常运用这一模式，这就叫作“玄德”。“玄德”又深又远，与事物好似相反，而最后得到的却非常通顺。

《庄子·天地》：“是谓玄德，同乎大顺。”河上公注：“古之善以道治身及治国者，不以道教民，明知巧诈也。将从道德教民，使质朴不诈伪。”王弼注：“今古之所同，则不可废。能知稽式，是谓玄德。玄德深矣远矣。”

【智慧点拨】

“古之善为道者，非以明民，将以愚之”，说的是善治国者不是使百姓“明”，而是使百姓“愚”。这里的“明”指的是聪明的巧计，这里的“愚”指的是纯朴的心思。猪肉注水的事怎么解决呢？“小悦悦”事件怎么避免呢？可见，“愚”即纯朴的心思在社会上大力提倡是多么重要！

最玄的事是，好像没有，其实是有，生命的奥秘即在此。

【“可道”的经典事例】

老翁拒机械表达了“非以明民，将以愚之”的道理。有一天，有一只美丽的鸟落到了鲁国国都的郊外，鲁国国君很喜欢，命人捉住。带回宫中，每日以太牢之食喂养，以九韶之乐伺候，可是这只美丽的鸟却一天天瘦下去，最后死了。这就叫作以己养养鸟，以自己的聪明替鸟考量，害死了鸟。不如“愚之”，以鸟养养鸟，让鸟栖息山林，浮于江湖，饲以虫蛇。子贡在楚国遇到一位奇怪的老翁。老翁抱着一口瓮打水给菜地灌溉，每次从隧道下去井里深处盛水，盛上水后又抱着上来，将水灌入菜地。如此往复，效率甚低。子贡献计说：“凿木为机，后重前轻，提水若抽，其名为槔，用槔这种机械效率高很多。”老翁却不领情说：“有机械者必有机事；有机事者，必有机心。若有机心存于胸中，则淳朴自然的元气就会受到损害。”不要机械，要保持淳朴自然的价值观。尽管说今天的人们需要崇尚科学精神、重视科技，但是绝对不能走科学主义的唯科学是瞻的路子，科技不当运用给人类带来的灾难实在是太多。从这个角度来看，“愚之”表达的反对过分使用技巧确实是一种颇具远见的做法。

空船论说明“愚之”的好处。鲁侯学习先王治国之道，却仍祸患不断。有一天，鲁侯请教市南宜僚。市南宜僚说：“舍去国政捐弃世俗，节制欲望，与大道一起遨游太虚。比如乘船过河时，突然一只空船碰撞过来，即使心胸最狭隘、性子最火急的人也不会发怒；倘若那船上有人，就会招来大声呵责，如果呼喊一二次都没有回应，第三次呼喊时就是骂声不绝了。这是因为船上有人和无人的区别。如果将船上有人视同无人，就是‘愚之’的表现，没有烦恼。”

第六十六章

莫能与争

江海所以能为百谷王者，以其善下之，故能为百谷王。是以欲上民，必以言下之；欲先民，必以身后之。是以圣人处上而民不重，处前而民不害，是以天下乐推而不厌。以其不争，故天下莫能与之争。

【译文及相关的注】

江海成为一切河流中的最大，是由于它善于处在河流的下游，所以能成为一切河流的汇集。对于人来说亦如此，要想居于百姓的领导地位，必须在言词上对百姓表示谦下；要想走在百姓之前带领百姓前进，就必须甘居百姓之后。圣人是这样做的，故处在领导百姓的地位，百姓却不感到压力；处在百姓前面的位置而百姓却不觉碍事。这样，天下百姓喜欢推崇他而不厌弃他。因为他甘居低位、不跟人争，所以天下没有人能争得过他的。

河上公注：“江海以卑下，故众流归之，若民归就王者，以卑下，故能为百谷王者。”王弼注：“是以欲上民，必以言下之；欲先民，必以身后之。”

【智慧点拨】

“不争，故天下莫能与之争”，这里的不争当是能争而不争，而不是无能争而不争，因为后者的不争不能达到“天下莫能与之争”的效果。所以，对于无能争而不争的人来说，还是要改善自己的能争，使自己有这样的能力，方可有这样的“不争”之效，就好比对能奢的人说的“去奢”，对于不能奢的人而言就不必，因为他还处于提升阶段，提升到能奢的阶段，方可称“去奢”一样。等在下头，别人会给你；站到上头，你就得给人。卑下让别人觉得你不是可竞争的人物，但你却是最能竞争的人物。

【“可道”的经典事例】

简文帝入华园林故事说明了“江海所以能为百谷王”的道理。东晋简文帝司马昱有文人雅士的风度，恬静豁达。他认为，江海以其“善于下”而获得赞誉，对于自然山水之林何不如此呢？简文帝面对日常生活中那么多处理不完的烦心事，有时都不想管了，于是就到华林园走一走，每当漫步于其间，心中便萌生巨大的动力。他对身边的人说：“会心处不必在远，翳然林水，便自有濠、濮间想也，觉鸟兽鱼虫自来亲人。”令人神往的地方不必一定要在远处，置身于郁郁葱葱的林木水流的怀抱中，便自然让人想起庄子所追求的濠、濮间逍遥自由的境界，觉得飞鸟走兽、鸣禽游鱼都会主动与大自然亲近。“蒲柳之姿，望秋而落；松柏之质，经霜弥茂”，说的是，以婀娜多姿著称的蒲柳占据“上”的地位被人称赞，故难能经历秋的风霜；而以质朴见长、难以成材、甘居“下”位的松柏，却能历经秋霜，越发坚韧，同样说明了此一道理。当皇帝，为何不学习江海、山林为“下”的特性呢？

据说，司马昱生活上也崇尚“下”者。他长期坐着的胡床上即使积了灰尘也不清理。一次司马昱发现有老鼠走过胡床的痕迹，觉得没什么。参军见到有老鼠在白天走了出来，以手板将老鼠杀掉，司马昱很心痛老鼠。当时门下的部属就检举杀鼠的人，以图取悦司马昱，司马昱却说：“老鼠被杀，到现在还不能忘记；而现在又因老鼠而影响到他人，岂不是更不应该吗？”可见其在醉心“下”道的同时亦有仁心。

第六十七章

我有三宝

天下皆谓我道大，似不肖。夫唯大，故似不肖。若肖，久矣其细也夫。我有三宝，持而保之。一曰慈，二曰俭，三曰不敢为天下先。慈，故能勇；俭，故能广；不敢为天下先，故能成器长。今舍慈且勇，舍俭且广，舍后且先，死矣！夫慈，以战则胜，以守则固，天将救之，以慈卫之。

【译文及相关的注】

天下人都说我的道很大，似乎不像什么。正是因为很大，所以难以形容。如果像某种东西、易形容，早就显得很渺小了！我有三件法宝，我掌握它并保护着它：第一叫作慈爱，第二叫作节俭，第三叫作邀功不敢在天下人的前头。因慈爱，所以能勇敢；因节俭，所以能宽绰；因邀功不抢在天下人的前头，所以能做某些方面的领袖。现在舍弃慈爱去求勇敢，舍弃节俭去求宽绰，舍弃后面却而争先，只有死路。对于慈爱，用它去作战就取胜，用它去守卫就能强固。天道要拯救谁，就以慈爱来保卫谁。

《庄子·天下》："人皆取先，己独取后"，同于《道德经》第六十七章"不敢为天下先"。河上公注："我有三宝，抱持而保倚。爱百姓若赤子。赋敛若取之于己也。执谦退，不为倡始也。"王弼注："夫慈以陈则胜，以守则固，故能勇也。节俭爱费，天下不匮，故能广也。唯后外其身，为物所归，然后乃能立成器，为天下利，为物之长也。"

【智慧点拨】

东北的三宝人参、貂皮和乌拉草主要是从物质需求层面说的，老子说的人生三宝“慈”“俭”“不敢为天下先”主要从精神需求层面说的，物质需求层面和精神需求层面都很重要。就目前全面建设小康社会的现实状况而言，精神需求层面可能更重要，况且道德滑坡等问题还相当迫切。“慈”“俭”“不敢为天下先”都指向一个字“静”，“静为躁根”的“静”。静下来好好想一想，静可以穿越浮躁和表层，抵达深层，让人看清整日明争暗斗究竟的本质和意义。静像夜晚的安睡一样，谁也不能缺失。缺失了就会精力不济、形散神离，事后即使用再多的金钱、权势、名声的猛药诊治也无济于事。

慈爱，无所忧惧，最勇敢；俭啬令人回到自然生命之源；在后头，只要有生长的力量，总会到前面去。

【“可道”的经典事例】

张良慈爱获宝书故事说明了“慈”作为人生法宝的重要性。汉朝开国功臣张良原本是韩国人。在韩国被秦灭掉时，张良还只是一个无知的少年，为了报仇，他“弟死不葬，悉以家财求客刺杀秦王”。刺杀失败，张良被秦始皇下令全国通缉。一天，走投无路的张良正在想着法子对付秦始皇，他走到一座桥上时，一位老者突然撞到他的身上，快速把自己的鞋子扔到桥下，然后非要张良去把鞋子拿上来。张良正欲发怒，转念一想，人家是跟父亲一样年纪的老人家，何不发扬慈爱之心、息气宁人呢？于是走到桥下将鞋子捡上来。谁知，老人家把脚一伸说：“给我穿上！”张良心想，老人家可能缺少子女的关爱，现在为何不能善始善终，就满足他的愿望呢？就弯腰跪下给老人穿鞋。老人等张良为他穿好鞋后，说“孺子可教也，五天后你在桥上等我，不见不散”。张良觉得很奇怪，说不定老人有什么难言之隐，需要自己帮忙。于是，五天后，天刚亮，张良就来到桥上，结果那老人已经在那里了。

老人生气地说：“你与老人有约定，为何迟到？回去吧，五天以后早些来。”说完转身即走。又过了五天，早上鸡刚叫，张良就到了桥上，没想到老人又先在那里等着了。老人又一次生气地责问他为什么迟到，只有再过五天了。这次，张良半夜就赶到了桥上，过了一会儿，老人来了，老人很高兴说“应该如此”。然后，老人拿出一编竹简，说：“你熟读这本《太公兵法》，就可以辅助帝王，十年之后定会成功。”说完话老人转身就走了，从此以后张良再也没有见到过老人。

张良获得宝书，认真研读，后来辅助刘邦建立汉朝，立下了汗马之功。老者为了考验张良，屡次刁难他，发现张良的“慈爱”之心，最终传授他兵书，使他的成功变得事半功倍。

第六十八章

不争之德

善为士者不武，善战者不怒，善胜敌者不与，善用人者为之下。是谓不争之德，是谓用人之力，是谓配天古之极。

【译文及相关的注】

善于做武士的人不逞勇武；善于作战的人不轻易愤怒；善于战胜敌人的人不靠对打；善于用人的人只会对人谦下。正所谓要发挥不与人争的德行，从而能利用每个人的力量，与天道符合，是自古以来的准则。

河上公注："善用人自辅佐者，常为人执谦下也。"王弼注："用人而不为之下，则力不为用也。"

【智慧点拨】

"善用人者为之下"说的是善于用人的人必先伏下身躯，谦逊为人、态度诚恳，使被用的人获得自尊，心理上得到满足，于是心甘情愿、肝脑涂地地被用。近年来，国家领导人在国家政策的制定、大政方针的实施等方面除了广泛征求广大群众的意见和建议外，还多次进高校，倾听"一介书生"学者的意见和建议，这是社会的进步，属于"为之下"的表现。刘备亲自三次诚请诸葛亮出山表现"为之下"，韩信具备雄才大略以"胯下之辱"表现"为之下"。这次群众路线教育实践中，官员"甘作小学生"的精神是"为之下"的典型表现。我们如何"为之下"呢？

生气是下下策，"对治"很辛苦，领导是一种方式，不必事事躬亲。

【"可道"的经典事例】

《哈佛家训》"有时候弯腰比站着高"说明了"善为士者不武"

的道理。一个海归博士去银行办事，结果银行业务员的态度非常糟糕。海归气得够呛。他告诉他的一个也在这家银行上班的主管老友，“替我去告诉他我的身份，告诫他态度好一点”。朋友答应了。几天后，海归博士又去了那家银行办事，恰巧又是那位办事员，岂料态度不但没变好，反而更差了。博士又去主管朋友那儿数落一番，“去告诉那个故意吹毛求疵的家伙，再给我提醒他一次我的身份，叫他客气一点，否则我就不客气了”。

过了两天，博士再次光临这家银行，遇到那位办事员。这次，办事员的态度果然好多了，不但不刁难，且笑容可掬，热情服务。博士觉得不好意思，回去后立即打电话给主管老友：“这次你终于替我好好训他一顿了，他的态度已好多了。”

朋友回答说：“不，我没有替你训他，不但如此，我还告诉他，你不断称赞他做事情谨慎、态度良好。你要知道，很多时候，低姿态比高姿态更管用，你的赞扬会让他觉得惭愧，从而改变对你的态度。‘善为士者不武；善战者不怒’，‘是谓不争之德’说的就是这个道理。”

第六十九章

哀兵必胜

用兵有言，吾不敢为主而为客，不敢进寸而退尺。是谓行无行，攘无臂，扔无敌，执无兵。祸莫大于轻敌，轻敌几丧吾宝。故抗兵相加，哀者胜矣。

【译文及相关的注】

兵家说道：我不敢主动进攻只有客守，不敢前进一寸只有退尺。这就是以没有行走为行走，以没举胳膊为举胳膊，以无敌为敌，以无兵器为兵器。因为祸害没有比轻敌更大的了，轻敌几乎丧失我的法宝。所以，在两军实力相当时，悲哀的一方会得到胜利。

河上公注：“祸乱之害，莫大于斯轻敌家，侵敢不休，轻战贪财也。”王弼注：“哀者必相惜，而不趋利避害故必胜。”

【智慧点拨】

民族族群大迁徙在中外历史上并不少见，而汉族中有这样的一个族群，从汉末始由中原南迁，背负祖先骨灰，至广东省梅州市定居。“二次葬”祖先骨灰后视这里为新故乡，后来其中很多人再发散开来前往东南亚及世界各地。由于梅州是发散的中心，所以称为“世界客都”。这个族群自称为“客家人”，现散布各地。“客家”的称呼在世界族群迁徙史上是独一无二的，有至少两个方面的考虑：一个是“吾不敢为主而为客”，与原居住地人关系相处的需要；再一个是中原人骨子里原有的谦逊、和善的自然流露。“客”是很尊贵的词。

属于“生者”可多参与，属于“死者”就被动些吧。有了最深沉的悲悯情怀，一切“战争”都会过去。

【“可道”的经典事例】

“齐王使淳于髡献鹄于楚”故事说明“不敢为主”的道理（《史

记》)。从前，齐王派淳于髡向楚国进献一只奇异的黄鹄。没想到的是，刚出了城门，一不小心，那只黄鹄却飞走了，怎么办呢？不去的话，有负齐王令；去的话，拿什么见示楚王呢？思来想去，他只好托着空笼子，前去拜见楚王说：“齐王派我来进献黄鹄，从水上经过时，不忍心黄鹄干渴，就放出让它喝水，不料离开我飞走了。我想交不了差，于是准备刺腹或勒脖子而死，但又担心别人会非议大王因为鸟兽的缘故致使士人自杀。这样对大王不利。‘多相类者，吾欲买而代之，是不信而欺吾王也。’黄鹄相似的很多，我也想买一只来代替，但这样自作主张，既不诚实，又欺骗了大王。我想要逃奔到别的国家去，又担心齐楚两国君主之间由此断绝。所以前来服罪，向大王叩头，请求处罚。”

楚王听完后非常高兴，赞道：齐王竟有这样忠信的人！于是不但不处罚，还用厚礼赏赐淳于髡，这个故事正说明了“不敢为主”的道理。

第七十章

被褐怀玉

吾言甚易知，甚易行，天下莫能知，莫能行。言有宗，事有君。夫唯无知，是以不我知。知我者希，则我者贵，是以圣人被褐怀玉。

【译文及相关的注】

我的话很易懂，也很易行，但天下人竟没几人能真懂，没几人能真正实行。言论要有主旨、宗旨，做事要有主心骨、有根据。正因为人们对此点的无知，所以才不知我。知我的人很少，能遵循、效法我的就显得很可贵，所以要像圣人那样，穿的虽不好而怀里却揣着美玉般的宝物。

《庄子·天下》：“不离于宗，……不离于精，……不离于真。”“宗”“精”“真”均是老庄重要的哲学概念。“宗”见于《道德经》本章，“精”见于第二十一章、第五十五章，“真”见于第二十一章、第五十四章。河上公注：“我所言有宗祖根本，事有君臣上下。世人不知者，非我之无德，心与我反。”王弼注：“惑于躁欲，故曰莫之能知也；迷于荣利，故曰莫之能行也。”

【智慧点拨】

“事有君”说的是做事情要有个主心骨，有个目标来考虑，所作所为的一切应围绕着这个目标来考虑，而不是盲目的行为，不是违背了初衷、乱了分寸的“始乱终弃”。我们一生要做很多事，如上大学、结婚、就业、养生、升官、发财等。上大学这件事极其重要，可不少学子在校园内虚度光阴、迷茫，勉强及格；婚姻更是终身大事，可有人总喜欢“激情”处理；就业时成了“乱飞的苍蝇”；健康出现危机时“亡羊补牢”；升官后日益偏离“以百姓心为心”；发财时忘了

“苟富贵，勿相忘”，等等。“事有君”的“君”在哪呢？有了“君”的存在，天下的不“知”、不“行”及披“褐”又有什么关系呢？

【“可道”的经典事例】

说说法国前总统希拉克的故事。据说，希拉克有一次在一个休息日的大白天出门。他在街上行走，一个小孩一直跟在他的后面。希拉克身高1.90米，是个高个子，起先他没有注意到身后的小孩，甚至连回头也难以发现，因为小孩个子太矮小了。后来，希拉克突然停下来时，被来不及停下的小孩撞了一下才发现。希拉克好奇地看看小孩，心想，当总统真是麻烦事多，整天都有处理不完的公事，甚至连好不容易才有的空闲时间都难得清静，但也难怪，谁让自己是总统呢？于是，主动和小孩打招呼：“小孩，我知道你跟着我是想干什么，一定是要我给你签名是吧，好吧，我给你签，但是你准备签在哪儿呢？”

小孩撅着嘴说：“我才不要什么签名，你是谁呀，我又不认识你。我只是看见你身后的影子可以遮挡阳光，才跟着你的。”希拉克感到很诧异，原来如此，自己经常感叹别人“夫唯无知，是以不我知”，谁理解总统的内心呢？没想到今天对于这个小孩来说这个道理同样存在，天下人们忙忙碌碌，谁能明白小孩戏乐玩耍中的童真之乐呢？

第七十一章

知不知上

知不知，上；不知知，病。夫唯病病，是以不病。圣人不病，以其病病，是以不病。

【译文及相关的注】

知道自己有所不知，这很高明；不知道却自以为知道，这是毛病、缺点。正因为把毛病当作毛病，所以才没有毛病。明于道的圣人没有毛病，因为他把毛病当作毛病，所以才没有毛病。

河上公注："知道言不知，是乃德之上。不知道而言知，是乃德之病。"王弼注："不知知之不足任，则病也。"

【智慧点拨】

苏格拉底说"认识你自己""无知即罪恶"。体育竞技比赛中经常听到说"主要的对手是自己"，"战胜自己最重要"。我们自己到底是谁呢？认识自己之难在于物质发展的张力空间遮蔽了哲学和人文精神的"场域"。由于不认识自己，一些人处于无知状态或滑向这种状态，无知是罪恶的根源。苏格拉底说有知的人是不会犯罪的，与基督教说"主啊，原谅那些无知的人们"表达的同样是对"无知"的同情。"知不知"为上，知道了"不知"，实际上也就知道了"知"；于是，"知知"也为上。"不知"和"知"二者相较，对于"不知"的知可能更有利。

对于所知的要清楚，对于不知的要敬畏。识得病痛，当可免除病痛。这是"知不知"的功夫。

【"可道"的经典事例】

毛泽东对于叶剑英元帅有过这样的评价："诸葛一生唯谨慎，吕端大事不糊涂。”毛泽东借北宋重臣吕端的美誉来评价叶帅。这里说说吕端“大事不糊涂，小事糊涂”的故事。吕端历经宋太宗、宋真宗两代皇帝时期，从一名州县地方官吏逐步升至枢密直学士、参知政事和宰相。吕端做事谨慎，办事公道。他初任宰相不久的一天，在去上朝的路上走着。有许多人听说新宰相来了，想看看新宰相大人的模样，于是围观起来。忽然，在人群中，有人小声议论道：“宰相大人的相貌真的不怎么样，没想到这样的人也能当上宰相，还不知道是怎么当上的呢。”吕端宰相身边的人也听到了这样的议论，大怒，跟宰相禀报：“待我去把那个乱议论大人的人抓来杀头！”吕端却制止说：“千万不要，甚至刚才议论的人是谁都不要告诉我，你们也不必调查知道。这个人让我知道我还有一些疏忽的地方呢，况且待我知道他是谁之后，保不准日后我控制不住自己的怨恨之心，做出对那个人不利的事来。”吕端不愧是一代名相，以实际行动践行了对“知不知，上”的独特理解。叶帅一生功绩无数，然而却以谦逊心胸和无私情怀同样注解了“知不知”的含义。

第七十二章

自知自爱

民不畏威，则大威至。无狎其所居，无厌其所生。夫唯不厌，是以不厌。是以圣人自知，不自见；自爱，不自贵。故去彼取此。

【译文及相关的注】

百姓不怕威胁时，大的祸乱就要到来。不要胁迫、逼迫得百姓居无定所，不要压迫、堵塞百姓谋生的道路。只有不压迫百姓，百姓才不至于感到压迫。因此圣人有自知之明且不自我逞强，有自爱之心而不自显高贵。所以要抛弃自我逞强、自以为高贵的特性而保持自知、自爱，百姓才会感到平等、安宁。

河上公注："人不畏小害，则大害至。畏之者，当爱精神，承天顺地也。"王弼注："清净无为谓之居，谦后不盈谓之生。离其清净，行其躁欲，弃其谦后，任其威权。则物扰而民僻，威不能复制民，民不能堪其威，则上下大溃矣，天诛将至。故曰民不畏威，则大威至。"

【智慧点拨】

"知不知"上，"知知"也上，不管是"知不知"还是"知知"都指的是"自"的行为，也就是"自知不知"或"自知知"，善于"自知"。"自知"是一种智慧，所以本质上会"不自见"。如果"自见"的话，那么这个"自知"就要打问号了。但是，有人总是拿"不自知"当成"自知"，于是"自见"很重，自己的偏见很严重。这样的人位置越高、影响力越大，对社会的危害越大。我们还是要在"自知"上多下些功夫。

【"可道"的经典事例】

"圣人自知"强调了自我开悟的主体性。禅宗的四句名言："教外别传，不立文字，直指人心，见性成佛。”慧能在《坛经》里说：“直道不立文字，即此不立两字，亦是文字。”不立文字，指的是不执着文字，但又不能离开文字，还需用文字作标月之指，“因指见月，得月亡指”，指的是语言的功能。在印度，禅源于佛晚年临于涅槃之际。有一天，佛在灵山会上拈花示众，百万人不解其意。只有迦叶尊者，破颜微笑。佛说：“吾有正法眼藏，涅槃妙心，实相无相，微妙法门，不立文字，教外别传，付嘱摩诃迦叶。”后来，达摩大师来中国传教，与梁武帝无缘，在嵩山面壁九年，二祖慧可断臂求法。三祖僧灿、四祖道信、五祖弘忍、六祖慧能，经过两百多年的发展，都是一个人传一个人，所谓的六代传灯。禅宗是离开语言文字的，难以用逻辑思维可以理解，只能以“以言遣言”的方式提示一下，实质还是“自知”。

佛教将八正道视为“圣人自知”的范围。八正道，即八条通往涅槃圣道的门径、道路和方法。具体指的是正见（以四圣谛为观察认识的内容）、正思维（在正见指导下的正确思维方式，即知苦、断集、慕灭、修道）、正语（指向正道的涅槃、解脱语言，不是闲言碎语和言不及义）、正业（正见指导下从事正当的事业，指的是身业、口业、意业的三业清净，分别是：不杀、不盗、不邪淫，不妄语、不绮语、不两舌、不恶口，不贪、不嗔、不痴）、正命（正确的生活方式来源维持生命，不邪命）、正精进（正精进的力量推动）、正念（对四谛法忆持不忘）、正定（对以上各方面的落实和深入禅定），属于见道法门。

中国历史上第一次农民大起义说明了“民不畏威，其大威至”的道理。现在很多时候说问题出在体制、机制上，体制、机制出了问题，解决问题的出口被堵死了，只有铤而走险、“民不畏威”了。公元前209年，陈胜、吴广带领九百多民夫前去渔阳防守，因大雨滞留大泽乡，误期了，按秦朝的法律当被处斩。陈胜、吴广寻找活路……于是，鱼肚里出现写着“陈胜王”的朱砂字，夜里狐狸叫“大楚兴，陈胜王”。第二天，士兵们都拥陈胜为王积极起义，为推翻秦朝做出了重要贡献。这个故事充分说明了“民不畏威”的可怕之处，今天的政策制定和执行实施应多多借鉴。

第七十三章

天网恢恢

勇于敢则杀，勇于不敢则活。此两者，或利或害。天之所恶，孰知其故？是以圣人犹难之。天之道，不争而善胜，不言而善应，不召而自来，繟然而善谋。天网恢恢，疏而不失。

【译文及相关的注】

无所顾忌的勇敢是死路，有所顾忌、柔弱处世就可自保。这两种状况一种得利、一种受害。上天讨厌无所顾忌的勇敢，谁知道是什么原因呢？所以，圣人也难说出根本。自然的规律是：上天的道，往往不去争斗却善于取胜，不去说话却善于获得回应，不去召唤却自动到来，坦然处之却善于安排、筹划。天网广大无边，看似稀疏却没有遗失。

河上公注："勇敢有为，即杀身也。勇于不敢有为，则活其身。"王弼注："俱勇而所施者异，利害不同，故曰或利或害。孰，谁也。谁能知天所恶之意何故邪？"《孙子兵法》："不战而屈人之兵，善之善者也。故上兵伐谋，其次伐交，其次伐兵，其下攻城。"

【智慧点拨】

"天网恢恢，疏而不露"，天网那么疏散，怎么会不失呢？小鱼小虾从疏散的网缝中漏走了，这是一般层面而言。然而，老子说的是较高的境界层面。从道的层面看，违背道的人事，即使无网的话，也难逃制约。表面上看，天网上有很多漏洞，一些具象确实可以逍遥法外，但是，这些具象不能构成对天网权威性的冲击，最终也不得不遁形，所谓"躲得了初一，躲不了十五"就是这个意思。

【"可道"的经典事例】

《史记》载，吴起做将军时，和最下层的士兵同衣同食。睡觉时不铺席子，行军时不骑马坐车，亲自背干粮，和士兵共担劳苦。野营在外时，吴起作为大将军，仅仅以树枝遮盖，微微遮挡一下冰霜雨露，从不搞特殊。吴起在军中很得人心。吴起爱兵，是他治军的一个方面，他曾为伤兵吸吮脓血；另一方面，则是严刑峻法。在一次对秦作战中，一个士兵没有接到命令就奋勇进击，斩获敌人两颗首级，吴起不但没有赏赐，反而命令立即斩首。负责执行军法的官吏说：“将军，不能杀这样勇武的士兵啊！”吴起说：“他虽是勇武的士兵，但是不遵守军队的命令，逞的是无所顾忌的勇敢，所以必须处死。”吴起的爱兵和严法，使士兵既感恩又服威，也使军队更便于指挥，更有战斗力。

第七十四章

民不畏死

民不畏死，奈何以死惧之！若使民常畏死，而为奇者吾得执而杀之，孰敢？常有司杀者杀，夫代司杀者杀，是谓代大匠斫。夫代大匠斫者，希有不伤其手矣。

【译文及相关的注】

百姓不怕死，怎么能用死来吓唬他们？如果使百姓经常怕死，对那些犯罪的人，我把他们抓来杀掉，谁还敢这样做呢？当然，应该由专管司法的人去执行处罚。如果由代替专管司法的人去执行处罚、越俎代庖的话，正如同代替木匠去砍木头。那些代替木匠的人去砍木头，很少有不砍伤自己手的。

要正，不要奇，要治不要死。要司杀者，要代大匠；要大匠，不要伤手。统治者不要以为自己可以代天行道、决定人民的生死。凡是这样的人，“希有不伤其手”，甚至所伤的不只是手。

“代大匠斫者，希有不伤其手矣。”衍生为“越俎代庖”的意思。《庄子·逍遥游》：“庖人虽不治庖，尸祝不越樽俎而代之矣。”河上公注：“天道至明，司杀有常，犹春生夏长秋收冬藏，斗转运移，以节度行之。”王弼注：“诡异群乱谓之奇也。”《管子·牧民》：“政之所兴，在顺民心；政之所废，在逆民心。民恶忧劳，我佚乐之；民恶危坠，我存安之；民恶灭绝，我生育之。能佚乐之，则民为之忧劳；能富贵之，则民为之贫贱；能存安之，则民为之危坠；能生育之，则民为之灭绝。故刑罚不足以畏其言，杀戮不足以服其心。故刑罚繁而意不恐，则令不行矣；杀戮众而心不服，则上位危矣。故从其四欲，则远者自亲，行其四恶，则近者叛之。故知予之为取者，政之宝也。”

【智慧点拨】

权责不清是很要命的。动车事故，瓦斯爆炸事故，食品安全问题，等等，之所以频繁发生，其根本原因是有关部门权责不清。没事时，很多部门都行使权力，管这管那；一旦出事，很多部门都推辞责任，统统与己无关，再不行找个“临时工干的”来替罪，这也是“代司杀者杀”所要说的道理。“代”人行使，越权办事，责任全无，这样的下场肯定是要“伤手”“伤身”甚至“害命”的。

【“可道”的经典事例】

在中华民族的三皇五帝时代，传说有一位叫唐尧的杰出领袖。在唐尧的领导下，人民安居乐业。可是唐尧是很谦逊的贤人，当他听说隐士许由才能过人的时候，就想把领导权让给许由。有一天，唐尧找到许由，并对他说：“日月出来后还不灭烛火，烛火就没有意义了；及时雨之后还去灌溉，对润泽来说只是徒劳。您如果担任领袖，把天下治理好，我占这个位置有什么意思？请允许我把天下交给您治理。”许由连忙推辞，说：“您治理天下，已经很好。我再来替你，不是沽名钓誉吗？我现在自食其力，要虚名干什么？鹪鹩在森林筑巢，不过占一棵树枝；鼹鼠喝黄河里的水，不过喝饱自己肚皮。您做您的领袖，我做我的百姓，各自有自己的乐趣。天下对我有什么用呢？厨师即使不做祭祀用的饭菜，管祭祀的人也不能越位来代替他下厨房做菜。”眼下，很多权责不分之事正因“代司杀者杀”“代大匠者斫”等越俎代庖而产生，只要政府无为而治，各部门各司其职，充分发挥社会和市场发展规律的决定作用，使得“民常畏死”，又有什么治理不好的呢？

第七十五章

取之有制

民之饥，以其上食税之多，是以饥。民之难治，以其上之有为，是以难治。民之轻死，以其求生之厚，是以轻死。夫唯无以生为者，是贤于贵生。

【译文及相关的注】

百姓饥饿，往往是因为统治者对百姓收的租税太多，所以导致饥饿。百姓之所以难治理，主要就是因为统治者的政策较为随意，所以导致难以治理。百姓之所以连死都不怕，主要是因为统治者过分地保养自己的生命、盘剥太多了，所以，百姓才不怕死。那些不把自己的生命看得太重、善待他人的人，比过分看重自己生命、盘剥他人的人贤贵。

河上公注：“人民之所以饥寒者，以其君上税食下太多，是以民皆化上为贪，叛道违德，故饥。”王弼注：“民之所以僻，治之所以乱，皆由上不由其下也，民从上也。”

【智慧点拨】

“求生之厚”有两个不好：一是求生之厚，欲望很难满足，必然在求生的过程中形成对他人的影响，或者在市场竞争的“零和游戏”中夺取了他人的利益，或者在“僧多粥少”的情况下影响了他人；他人在资源严重缺少的情况下，只有选择“轻死”即不怕死来对抗。二是求生之厚，欲望很难满足，必然在求生的过程中对求生者自己正常生活造成影响，或者自己的欲望总是难以满足导致的心理失衡，或者在求厚的过程中劳命伤财、伤害自身。在公平逐渐成为主流倡导时，“求生之厚”会逐渐被遏制，人人平等、和谐，迎来无压迫、无偏见的共产主义理想社会。

养生之自然追求，为生命的最高目标“自然”。养生之“轻”，减货、减税、减治。养生之“无”，略“有”、略“原”、略“贵”。当然，“无以生为”，不把求生当成一回事即顺其自然，才是真正的“贵生”，真正的看重生命。

【“可道”的经典事例】

朝廷苛政猛于虎的故事说明了“上食税之多”而至难治的道理。春秋战乱，朝廷的苛捐杂税繁多，百姓极其贫困，只有逃往深山老林，因为尽管那里环境很差，但勉强可以活下来。有一家人逃亡到泰山脚下，这里经常有猛虎出入，令这家人整日提心吊胆。一天，这家的爷爷上山打柴遇到老虎，被老虎吃了。这家人伤心之余，考虑再三，还是决定生活在这儿。一年后，这家的父亲上山采药，也被老虎吃了。这家剩下儿子和母亲相依为命。母子俩商量着是否搬走，最终决定还是留下来，因为没有老虎的地方苛政同样让人死路一条，况且有老虎的地方还好些，因为只要小心，还是可以活下来的。时间又到了一年后，这家的儿子进山打猎，再次被老虎吃掉了，只剩下母亲坐在坟边哭。正是“上”“求生之厚”才造成了民“是以轻死”的呀。

“求生之厚”抱怨多。佛陀经过多次轮回终成正果，可别的生命如何看待自己一世的修行的呢？有一天，佛陀问猫这个问题。猫说：“我这一生很无奈，下辈子宁愿做老鼠。老鼠可以在厨房翻箱倒柜、大吃大喝，而我偷吃半条鱼，会被主人打个半死。”老鼠却说：“下辈子我宁愿做猫，吃皇粮、拿官饷，而我过街人人喊打。”老鹰说：“下辈子我宁愿做只鸡，有水喝、有米吃、有房住，不像现在终年漂泊在外，还需提防冷枪暗箭。”鸡说：“下辈子我宁愿做一只鹰，可翱翔天空，任意捕兔捉鸡，而我们除了下蛋、报晓、怕被捉被宰外，连名声都坏了。”男人说要做能撒娇、邀宠的女人，女人说要做可驱使女人的男人。佛陀总结到，大家需警惕的是，因为求生之厚，人们眼睛看见的只是抱怨、污秽，而无以为生者，会获得乐观的心态。

第七十六章

柔弱处上

人之生也柔弱，其死也坚强。万物草木之生也柔脆，其死也枯槁。故坚强者死之徒，柔弱者生之徒。是以兵强则不胜，木强则兵。强大处下，柔弱处上。

【译文及相关的注】

人的身体活着时是柔软的，死后却变僵硬了。包括草木在内的万物活着时是柔脆的，死后就变得枯槁、僵硬了。所以坚强、僵硬之类属于死亡一类，柔软、脆弱之类属于生存一类。故军队逞强就难以取胜，树木僵硬就会被折断。逞强、僵硬的陷入糟糕的状态，柔软、脆弱的处于美好的境界。

《庄子·天下》："坚则毁矣，锐则挫矣"，同于《道德经》第七十六章"坚强者死之徒"，第九章"揣而棁之，不可长保"。河上公注："兴物造功，大木处下，小物处上，大道抑强扶弱，自然之效。"王弼注："本之本也，枝条是也。"《尚书》："予视天下，愚夫愚妇一能胜予。一人三失，怨岂在明？不见是图。予临兆民，懔乎若朽索之驭六马。为人上者，奈何不敬！"

【智慧点拨】

"柔弱者生之徒"有道理。与白天比，夜晚是柔弱的，然而，不同于白天的消耗能力，夜晚是补充生命能量的，这里不必理会白天消耗能量的用途。吸血的蚂蟥吃得算是极好的，它的强盛却换来无骨的极小之身，不堪一击；耕牛柔弱无能，只能吃最低级的草为生命的营养，然而，生命力却极强大，长成力大无比的身躯，被鲁迅赞为"吃的是草挤出的是奶"。大地低处柔软，接受大便、小便、口水、污物，然而在遇到危害时，人们第一个想到的就是俯下身子，贴向大地，大地获得广袤之强。弱势永远不起眼，却获得生长的好契机。

【“可道”的经典事例】

“柔弱者生之徒”的故事。奥地利心理学家阿德勒指出，人在所有的动物中是体力最柔弱的，在力量、牙齿和爪子等方面，人都不如其他动物，脆弱的人类，或许很早就产生了自卑感。正是柔弱和自卑，人在自然界孕育出最伟大的奇迹，这就是人的大脑。在所有的动物中，只有人意识到自己的不足，只有人具有自卑感，只有人为了弥补不足而努力。人类的行为都是出于自卑感以及对自卑感的克服与超越。李清照是北宋著名婉约派女词人，她以“柔弱处上”，在柔弱下面蕴藏着无限强大的力量。她的《声声慢》，“怎一个，‘愁’字了得!”让人领略了她内心的愁云和凄苦；她的《醉花阴》：“莫道不消魂，帘卷西风，人比黄花瘦!”让人深深体味到她的柔弱和力微；然而，这样一个“天下第一柔弱”的女子却写下了铮铮铁骨、流传千古的诗句。公元 1127 年，大宋王朝摇摇欲坠，金兵大举入侵，徽宗、钦宗被掠走，赵宋王朝被迫南逃。为了完成抗金大业，李清照多方支持丈夫赵明诚。一天夜里，赵明诚所在的建康城发生叛乱，身为知府的赵明诚却仓皇逃走，被朝廷革职。

李清照怎么也想不明白，为何作为男人的丈夫这样软弱？第二年，李清照与丈夫赵明诚向江西方向逃亡，一路上，李清照恨丈夫无能，至乌江时，走到多年前项羽兵败自刎的地方，李清照感慨万分，吟道：“生当做人杰，死亦为鬼雄；至今思项羽，不肯过江东!”这就是一位柔弱女子发出的铁骨之音。李清照“柔弱”至极的诗句令人产生多少雄浑的力量！在生活中，柔弱为上的例子还有很多。

第七十七章

不足者补

天之道，其犹张弓与！高者抑之，下者举之；有余者损之，不足者补之。天之道，损有余而补不足。人之道则不然，损不足以奉有余。孰能有余以奉天下？唯有道者。是以圣人为而不恃，功成而不处，其不欲见贤。

【译文及相关的注】

自然的规律就像拉弓射箭。弦拉高了就把它压低些，低了就把它举高些，拉得过满就把它放松些，拉得不足就补充些用力。自然的规律是减少“有余的”以弥补“不足的”，可人类社会的法则却不是这样，是减少“不足”的人的财物给“有余”的人。在人类社会，谁能把“有余的”拿来补充“不足的”呢？只有有道的人。这是圣人做完事情却没有倚恃、获得成功而不居功、不去刻意表现自己贤能的原因。

《庄子·知北游》：“若夫益之而不加益，损之而不加损者”，同于《道德经》第四十二章、第四十八章、第七十七章“损”“益”。《庄子·庚桑楚》：“病者能言其病，然其病病者犹未病也”，同于《道德经》第七十一章“圣人不病，以其病病，是以不病”。河上公注：“天道暗昧，举物类以为喻也。张工和调之，如是乃可用耳，夫抑高举下，损强益弱，天之道也。天道损有余而益谦，常以中和为上。”王弼注：“与天地合德，乃能包之，如天之道；如人之量，则各有其身不得相均。如唯无身，无私乎自然，然后乃能与天地合德。”《商君书·说民》：“民贫则弱国，富则淫，淫则有虱，有虱则弱。故贫者益之以刑，则富；富者损之以赏，则贫。治国之举，贵令贫者富，富者贫。贫者富——国强，富者贫——三官无虱。国久强而无虱者必王。”

【智慧点拨】

1985 年 12 月 23 日，邓小平同志在会见美国高级企业代表团时，第一次提出了“让一部分人先富起来”的思想：“一部分地区，一部分人，可以先富起来，带动和帮助其他地区、其他的人逐步达到共同富裕。”这句话的后部分“带动和帮助其他地区、其他的人逐步达到共同富裕”说的就是“损有余而补不足”的意思。如果先富者不“带动和帮助”即不去主动“损有余”的话，怎么办呢？这就是今天中国贫富差距过大所需要解决的迫切问题。按照老子的意思，只有按天之道的“损有余而补不足”来，而不能让人间的“损不足以奉有余”这个颠倒的逻辑再现。两个办法：一是先富者自律，自觉主动承担社会责任、各种义务；二是社会他律，法律、道德、舆论等的建设要跟上，千方百计使“损有余而补不足”的局面出现。

依道不依势，依理不依力，放大空间、放长时间看问题，自有大格局！

【“可道”的经典事例】

圣人是“损不足以奉有余”的开始。《庄子》载，有一天，子贡拜访老子问道。老子说，黄帝治理天下时，人心纯一，纵使父母去世也不哭泣，这很正常；尧治理天下时，使人尊敬双亲，疏远别人；到舜治理天下时，人心相竞，人我分别；大禹治理天下时，使人有心计，杀伐盗贼，于是群党自立，儒墨大兴。因此，三皇五帝治理的天下，实际是祸乱的开始。

《史记》载，有一次，楚国侵犯齐国。齐威王派淳于髡前往赵国请求救援。齐威王准备百两黄金和十辆马车作为礼物送去赵国。淳于髡说：“今天我看见有个人在田里祈祷丰收，地上只摆放一只猪蹄和一杯酒，却祈祷说：‘高地上打下的粮食装满篝笼，低田里打下的粮食装满大车’，他祈祷得到的真多呀。”齐威王知道礼物少了，于是增加到一千两黄金、十对白璧和一百辆马车。赵王收到礼物后当即派兵，吓退了楚国。这个故事说明，只有付出与获得平衡，才会有成效。正如《道德经》所言："天之道，损有余而补不足"，人世间的正道亦是"有余者损之，不足者补之"，这样才能万物平等，天下太平。

第七十八章

弱能胜强

天下莫柔弱于水，而攻坚强者莫之能胜，其无以易之。弱之胜强，柔之胜刚，天下莫不知，莫能行。是以圣人云，受国之垢，是谓社稷主；受国不祥，是为天下王。正言若反。

【译文及相关的注】

天底下万物没有比水更柔弱的东西了，然而能攻破坚强、呈现力量的却没有能胜过水的，没有别的力量能代替水的。弱往往能胜强，柔往往能胜刚，天底下无人不懂，却无人能将此道理实践出来。因此圣人说：像水那样柔弱、谦逊，甘于承担国家的屈辱，才配作国家的领导；甘于承担全国的灾殃，才配作天下的王。正话听起来好像反话一样刺耳，却很有用。

《庄子·天下》："知其雄，守其雌，为天下溪。知其白，守其辱，为天下谷。人皆取先，己独取后，曰：受天下之垢。"《庄子·天下》："以濡弱谦下为表。""柔弱"见于《道德经》第三十六章、第七十六章、第七十八章。《庄子·天下》："受天下之垢。"河上公注："圆中则圆，方中则方；拥之则止，决之则行。水能怀山襄陵，磨铁消铜，莫能胜水而成功也。"王弼注："用水之柔软，无物可以易之也。"《尚书·赏刑第十七》："明刑之状至于无邢也。……明教之犹至于无教也。"《黄帝内经·道法》："见知之道，唯虚无有。虚无有，秋毫成之，必有刑名。刑名之，则黑白分已。故执道者之观于天下也，无执也，无处也，无为也，无私也。"

【智慧点拨】

弱之胜强，已多次论述。相反，强之胜弱也完全说得通，甚至在爆发力方面、在短期效果方面，这是更常见的现象。但是，我们要扳过来一个理，如果强之胜弱，那么弱的生存空间在哪里呢？“亲，弱弱地问，……事解决了么？”弱弱们的弱弱声音有时却是最强的声音，甚至在耐力方面、在长期效果方面，弱都是处于上风的。尽管我们学会了辩证法，说强弱应辩证地看，强弱是互相转化的。等等，但在特定场合非要分个胜负呢？那就具体情况具体分析。一般情况而言，“强之胜弱”是对的，但是就一般情况而言应去大力弘扬的却是“弱之胜强”，因为这样可避免“弱肉强食”的动物界生存法则，有了人类社会的文明进步，弱者应强，可达到社会的生态平衡。

刚强胜柔弱。强之胜弱，刚之胜柔；天下皆知莫能行，与实质上的“弱之胜刚”，看你选哪一种？弱也好，柔也好，都是一种概念，从反面观察，正是刚、强的实层表达，只不过要求人们善于略现象奔本质罢了。正正反反，要息心止虑。

【“可道”的经典事例】

鳄鱼悖论可说明“弱之胜强，柔之胜刚”悖论。古希腊哲学中，流传着著名的“鳄鱼悖论”。从前，一条鳄鱼从一位母亲的手里抢走了一个小孩。鳄鱼对母亲说：“你猜我会不会吃掉你的孩子？如果猜对了，我就把孩子还给你。如果猜错了，我就吃掉你的孩子。”这位可怜的母亲答道：“你肯定会吃掉我的孩子。”于是，这天鳄鱼正准备吃掉孩子，可是发现自己碰到了难题。如果吃掉孩子，那么这位母亲就猜对了，就应该把孩子还给她。可是，孩子还给她，那她就猜错了，就应该吃掉孩子。最终鳄鱼很无奈，就把孩子还给了这位母亲。可见，人的思想是突破自身局限，走入他人心灵的唯一凭借。思想是把握永恒和绝对存在的最高方式，不像财富、地位等短暂、外在的东西。

罗素曾举出理发师悖论。有一个村子里有一块招牌，写到“村里所有不自己理发的男人都由我给他们理发，我也只给这些人理发”。于是，有人问他：“您的头发是谁理的呢？”理发师陷入悖论之中。如果他给自己理发，那么他就属于自己给自己理发的那类人，与招牌上说的矛盾，因此就不能给自己理。如果由别人给他理发，那么他就属于不给自己理发的那类人，就应该是自己理自己的发。可见，不论怎样推论，理发师都是自相矛盾的。同样，还有芝诺“阿基里斯永远追不上乌龟”悖论、欧几里得“我说的这句话是谎话”悖论、庄子的“日取其半，万世不竭”悖论、“鸡生蛋还是蛋生鸡”悖论等。如果说“弱”胜“强”、“柔”胜“刚”，那么此时的“弱”“柔”就不是“弱”“柔”了；而是比“强”“刚”更强、更刚的“强”“刚”了。

第七十九章

以德报怨

和大怨，必有余怨，安可以为善？是以圣人执左契，而不责于人。有德司契，无德司彻。天道无亲，常与善人。

【译文及相关的注】

和解大的仇怨，必然还会遗留下一些仇怨，这不能算作妥善的办法。所以圣人有自己的办法，他们虽然拿着借据的存根，却不强迫人家还债。常常帮助别人、拿着借据的人是有德的人，整日收债、只会苛责别人的人是无德的人。作为结果，天道公正无私，经常帮助有德的善人。

《庄子·山木》："不为功名，是故无责于人。"河上公注："杀人者死，伤人者刑，以相和报。任刑者失人情，必有余怨及于良人也。言一人吁嗟，则失天心，安可以和怨为善？"王弼注："不明理其契以至大怨已至，而德和之，其伤不复，故有余怨也。""小怨则不足以报，大怨则天下之所欲诛，顺天下之所同德者也。"《韩非子·用人》："释仪的而妄发，虽中小不巧；释法制而妄怒，虽杀戮而奸人不恐。罪生甲，祸归乙，伏怨乃结。故至治之国，有赏罚而无喜怒。"

【智慧点拨】

"和大怨，必有余怨"说的是通过"和"的方式来化解"大怨"是很难的，因为不可能彻底化解掉，总有些怨留了下来。老子认为，一开始就不应该结怨。如果已经结怨了怎么办呢？老子认为，只能报怨以德，尽管以这样的方式来化解怨，还是有缺陷，但也只能如此。以后的做法是避免怨的产生，如何避免？即有恩于人，不求回报；借债给别人，不求索取；赠人玫瑰，手有余香就行了。人生中有的话不该说就永远不要说，比如夫妻争吵时一些不该出现的恶语，一旦使用便难以弥补，形成终生的疤痕；有的事不要去做，比如违法犯罪的事哪怕是试着做了一件，便难以彻底擦掉痕迹。

如何以德报怨？从“大怨”到“余怨”到“无怨”，必须要走的路是“以德报怨”，便能无怨。做到“执左契”、执“司契”而不责于人，不去司彻、索还。从大的原则来说，主宰之天必然“常与善人”，自然之天必然“无亲”（第五章“天地不仁”），这样，主宰之天与自然之天二者的矛盾才能得到解决。事后调节不如不要发生。

【“可道”的经典事例】

企业家有行善包容之心，“执左契，而不责于人”，百姓和消费者也会报企业以信赖支持。客家商界精英，国际金奖、张裕葡萄酒品牌创始人张弼士（1841—1916）企业的成功与其行善包容有着紧密的联系，作为“执左契”的结果是“富可敌国”。1869 年，张弼士资产超过 8000 万两白银，比清政府年财政收入 7000 万两白银还多 1000 万两白银，远超徽商胡雪岩的 2000 万两白银。据说，当时有个荷兰籍青年军官经常来张弼士的酒店（印尼）喝闷酒，一坐数小时，有时他不付酒资，还要鸡蛋里挑骨头，无理取闹，还与店伙计发生口角。店伙计将此事反映到张弼士那里请求如何应付。张弼士嘱咐店伙计说：“看来此人想是有什么难言的苦闷，不必向他索取酒资了。”伙计按照指示照办。这样一来，青年军官颇觉奇怪，向伙计探问究竟，伙计如实相告，军官为老板具有的仁慈包容之心感叹不已。过了些年，某日忽有人持柬邀请张弼士同往总督府会见新任总督。相见之下，才明白这位新任总督不是别人，正是当年常来酒店喝酒的军官。这位军官为张弼士的仁慈之心而感动，觉得人间真情在，从此改变了人生态度。作为慈爱包容之心的回报，日后张弼士在印尼的各项事业发展，都得到了这位总督的支持和帮助，成为张弼士企业发展的有力后盾。

《史记·孟尝君列传》载，孟尝君失契获德的故事说明了“圣人执左契，而不责于人”的道理。战国时，齐国公子孟尝君门下有位爱带长铗的食客叫冯谖，他很有个性。有一年，孟尝君派冯谖去薛地收息。冯谖令交不出的人家，将债券交上并当众焚毁，说是孟尝君之意。这样，薛地百姓对于孟尝君感恩戴德。又过了一年，有人在齐愍王面前诋毁孟尝君，孟尝君相位被罢。孟尝君在返回封地薛地时，百姓早已扶老携幼，夹道欢迎。此时，孟尝君才知冯谖焚烧债券买义收德的用意。

第八十章

世外桃源

小国寡民，使有什伯之器而不用，使民重死而不远徙。虽有舟舆，无所乘之；虽有甲兵，无所陈之；使人复结绳而用之。甘其食，美其服，安其居，乐其俗。邻国相望，鸡犬之声相闻，民至老死不相往来。

【译文及相关的注】

对于国家或民众的治理来说易小不易大。在小国民少时，即使有高效的器具也使用不上，百姓看重死亡且不想向远方迁徙；虽有船车却没必要乘坐；虽有武器装备却没必要陈列，使百姓回复到结绳记事的状况。吃得简单却觉香甜，穿得朴素却觉美观，住得简陋却觉安逸，交往淳朴却觉欢乐，邻国之间可互相望见，鸡鸣犬吠的声音可互相听着，而百姓之间直到老死，都不需互相往来、无有纠纷。

《庄子·胠箧》：“邻邑相望，鸡狗之声相闻。”《庄子·胠箧》：“民结绳而用之，甘其食，美其服，乐其俗，安其居，邻国相望，鸡狗之音相闻，民至老死而不相往来。”河上公注：“圣人虽治大国，犹以为小，俭约不奢泰。民虽众，犹若寡小，不敢劳之业。”王弼注：“使民不用惟身是宝，不贪货赂，故各安其居，重死而不远徙也。”

【智慧点拨】

“不相往来”说的是一种积极状态。人们“甘其食，美其服，安其居，乐其俗”，也就是吃穿住行等问题解决之后，精神生活也较为丰富，各家各户其乐融融，于是，人们之间不必以“往来”的方式获得和谐相处。如今，往来的人们为了什么相互“往来”呀？通过往来打发空虚、孤寂、无聊获得精神愉悦，通过往来交流财物互补有无，通过往来团结力量克服共同的困难。其实，在各种各样的“往来”中，真正有用的还是独自面对、独自思考、独自养成，如《礼记·大学》所言：“君子必慎其独也。”抑或如庄子所言：“相濡以沫，不如相忘于江湖。”

今天的人们为何对古朴的世外桃源仍然兴趣不减呢？原因至少包括以下几种情况：一为古的小；二为古的器物简单；三为古的深居简出；四为在精不在多；五为心态要好；六为人与自然和谐相处，且鸡犬之音始终为自然界最亲近人类的声音。有了真情相感应，就不必急于用言语沟通。

【“可道”的经典事例】

柏拉图式的爱情呼唤“甘其食，美其服……”世外桃源般浪漫的精神回归。柏拉图写下许多著作，如《申辩篇》《会饮篇》《理想国》等，以对话体的方式阐释哲学、政治、伦理、教育等问题。他认为，世界分为感觉中的自然世界和观念中的超自然世界两部分。感知的世界是理念世界的具体体现，它因时空、条件改变而改变，这个世界不真实。理念世界是真实的，因为它永恒存在。万物以永恒的真善美理念为影子，理念是人心之外的一种实体，认识真理只能靠直接感悟。后称这种追求纯精神的唯理主义行为为“柏拉图式的行为”，纯精神式的爱情叫柏拉图式的爱情。鲁迅曾为阿Q的爱情惋惜。有一次，阿Q鼓足勇气，拦住了佣人吴妈的去路，说：“我们爱情去吧，我们困觉去吧。”对于阿Q来说，爱情之实“困觉”远要比爱情之虚——送朵玫瑰花或朗诵首爱情诗更重要。今天在爱情之“实”方面不缺少，却缺少爱情之虚、精神层面的东西，可见世外桃源般的精神情怀之重要。

第八十一章

为而不争

信言不美，美言不信；善者不辩，辩者不善；知者不博，博者不知。圣人不积，既以为人，己愈有；既以与人，己愈多。天之道，利而不害。圣人之道，为而不争。

【译文及相关的注】

真实的话不一定好听，好听的话不一定真实。善良的人一般不去巧辩，巧辩者有时候不善良。有专门知识的人不太可能广博，广博的人不太可能有很专门的知识。圣人没有过多积攒什么，却尽力帮助别人反而更觉充实，尽力给与别人反而获更多。上天的道指的是利于万物生长却不会加以伤害。圣人的道指的是即使做了事也不跟别人争功。

《庄子·田子方》："既已与人，己愈有。"《庄子·知北游》："博之不必知，辩之不必慧。"《庄子·天道》："天道运而无所积，故万物成；帝道运而无所积，故天下归；圣道运而无所积，故海内服。"河上公注："圣人法天所施为，化成事就，不与下争功名，故能全其圣功也。"王弼注："实在质也，本在朴也。"

【智慧点拨】

婴儿境界之所以高，其中一个重要原因是信。婴儿不会违背信，保持天真、烂漫、诚信的本来样子。有了信，和谐才有实质意义。成人之所以在境界上无法与婴儿比，重要一条就是输在"信"上。只要信，不论其"美"还是"不美"都不重要，当然，就现实成人世界而言，"不美"的状况可能占上风，所以老子有"信言不美"之说。以自己的信对待他人，通体通达，直落入洒脱自如的境界。否则，无信的语言再美也只是空上加空，虚里叠虚，说得再多、做得再多也难致根本。

“信者”“善者”“知者”以表里如一、真实为最高原则，若在意念和企图的掺和下，就会变成“美言”“辩者”“博者”了。老子的“不存积、不保留、不停滞”至于的浑然无分之道，所做的是“即以为人、即以与人”，就更似圆满无缺的道了。

“善者不辩”的“不辩”有三D种情况：第一种是百分之一百的“不辩”，不对牛弹琴，认为人际关系中“日久见人心”更重要。第二种是百分之五十的“不辩”，这里涉及另一个问题即百分之五十的“辩”，“不辩”与“辩”参半，适可而止，通过“辩”进行交流、进行适当的申诉。第三种是百分之一的“辩”，实际已是“辩”为主导，在适当的时候、适当的境遇中展示自我的同时，也要留些空间，形成一定的张力，将话说得留些分寸。

花言巧语、假话连篇的“不信”让人不快乐！感觉不可靠！然而，何为“美言”呢？“美言”指的是远离本质之上的纯现象、纯假设，所以是人们所抛弃的。今天人们所说的美，尤其是与实质、与内在一致，或者说接近一致的美，不仅是可“信”的，更是人们乐以见到的。因此，做人法则是话不在多，在管用，与邓小平所说“学马列要精，要管用”是一个道理。“知者”“广博”者都犯了“百分之一百”辩的错误。故，以事实说话胜于“说话”！做到“不积”“与人”“不害”“不争”就能获得指正的“美”、真正的称赞，不仅悦人，亦能悦己。

利他就能利己，共利的生长性原则要捍卫和呵护。

【“可道”的经典事例】

狼吃小羊故事说明了“美言不信”的道理。希腊民间广为流传的《伊索寓言》由奴隶伊索编纂的动物寓言故事合集，主要表达的是下层平民和奴隶的思想感情。其中《狼和小羊》载，有一天，狼想名正言顺地把小羊吃掉，于是责备小羊说：“羊娃娃，你把河水弄脏了，所以我要吃掉你。”这话乍听起来，觉得好像很有道理，但小羊一想，觉得不对呀，忙分辩说：“我在下游喝水，你在上游喝水，我不可能弄脏上游的水。你的话不可信。”狼又说：“去年你曾对我大骂，难道你还不该被吃么?”小羊听了，觉得好像也有道理，可是仔细想了想，发现更不对了，说：“去年我还没有出生，怎么会骂你呢，你的话不可信。”狼最后说：“你让我生气了，你说怎么办? 还是让我吃了你吧。”小羊觉得更加错得离谱了，所谓的“欲加之罪，何患无辞”！狼的话好像很有道理，其实稍一推敲，就发现有太多破绽，所谓“信言不美，美言不信”是有道理的。

凭借别人的谈论说明“美言不信”。列子生活贫困，面有饥色。有人对郑国的子阳上卿说：“列子这么有道之人，却如此贫困，你们恐怕不喜欢贤达的士人吧?”子阳立即派人送来米粟。可列子再三辞谢，不接受赐予。列子妻子埋怨列子说：“难道有道人的妻儿就注定要忍饥挨饿吗?”列子说：“郑相子阳并不是真正了解我，只是通过别人的话就赠我米粟，好听的话是不可信的。将来也会因为别人的好听话来加害我，所以不能要他的赐予。”后来，子阳因处事不当被百姓发难杀死。

附　录

解析《道德经》智慧的有关评介

（一）

1. 孔子："鸟，吾知其能飞；鱼，吾知其能游；兽，吾知其能走。走者可以为罔，游者可以为纶，飞者可以为矰。至于龙，吾不知其乘风云而上天。吾今日见老子，其犹龙邪！"（《史记·老子韩非列传》）雅斯贝尔斯所谓轴心时代包括：古希腊罗马时期、印度佛陀时期、中国的春秋战国时期，在这一时期几乎同时产生的伟大思想家以及他们创造的伟大思想和伟大学术，是前时代的总结，也是未来时代的肇始，故称轴心时代。老、庄、孔、孟是那个伟大时代中国文化的杰出代表者。孔子幼年丧父、少年丧母、中年丧妻、晚年丧子，历经人生之不幸，却矢志不移，是《诗》《书》《礼》《乐》《易》《春秋》的编撰者，一生"述而不作"，创儒家学派，影响中华文化及东方文化数千年，甚至对世界文化亦产生一定的影响。孔子与老子同时代，比老子小十多岁，一生中曾十多次"问礼于老子"。老子以无为的道家思想对孔子进行指导，使孔子心胸开阔，增添了有为的信心。以上是孔子赞赏老子的话。孔子认为，《道德经》智慧已化为老子龙的精神，即超越具象的束缚，能乘风云而上天，必然想得开、看得远，启人思智。

2. 庄子："以本为精，以物为粗，以有积为不足，澹然独身与神明居。古之道术有在于是者，关尹、老聃闻其风而悦之。建之以常无有，主之以太一。以懦弱谦下为表，以空虚不毁万物为实。关尹、老聃乎，古之博大真人哉！"（《庄子·天下篇》）庄子说老子是博大真人，其智慧极其丰富，如谦以待人、虚以待物却不离开物等。

3. 王弼：“道者无之称也。”“万物皆由道生”，“得意在忘象，得象在忘言。”“《老子》一书，其几乎可一言而蔽之。噫！崇本息末而已矣。观其所由，寻其所归，言不远宗，事不失主。文虽五千，贯之者一；义虽广博，众则同类。解其一言而蔽之，则无幽而不识。”（《老子指略》）智慧在于“忘”，忘象、忘言，才能把握本、把握宗、把握主。当然，玄学倡导的“忘”有时很难做到，故称玄之又玄。

4. 阮籍：“圣人明于无人之理，达于自然之分，通于治化之体，审于大慎之训。故君臣垂拱，完太素之朴；百姓熙怡，保性命之和。道者，德自然而为化。侯王能守之，万物将自化。《易》谓之‘太极’，《春秋》谓之‘元’，《老子》谓之‘道’。三皇依道，五帝仗德，三王施仁，五霸行义，强国任智，盖优劣之异，薄厚之降也。”（《通老论》）其智慧在于最高层次的道：三皇依据“道”，五帝是依据“德”，三王施行仁政，五霸靠品性情义，强大国家依靠智慧，“道、德、仁、义、智”好坏以次而降。

5. 韩非：“道者，万物之所然也，万理之所稽也。理者，万物之文也；道者，万物之所以成也。故曰：‘道，理之者也。’德者，内也。得者，外也。‘上德不德’，言其神不淫于外也。神不淫于外，则身全。身全之谓德。德者，得身也。”（《韩非子·解老》）其智慧在于“德”是内在因素、“得”是外在因素，“德”不表现在外，方是“上德”。

6. 荀子：“万物为道一偏，一物为万物一偏。思者为一物一偏，而自以为知道，无知也。慎子有见于后，无见于先。老子有见于诎，无见于信。墨子有见于齐，无见于畸。宋子有见于少，无见于多。”（《荀子·天论》），其智慧在于对“有”“无”的阐述，尤其是对拙有、信无的论述。

7. 司马迁：“尝窃观阴阳之术，大祥而众忌讳，使人拘而多所畏；然其序四时之大顺，不可失也。儒者博而寡要，劳而少功，是以其事难尽从；然其序君臣父子之礼，列夫妇长幼之别，不可易也。墨者俭而难遵，是以其事不可遍循；然其彊本节用，不可废也。法家严而少恩；然其正君臣上下之分，不可改矣。名家使人俭而善失真；然其正名实，不可不察也。道家使人精神专一，动合无形，赡足万物。其为术也，因阴阳之大顺，采儒墨之善，撮名法之要，与时迁移，应物变化，立俗施事，无所不宜，指约而易操，事少而功多。儒者则不然。以为人主天下之仪表也，主倡而臣和，主先而臣随。如此则主劳而臣逸。至于大道之要，去健羡，绌聪明，释此而任术。夫神大用则竭，形大劳则敝。形神骚动，欲与天地长久，非所闻也。”（《史记·太史公自序》）这里对阴阳、儒、墨、名、法、道家作了对比，高度认同了道家的智慧，成功在于简约、在于事少。

8. 唐太宗李世民：“夫安人宁国，惟在于君。君无为则人乐，君多欲则人苦。”“天下大定，亦赖无为之功，宜有改张，阐兹玄化”，百官“各当其任，则无为而治矣”（《贞观政要》）。其智慧在于“君无为则人乐”。

9. 唐玄宗李隆基：“其要在乎理身、理国。理国则绝矜尚华薄，以无为不言为教。理身则少私寡欲，以虚心实腹为务。”（《御制道德真经疏》）其智慧在于理身、理国皆可。

10. 宋徽宗赵佶：“道无乎不在，在儒以治世，在士以修身，未始有异，殊途同归，前圣后圣，若合符节。由汉以来，析而异之，黄老之学遂与尧、舜、周、孔之道不同。故世流于末俗，不见大全，道由之以隐，千有余岁矣。朕作而新之，究其本始，使黄帝、老子、尧、舜、周、孔之教，偕行于今日。”（《御解道德真经》）其智慧在于身国同治。

11. 朱熹：“谦冲俭啬，全不肯役精神。”“须是自家占得十分稳便，方肯做；才有一毫于己不便，便不肯做。老子之学，大抵以虚静无为、冲退自守为事。故其为说，常以懦弱谦下为表，以空虚不毁万物为实。”（《朱子语类》）省力、稳当、自守、谦下等，这样的智慧之举，退一步稳便，进一步可事半功倍，何乐而不为呢？

12. 明太祖朱元璋：“自即位以来，罔知前代哲王之道，宵昼遑遑，虑穹苍之切。鉴于此，问道诸人，人皆我见，未达先贤。一日，试览群书，检间有《道德经》一册，因便但观。见数章中尽皆明理，其文浅而意奥，莫知可通。”（《御注道德真经》）《道德经》智慧体现在文辞浅显但意义深奥，以简单的方式达到阐明许多大道理的效果。

13. 憨山德清：“尝言为学有三要，所谓不知《春秋》，不能涉世；不精《老》、《庄》，不能忘世；不参禅，不能出世。此三者，经世、出世之学备矣，缺一则偏，缺二则隘，三者无一而称人者，则肖之而已。”（《憨山大师梦游全集》卷三十九）其智慧指的是涉世、忘世、出世相统一，适当的忘世可减少痛苦、开辟新路。

14. 清世祖：“老子道贯天人，德超品汇，著书五千余言，明清静无为之旨。然其切于身心，明于伦物，世固鲜能知之也。”（《御制道德经序》）其智慧在于其是“清静无为”。

15. 曹雪芹：“假作真时真亦假；无为有处有还无。”曹雪芹撰《红楼梦》中甄士隐和贾宝玉在太虚幻境中所见之联，亦是其书揭示中心之句，亦是对道家思想的概括之句。如王希廉《红楼梦总评》云：“真即是假，假即是真；真中有假，假中有真；真不是真，假不是假。明此数意，则甄宝玉贾宝玉是一是二，便心目了然。”这副对联突出了看待事物时的相对性，不必执着于“假”“真”“有”“无”绝对的一面，给人们认识和思考复杂的人生以深刻的启迪，可谓铲除“想不开”的顽根，化为“想得开”的智慧。

16. 魏源：“老子之书，上之可以明道，中之可以治身，推之可以治人。”（《老子本义》）其智慧体现在涉及明道、治身、治人方面，较为全面。

17. 严复说：“夫黄老之道，民主之国之所用也。故能‘长而不宰’，‘无为而无不为’。君主之国，未有能用黄老者也。汉之黄老，貌袭而取之耳。君主之利器，其惟儒术乎！”“《老子》者，民主之治之所用也。”“古小国民主之治。”（《老子道德经评点》）其智慧在于提倡民主二字。

18. 章太炎：“余谓老子譬之大医，医方众品并列，指事施用，都可疗病。五千言所包亦广矣，得其一术，即可以君人南面矣。至于老子之道最高之处，第一看出常字，第二看出无字，第三发明无我之义，第四倡立无所得三字，为道德之极则。”（《诸子略说》）其智慧在于药到病除之疗效，得到其一个道理即可在天下称王称霸。

19. 滕云山：“予尝喜读老子，以其文简而古义精而玄，其学说政教并行，由入世而出世。所谓不知春秋不能涉世，不知老庄不能忘世。孔子学说宗于尧舜以名为教，故宗仁义；老子宗于轩黄，故道宗于无为，故有失道德而后仁义，此系老子立言之本也。”（《道德经浅注》序）他认为老子的学说为救世的学说，其智慧体现在可以达到忘世的效果，可谓深奥。

20. 梁启超：“道家，信自然力万能，而且至善；以为一涉人工，但损自然之朴”；“老庄崇虚想、主无为、贵出世、明哲理、重平等、明自然等；孔孟崇实际、主力行、贵人事、明政法、重阶级、重经验等”（《梁启超论先秦政治思想史》）。其智慧在自然、至善。

21. 林语堂：“我觉得任何一个翻阅《道德经》的人最初一定会大笑，然后笑他自己竟然会这样笑，最后会觉得现在很需要这种学说。至少。这会是大多数人初读老子的反应，我自己就是如此。”（《老子的智能》）其智慧就是想问题时有一个否定之否定的反复过程。

22. 胡适：“这个在老子书里萌芽，在以后几百年里充分生长起来的自然主义宇宙观，正是经典时代的一份最重要的哲学遗产。自然主义本身最可以代表大胆怀疑和积极假设的精神。自然主义和孔子的人本主义，这两极的历史地位是完全同等重要的。中国第一次陷入非理性、迷信、出世思想——总是靠老子和哲学上的道家自然主义，或者靠孔子的人本主义，或者把两样合起来，努力把民族从昏睡中救醒。”（《中国哲学里的科学精神与方法》）自然主义本身最可以代表大胆怀疑和积极假设的精神，其智慧由此可见。

23. 熊十力：“老子所谓道，绝不是超脱现象界之外而别有物。乃谓现象界中，一切万有皆道之显现，易言之，一切万有皆以道为其体。强以喻明，如一切冰相皆以水为体，非离水而别有冰相之自体。即冰以水为体，则水固非离冰而别有物。一切万象，以道为体，则道固非离一切万向而别有物。若谓道果超越于一切万有之外者，则道亦顽空，而何得名为宇宙实体邪？”（《十力语要》）其智慧在于以冰、水关系喻万物与道，道在人间万物中，没有所谓的超越。

24. 钱穆："老子言道演化而生万物，其间有象之一境，此亦老子所特创之新说，为《庄子》书所未及，故象之一字，亦《老子》书所特用之新名也。若循此求之，《老子》书中所举有无典全，大小高下，动静强弱，雌雄黑白，荣辱成败，种种对称并举之名，实皆属象名，非物名也。"（《中国思想史·老子》）其智慧表现在以抽象概括具体。

25. 张岱年："老子是第一个提起本根问题的人，在老子之前，人们都以为万物之父即是天，天是生成一切物的。到老子，乃求天之所由生。老子以为有在天以前而为天之根本的，即是道。"（《中国哲学大纲》）其智慧表现在心比天高、道在天外。

26. 毛泽东："在一定的条件下，坏的东西可以引出好的结果，好的东西也可以引出坏的结果。老子在两千多年以前就说过：'祸兮福所倚，福兮祸所伏。'"（《关于正确处理人民内部矛盾的问题》）其智慧在于，祸、福相依总让我们在"祸"中看到希望。

27. 鲁迅："不读《老子》一书，就不知中国文化，不知人生真谛。""中国根柢全在道教。"（《鲁迅书信集》）其智慧就是知道人生真谛。

28. 郭沫若："道家思想可以说垄断了二千年来的中国学术界，墨家店早已被吞并了，孔家店仅存了一个招牌。""《道德经》是一部政治哲学著作，又是一部兵书。"（《中国史稿》）在政治和兵书两个方面发挥其智慧的作用。

29. 南怀瑾："对这三家，我经常比喻：儒家像粮食店，绝不能打。否则，打倒了儒家，我们就没有饭吃——没有精神食粮；佛家是百货店，像大都市的百货公司，各式各样的日用品俱备，随时可以去逛逛，有钱就选购一些回来，没有钱则观光一番，无人阻拦，但里面所有，都是人生必需的东西，也是不可缺少的；道家则是药店，如果不生病，一生也可以不必去理会它，要是一生病，就非自动找上门去不可。"（《老子他说·孟子旁通》）道家是药店，在经营着儒家思想、佛家思想以及其他思想的时候，如果一帆风顺固然是好，但一旦遇到困境，进入想不开境地，陷入难以自拔的深处时，可立即服用道家的药物，准是药到病除，获得“想得开”的智慧，一下子变得海阔天空、晴空万里。对于《道德经》的智慧，在人特定的时刻“非自动找上门去不可”。

30. 冯友兰：“《老子》的大部分思想表示出另一种企图，就是揭示宇宙事物变化的规律。事物变，但是事物变化的规律不变。一个人如果懂得了这些规律，并且遵循这些规律以调整自己的行动，他就能够使事物转向对他有利。”“浪漫派——道家”，“中国之道家哲学，老庄之流，以为纯粹天然境界之自身，即为最好，自现在世界减去人为，即为至善”。冯氏所说的浪漫、纯天然、减法直至今日仍是人们青睐的对象，表达了“想得开”的智慧。“道家之哲学，实亦代表人之一种欲望，表明人之一种幸福。所谓万物一体之幸福……今但说吾人若在天然境界，一切随本能而行，实有一种幸福，在别处所不能得者。”（《人生哲学》）其智慧是追求天然境界、随本能而行，把握规律，永远使事物转向对自己有利。

31. 方东美：“道家的大合唱，以司空图《诗品·第一》描述最精当：‘大用外腓，真体内充，返虚入浑，积健为雄。具备万物，横绝太空，荒荒油云，寥寥长风。超以象外，得其环中，持之匪强，来之无穷。’”（《生生之德》）其智慧在于可内合于道，提其神于太虚，再回到熙熙攘攘的人间浊世，致力于精神自由之灵台。只有达到此胜境，饱受种种悲欢离合、辛酸苦楚等束缚之人生始能得到解救。

32. 任继愈：“老子思想的深刻性在于从纷乱多样性的现象中，概括出‘无’这一负概念。其可贵处在于把负概念给予积极肯定的内容。老子的‘无为’不是一无所有，而是用‘无’的原则去‘为’。所以能有若无、实若虚、以退为进、以守为攻、以屈为伸、以弱为强、以不争为争，从而丰富了中国古代辩证法思想，建立了中国古代辩证法贵柔的体系，与儒家易传尚刚健体系并峙，两大流派优势互补，同样丰富了中华民族的文化宝库。”（《老子绎读》）其智慧在于丰富了古代辩证法贵柔的体系。

33. 李泽厚：“后世人们从《老子》辩证法里获得的，也并非对自然的认识，或思维的精确，或神意的会通，而主要仍然是生活的智慧。只是在这种生活智慧的领悟中，由于它本身具有的多义性、不确定性和极为宽泛的概括和包容性，似乎又能感受到某种超越的哲理而得到精神的极大满足。”（《中国古代思想史论》）其智慧主要在生活的领域及其表现出的超越性。

34. 牟钟鉴：“不读《老子》不足以谈论中国文化和东方文化，已成为国际学界的共识。老子树立了一座道的丰碑，诸子百家环绕而敬仰之，得大道之滋润，用大道而生辉。”（《老子新说》）想得开智慧在如水之滋润、如光之生辉。

35. 陈鼓应：“老子的‘不争’并不是一种自我放弃，并不是消沉颓唐，他却要人去‘为’，‘为’是顺着自然的情状去发挥人类的努力，人类努力所得来的成果，却不必擅据为己有。这种贡献他人而不争夺功名的精神，亦是一种伟大的道德行为。”“因为当前文化发展的共通课题是民主与科学，在中国传统文化中，只有道家适宜与民主、科学文化对接。”（《道家哲学主干说》）。道家哲学是中国哲学的主干，其智慧表现在能与民主、科学对接，在于顺应、在施善。

36. 傅佩荣：“儒家以人为中心，强调人之社会性。道家不以人为中心，重视人之自然性。……儒家以天为至高无有，凸显历史背景。道家以道为至高至有，展现宇宙视野。……儒家企盼天人合德，人须行善以求至善。道家向往与道合一，人需智慧以求解脱。”傅佩荣从人的自然性、追求宇宙视野和与道合一以求解脱三方面阐述道家的想得开特性。“靠着虚与静，无异于排除感官与认知的分辨作用，化解欲望与行动的具体行为，然后再觉悟那由‘道’而来的‘永恒的与无限的层面’。依次观之，万物的变化不再使人困扰，万物的有限也不再使人遗憾。从体验‘真实’出发，可以抵达‘审美’之境，因为心灵敞开，无所不容，天下又岂有不可欣赏之人，又岂有难以欣赏之物？”（《我读〈老子〉》）其智慧在于通过虚静与觉悟，使心灵敞开、无所不容。

37. 黎鸣：“老子是迄今人类中最伟大的本体论思想家，他提出的‘道’的观念，将在今后的世纪中，把希伯来人的上帝、希腊人的逻各斯最有力地统合在一起，成为全人类的文化之‘道’。”（《人性与命运》）其智慧表现在具有很强的整合性，将上帝、逻各斯、人组成一体之道，看问题的视野很宽很广。

38. 萧萐父：“道家学风体现在学术史观与文化心态上，更有一种恢弘气象。从总体上与儒、墨、法诸家的拘迂、褊狭和专断相较而言，道家别具一种包容和开放的精神。《老子》是人类文明智能的源头活水，老子的道是本体，是道理，是道路，是道德，是自然规律，是有和无的自然统一，它代表世界和宇宙发展的过去和未来，是全部的经历和本根，这个经历包括了无机、有机世界，包括生命以及人类精神文化世界。故而宇宙之无和有以及发展规律都是道本身实现过程之体现，人类认识领悟了道就完全可以引领现代科学的革命腾飞。科学前沿的问题都等待用道的智能去解决。”（《道家学风述要》）其智慧表现在包容和开放。

39. 王蒙：“以勇敢为例，春秋战国之时，战争、计谋、斗智斗勇，勇敢肯定是主流价值，例如司马迁《刺客列传》中的人物。偏偏老子提出一个‘勇于不敢’的命题，其实是勇于退让，勇于躲避，勇于妥协，是勇敢的反面。这在当时和现在，颇有些惊世骇俗的味道。这是因为老子比一般人看得深远，他常常从反面看问题，从反面论述观点。他深明相反相成与物极必反的道理。一件好事，一个好词，就没有坏的方面吗？一件坏事，一个坏词，就没有好的方面吗？他的思路就是这样。”（《老子的帮助》）其智慧体现在思路上，老子比一般人看得深远、常常从反面看问题、从反面论述观点方面。

40. 李霞：“在中国传统文化的思想精华中，老子的‘道’论应占有一席之地。其现实意义主要在于，他的‘道’的本论思想为人们提出了一个观察和认识问题的高度、深度、广度和远度问题，现代人从中可以掘出一定的思维境界与方法。”（《圆融之思——儒道佛及其关系研究》）一般而言，其智慧具有几个度，如高度、深度、广度和远度等。

41. 陆建华：“老子哲学充满智慧。人的生存问题始终是老子关注的重心。自然因其对人的特殊价值而进入老子的视野，成为老子沉思的对象。”（《无为而法自然》）其智慧表现在始终关注人的生存。

42. 白岩松：“在大城市，我们活在自己的小团体里，对世界的了解少之又少；小镇或是人口稀少的村庄，没有这些小团体，你难以看到整个世界。或许，老子就是这样洞悉了当时以及之后的世界，当时以及未来的人生？我只能接受自己的这个解释，否则，很多前人的智慧到今天依然无法被超越的事实无从解释。”“无私为大私，如果真的无私，你得到的其实最多。这五个字一下把我点透，于是，走到哪儿不再仅为己争。这一点，我们的思想工作也要像老子学。天天让人无私，然而人性是自私的，太多人贪或占，可如果换个角度，用无私诱惑你，但前提是‘无私’，好多人会接受或仔细思量。多好的思想教育。《道德经》里还说：最高明的领导，不是让人民天天都说好的领导，而是感觉不到他的存在，却令一切都井然有序的领导。看到这儿，会心一笑。现代人，都自觉聪明，万事自己去撞南墙，可老祖宗早就心知肚明地把一切说明白，看着你犯错也不着急，只不过撞南墙撞疼了时，老子就在那里耐心地等你。”（《幸福了吗》）其智慧在两点：一可以做到无私，二可以在一些时间和场合缺席。

43. 中共中央总书记习近平：“这样一个大国，这样多的人民，这么复杂的国情，领导者要深入了解国情，了解人民所思所想，要有‘如履薄冰，如临深渊’的自觉，要有‘治大国如烹小鲜’的态度，丝毫不敢懈怠，丝毫不敢马虎，必须夙夜在公、勤勉工作。人民是我们力量的源泉。只要与人民同甘共苦，与人民团结奋斗，就没有克服不了的困难，就没有完成不了的任务。”（《习近平在接受金砖国家媒体联合采访时的讲话》）“如履薄冰，如临深渊”是一种政治自觉，也是一种做人的智慧，“治大国如烹小鲜”是一种政治智慧，需要我们看问题的长远性、综合性和耐力性。

（二）

44. ［意大利］利玛窦：“老氏谓物生于无，以‘无’为道。”“老子哲学家……然而在他死后，某些叫做道士的教士把他称作他们那个教派的首领。”（《中国札记》）

45. ［英］李约瑟：“中国人性格中有许多最吸引人的因素都来源

于道家思想。中国如果没有道家思想，就会像是一棵某些深根已经烂掉了的大树。这些树根今天仍然生机勃勃。”（《中国科学技术史》）因为其智慧太根深蒂固，有两个结果：一是没人能撼动它的根基；二是一些人不知道它。

46. ［美］约翰·杜威：“无为是道德行为的一种规范，是教人积极的忍耐、坚毅、静待自然工作的一种教训，以退为进就是他的标语，因为有这种见解作根据，所以才有中国人的‘听其自然’的安分知足的、宽容的、和平的、诙谐的、娱乐的那种人生观。也因为有了这种见解做根底，所以才生出中国人的命定主义。中国人知道自然的程序是徐缓的，所以不慌不忙地等待着应得的收获。”（《杜威传》）其智慧的根本是徐缓的。

47. ［美］卡普拉：“在伟大的诸传统中，据我看，道家提供了最深刻并且是最完美的生态智慧。它强调在自然的循环过程中，个人社会的一切现象和潜在两者的基本一致。”（《非凡的智慧》）其智慧在于提出生态智慧的完美、哲学智慧的深奥、现象与潜在的合二为一等。

48. ［德］尼采：“《道德经》像一个永不枯竭的井泉，满载宝藏，放下汲桶，唾手可得。”（《老庄新论》）其智慧在于它像永不枯竭的井泉一样，满足人们的需求。

49. ［印度］奥修：“如果修天道，须先修人道。作为社会的人，应该将各方面的工作做好。”（《印度哲学家奥修与〈道德经〉》）如果不修人道，脱离实际，那又是什么样的智慧呢？

50. ［德］马克斯·韦伯说：“事实上，在中国历史上，每当道家思想被认可的时期（例如唐初），经济的发展是较好的，社会是丰衣足食的。道家重生，不仅体现在看重个体生命，也体现在看重社会整体的生计发展。”（《儒教与道教》）其智慧体现在个体生命与社会整体生计发展一同思考。

51. ［德］施罗德：“每个德国家庭买一本中国的《道德经》，以帮助解决人们思想上的困惑。”（《电视讲话》）思想上的帮助是真正的帮助，其智慧提供的就是这样一种智慧。

52. ［德］海德格尔："老子的'道'能解释为一种深刻意义上的'道路'，即'开出新的道路'，它的含义要比西方人讲的'理性''精神''意义'等更原本，其中隐藏着'思想着的道说'或'语言'的'全部秘密之所在'。"（《语言的本性》）。其智慧表现为能开出新的道路。

53. ［德］康德："老子所称道的'上善'在于'无'，这种说教以'无'为'上善'，也就是一种通过与神格相融合、从而通过消灭人格而取得自我感觉消融于神格深渊之中的意识。""斯宾诺莎的泛神论和亲近自然的思想与中国的老子思想有关。"（《百家论道》）其智慧表现在泛神论的"泛"、广泛的泛，思路宽广，消融人格到神格中。

54. ［法］德里达："整个西方思想与民族精神，都以逻各斯为中心概念。逻各斯是西方民族精神的最高概念，道是中华民族精神的最高概念，二者惊人的相似，可以说是'逻各斯与道同在'。"（《百家论道》）其智慧等同于西方的逻各斯。

55. ［美］李政道："对普通的一般物件而论，动量不固定，就是速度不固定，既然速度不能固定，那就无法完全预定这物件将来的路线了。从哲学上说，'测不准定律'和中国老子所说'道可道，非常道，名可名，非常名'的意思，颇有符合之处。"（《百家论道》）其智慧体现在"测不准"即不确定性在生活中的大量存在，因此不必着急。

56. ［英］阿诺德·汤因比："在人类生存的任何地方，道家都是最早的一种哲学，它推断人类在获得文明的同时，已经打乱了自己与'终极实在'精神的和谐相处，从而损害了自己在宇宙中的地位。人类应该按照'终极实在'的精神生活、行为和存在。"（《人类与大地母亲》）其智慧表现为提供一种与"终极存在"一致的思想。

57. ［英］克拉克："现代经济自由市场的原理就是源自《老子》的无为而治。""道家在西方的发展可能与佛教、印度教不同，它不会表现为宗教运动，而是体现在：挑战过头的启蒙理性精神、非此即彼的简单化思维原则，提供新话语、新洞识、新范式，影响西方人的思维方式以及个人选择与生活方式，替代唯物主义与彼岸宗教信仰并引导我们树立生态化精神的态度，有助于西方人灵肉二元论的克服和整体精神态度的转变，道家治疗性的哲学对西方人有关真理观、自我、性别认同等的反思有积极作用，对诊治西方虚无主义的顽症具有显著疗效，因而一般性地对西方反思启蒙的后现代计划有意义。”（《百家论道》）其智慧表现为影响了西方的市场经济理论，对于社会其他方面亦有疗效。

58. ［美］约翰·惠勒：“现代物理学大厦就建立在一无所有上，从一无所有导出了现在的所有，没想到的是，近代西方历经数代花费大量物力财力才找到的结论，在中国的远古早已有了思想的先驱。”（《一个美国人眼中的“道”》）其智慧与物理学的“一无所有”一致。

59. ［美］迈克尔·哈特：“这本书虽然不到六千字，却包含着许多精神食粮。在西方，《道德经》比孔子或任何儒家的作品流行。”（《评历史上最有影响的100人》）《道德经》智慧在于迈开大步走向西方。

60. ［美］里根：“应从中国《道德经》‘治大国若烹小鲜’这句治国名言中学会治理国家的道理。”（《1987年国情咨文》）总统认为其智慧是不折腾、慢慢来，掌握火候。

61. ［美］张绪通：“整个中国历史上只有两个朝代，即汉代与唐代奉行道的哲学。这两个帝国是当时全部地球文明中最健康、最幸运、最先进的国度。监狱是空的，遗落在街道上的贵重东西没有人捡，所有国民充满自信。这是因为这两个朝代的政府达到了礼制与正义政府的水准。历史学家把这两个朝代称为中国的黄金时代。”（《道学的管理要旨》）其智慧表现为无人愿意犯罪，使得监狱为空，今天的复兴中国梦就是期盼监狱是空的这一天的早日到来。

62. ［美］安乐哲：《道德经》意在给人们“提供一套自我修养的摄取之法，使个体得以乐观地看待其现世的生存。”（《道不远人：比较哲学视域中的〈老子〉》）

63. ［美］邓正来：“中国的前程，在于通过信奉和拓展老子的天道思想而回到本国的自由传统。《道德经》就是中国的自由宪章。老子关于天道、自由与无为的思想，跟亚当·斯密的一样，既是道德的，也是实用的：说它是道德的，是因为它建立在美德基础上，说它是实用的，因为它能导向繁荣。按照天道所演化的秩序就是哈耶克所阐发的那种自发秩序。中国的出路，通过缩小国家的规模、扩展市场的规模来走向天道自由主义政治秩序。我认为这个答案就是天道自由主义。”（《中国的前程：市场社会主义还是市场道家?》）其智慧表现为两个字“自由”，自由真好。

64. ［日］福冈正信：“自然农法就是在老子‘道法自然’这一伟大命题的启发下提出来的。”“如果我们早听老子的话，也不致使科技的发展对人类自然环境造成如此严重的后果。”（《百家论道》）其智慧表现为生态环保方面。

65. ［日］汤川秀树：“早在二千多年前，老子就已经预见到了今天人类文明的状况”，“生活在科学文明发展以前某一时代，老子怎么会向近代开始的科学文化提出那样严厉的指控!”（《创造力和直觉》）

66. ［俄］托尔斯泰：“我的良好精神状态归功于阅读孔子，而主要是《老子》。”“受中国的孔子和孟子的影响‘很大’，而受老子的影响则是‘巨大’。”“做人应该像老子所说的如水一般。没有障碍，它向前流去；遇到堤坝，停下来；堤坝出了缺口，再向前流去。容器是方的，它成方形；容器是圆的，它成圆形。因此它比一切都重要，比一切都强。”（《中外名人论老子》）其智慧表现为逢山得山、逢水得水，应时而动、应时而变。

67. ［比利时］普利高津：“耗散结构理论‘对自然界的描述非常接近中国道家关于自然界中的自组织与和谐的传统观点”；“道家的思想，在探究宇宙和谐的奥秘、寻找社会的公正与和平、追求心灵的自由和道德完满三个层面上，对我们这个时代都有新启蒙思想的性质。道家在两千多年前发现的问题，随着历史的发展，愈来愈清楚地展现在人类的面前”（《中外名人论老子》）。其智慧表现为和谐、和平、和德上，耗散结构理论中的自组织巧妙精准。

68. ［奥地利］哈耶克：“道家‘我无为，而民自化；我好静，而民自正’是其自发秩序理论的经典表述。”（《百家论道》）不多余做什么，好静静的，这是整个万物生存的法则，我这么做，却适合了自发秩序，何乐而不为呢？其智慧表现为“天道酬懒”。

69. ［俄］梅德韦杰夫：“面对目前的金融危机，我们要听中国一个古代哲人的话，老子的话，知足不辱，知止不殆。”（《在圣彼得堡举行的经济研讨会上的讲话》）金融危机需要我们慢慢想办法，只要有老子的知足不辱智慧教导，还有什么问题克服不了呢？

主要参考文献

1.（魏）王弼注，楼宇烈校释：《老子道德经注校释》，中华书局 2008 年版。

2.（南北朝）刘义庆：《世说新语·言语第二》，洪镇涛主编，李辉译注，上海大学出版社 2012 年版。

3.（清）郭庆藩辑：《庄子集释》（第三册），中华书局 1981 年版。

4. 冯友兰：《人生哲学》，中国国际广播出版社 2012 年版。

5. 任继愈：《老子新译》，上海古籍出版社 1985 年版。

6. 南怀瑾：《老子他说·孟子旁通》，复旦大学出版社 2000 年版。

7. 张岱年：《中国古典哲学概念范畴要论》，中国社会科学出版社 1989 年版。

8. 陈鼓应：《老庄新论》，商务印书馆 2008 年版。

9. 陈鼓应：《道家的人文精神》，中华书局 2012 年版。

10. 熊铁基：《秦汉新道家》，上海人民出版社 2001 年版。

11. 李程：《近代老学研究》，武汉大学出版社 2008 年版。

12. 萧兵、叶舒宪：《老子的文化解读：性与神话学之研究》，湖北人民出版社 1994 年版。

13. 冯达文：《中国哲学的本源——本体论》，广东人民出版社 2001 年版。

14. 许抗生：《老子评传：中国第一位伟大的哲学家》，广西教育出版社 1996 年版。

15. 冯天瑜：《中华元典精神》，武汉大学出版社 2006 年版。

16. 陈金龙：《继承与超越：毛泽东与孙中山比较研究》，广东教育出版社 1998 年版。

17. 王坤培：《老子新解》，东南大学出版社 2008 年版。
18. 高明：《帛书老子校注》，中华书局 1996 年版。
19. 《马克思恩格斯选集》第 4 卷，人民出版社 2012 年版。
20. 傅佩荣：《我读老子》，北京理工大学出版社 2011 年版。
21. 王泽应：《自然与道德：道家伦理道德精华》，湖南大学出版社 1999 年版。
22. 王珏、曹军：《老子养生智慧》，中国中医药出版社 2008 年版。
23. 高定彝：《老子道德经研究》，北京广播学院出版社 1999 年版。
24. 党连文：《道德经的哲学解读》，华夏出版社 2012 年版。
25. 老子：《道德经》，夏华等编译，万卷出版公司 2012 年版。
26. 李霞：《生死智慧——道家生命观研究》，人民出版社 2004 年版。
27. 李霞：《圆融之思——儒道释及其关系研究》，安徽大学出版社 2005 年版。
28. 尹振环：《重识老子与〈老子〉——其人其书其术其演变》，商务印书馆 2008 年版。
29. 许建良：《先秦道家的道德世界》，中国社会科学出版社 2006 年版。
30. 东方桥：《老子现代读》，上海书店出版社 2002 年版。
31. 赵启光：《老子天下第一》，北京大学出版社 2010 年版。
32. 王蒙：《老子的帮助》，华夏出版社 2009 年版。
33. 毛泽东：《毛泽东著作专题摘编》上，中央文献出版社 2003 年版。
34. 朱德：《朱德诗词选》，中央文献出版社 2007 年版。
35. 邓小平：《十三大以来重要文献选编》上，中央文献出版社 2011 年版。
36. 邓小平：《邓小平文选》第 3 卷，人民出版社 1993 年版。
37. 江泽民：《江泽民文选》第 1 卷，人民出版社 2006 年版。
38. 林振武：《中国传统科学方法论探究》，科学出版社 2009 年版。
39. 刘艳编译：《道德经智慧全解》，内蒙古文化出版社 2010 年版。
40. 邓慧君主编：《哈佛家训大全》，百花洲文艺出版社 2011 年版。
41. 白岩松：《幸福了吗》，长江文艺出版社 2010 年版。

42. ［美］安乐哲、郝大维：《道不远人：比较哲学视域中的〈老子〉》，学苑出版社 2004 年版。
43. ［意］利玛窦：《中国札记》，中华书局 1983 年版。
44. ［美］张绪通：《道学的管理要旨》，四川大学出版社 1992 年版。
45. 华军：《老子的法治思想》，中国财富出版社 2012 年版。
46. 王丽娟：《逍遥的灵魂：庄子传》，天津人民出版社 2012 年版。
47. 李世东、陈应发、杨国荣：《老子文化与现代文明》，中国社会科学出版社 2008 年版。
48. ［英］葛瑞汉：《论道：中国古代哲学论辩》，张海晏译，中国社会科学出版社 2003 年版。
49. ［英］舒马赫：《小的是美好的》，商务印书馆 1985 年版。
50. 胡潇：《空间的社会逻辑——关于马克思恩格斯空间理论的思考》，《中国社会科学》2013 年第 1 期。
51. 朱耀廷：《西征路上的成吉思汗为什么要会见长春真人》，《北京大学学报》1983 年第 6 期。
52. 吕锡琛：《丘处机西行论道及其社会意义探析》，《中国道教》2003 年第 1 期。
53. 纪流：《长春真人丘处机万里传道成吉思汗》《炎黄春秋》1994 年第 9 期。
54. 邵金凯：《黄老术与汉文帝治国新论》，《徐州师范大学学报》2002 年第 3 期。
55. 胡锦涛：《在中央经济工作会议上的讲话》，2008 年 12 月 8 日。
56. 习近平：《中共中央总书记习近平在接受金砖国家媒体联合采访时的讲话》，《人民日报》2013 年 3 月 20 日。
57. 习近平：《在中央政治局会议上关于改进工作作风、密切联系群众的讲话》，2012 年 12 月 4 日。
58. 宋志明：《儒释道：互补与心态和合》，《光明日报》2010 年 11 月 29 日。
59. 郁龙余：《印度哲学家奥修与〈道德经〉》，《中国社会科学报》2013 年 8 月 23 日。

后　记

本书《道德经》“解读”部分原文主要参考王弼注、楼宇烈校释《老子道德经注校释》；部分事例参考了南怀瑾的《老子他说》，陈鼓应的《老庄新论》，傅佩荣的《我读老子》，赵启光的《老子天下第一》，王蒙的《老子的帮助》，夏华等编译的《道德经》，王丽娟的《逍遥的灵魂：庄子传》，李世东、陈应发、杨国荣的《老子文化与现代文明》等。书稿的名称及全文的写作受益于宋志明先生、胡潇先生、陈金龙先生、胡解旺先生等人的指导。俞娟女士对于书稿的校对做了大量工作。尤其值得提出的是，本书责任编辑宫京蕾女士和匿名编审为本书的修订、润色做了周密、详尽的工作，他们负责任的态度和工作热情令我感动。此外，本书出版得到广东省嘉应学院的资金及思政教改项目经费赞助，邱国锋校长、刘明贵副校长、韩小林处长、廖志成处长、陈申宏主任等给予大力支持。向以上各位表示衷心感谢！

因为水平有限，许多论述还显得很无知，但不能以无知为知，诚期待有识之士提出宝贵的批评意见，在此表示感谢。

施保国

2015. 5. 21